W0463141

LES MÉDIAS CONTRE LA GAUCHE

Dans la même collection,
dirigée par Thierry Discepolo

PERRY ANDERSON, *Comment les États-Unis ont fait le monde à leur image*

OLIVIER BARANCY, *Plaidoyer contre l'urbanisme hors-sol et pour une architecture de conservation raisonnée* — *Misère de l'espace moderne. La production de Le Corbusier et ses conséquences*

MURRAY BOOKCHIN, *Changer sa vie sans changer le monde* — *La Révolution à venir*

NOAM CHOMSKY, *Guerre nucléaire et catastrophe écologique* — (avec EDWARD HERMAN) *La Fabrication du consentement. De la propagande médiatique en démocratie*

THIERRY DISCEPOLO, *La Trahison des éditeurs*

BARBARA J. & KAREN E. FIELDS, *Racecraft ou L'esprit de l'inégalité aux États-Unis*

THOMAS FRANK, *Le Populisme, voilà l'ennemi !* — *Le Marché de droit divin*

PAULO FREIRE, *La Pédagogie des opprimés*

DOMINIQUE PINSOLLE, *À bas la presse bourgeoise ! Deux siècles de critique anticapitaliste des médias, de 1836 à nos jours*

MATHIAS REYMOND, *Au nom de la démocratie, votez bien !*

© Agone, 2023
18, Boulevard de Paris, 13003 Marseille
www.agone.org
ISBN 978-2-7489-0517-5

Pauline Perrenot

Les médias contre la gauche

AGONE

Les notes de référence, en chiffres arabes, sont rassemblées par chapitre, *infra*, p. 275. Un index général est disponible *infra*, p. 293.

Édition préparée par Sarah Blandinières, Xavier Bonnefond, Iris Delhoum et Marie Laigle.

Introduction

Il y a quarante ans, en mars 1983, François Mitterrand, premier président de gauche de la Ve République, élu en 1981 sur un programme de rupture avec le capitalisme, amorce un « tournant de la rigueur » et renonce de ce fait à poursuivre la politique pour laquelle il a été élu [1]. Il n'y aura pas de retour en arrière. Au cours des années et des décennies suivantes, les médias qui s'opposaient au pouvoir gaulliste puis giscardien et avaient soutenu le candidat socialiste s'abstiennent d'interroger trop ouvertement – et *a fortiori* de critiquer – ce fait politique majeur. Au nom du réalisme, du sérieux et de la culture de gouvernement, ils l'accompagnent même avec zèle.

En 1984, *Libération*, qui est pourtant alors emblématique de la gauche post-soixante-huitarde (quotidien fondé en 1973 autour de Jean-Paul Sartre), donne un compte rendu enthousiaste d'une émission spéciale réalisée par la chaîne de service public Antenne 2, « Vive la crise ! », qui chante les louanges de l'austérité, les vertus du marché et l'obsolescence de l'État-providence [2]. Au cours des années 1980, *Le Nouvel observateur*, hebdomadaire de la gauche intellectuelle et culturelle qui s'était engagé en faveur de François Mitterrand, devient l'organe de propagande de la faction du Parti socialiste la plus anticommuniste et la plus droitière, acquise à l'économie de marché la plus débridée ; il s'accommode évidemment fort bien des reniements gouvernementaux, quand il ne les appelle pas de ses vœux. *Le Monde*, qui tient à son statut de quotidien « de référence » et à sa ligne de centre gauche, s'aligne sans scrupules sur la nouvelle doxa économique et politique. Les médias se ferment à l'économie hétérodoxe (marxiste et même keynésienne) comme à la critique sociale. Partout, le néolibéralisme est hégémonique[3].

Bien que connaissant une embellie à partir de la fin des années 1990, les organisations de gauche fidèles à l'histoire du mouvement ouvrier, qu'elles soient partisanes, syndicales, intellectuelles ou associatives, sont marginalisées et disqualifiées. Les mobilisations parfois massives contre les réformes libérales (de la sécurité sociale, des retraites, du droit du travail, de la SNCF, etc.) provoquent systématiquement une contre-mobilisation médiatique et subissent les quolibets, le mépris et la vindicte de l'éditocratie[4]. Dans la foulée des « intellectuels contre la gauche[5] », retournement qui a marqué les années 1970, les médias ne cessent d'entonner leur crédo : la gauche sera « moderne » et « modernisatrice »... ou ne sera pas !

Ces quarante années de néolibéralisme portent aussi dans leur sillage une crise sociale et une crise politique qui ont nourri une progression constante des idées et des scores électoraux de l'extrême droite. Au cours des années 1980 et 1990, si Jean-

Marie Le Pen est en partie décrié dans les médias dominants, des titres comme *Le Figaro* et dans une moindre mesure *Le Point*, mais aussi TF1 – qui domine alors outrageusement le paysage audiovisuel –, portent régulièrement les thématiques et les problématiques qui font écho aux thèses du Front national : l'immigration, l'islam et l'insécurité. En 2002, c'est d'ailleurs à l'issue d'une campagne où ce dernier thème aura occupé une place totalement disproportionnée dans les médias que Jean-Marie Le Pen accède pour la première fois au second tour de l'élection présidentielle. Au cours de la décennie suivante, la stratégie politique de Nicolas Sarkozy – qui braconne ouvertement sur les terres du FN tout en saturant un espace médiatique fasciné par le personnage – puis l'ascension politique de Marine Le Pen accélèrent la banalisation de son parti.

Dans cette configuration du débat public, la gauche de gauche est doublement perdante. D'une part, la question sociale, qu'il s'agisse des retraites, des salaires, du logement ou des services publics, est reléguée dans les tréfonds des débats – quand elle n'est pas préemptée par Marine Le Pen sans que les vedettes du journalisme politique n'y trouvent à redire. D'autre part, dès lors qu'un ou plusieurs des termes du triptyque immigration–islam-insécurité occupent l'agenda médiatique, c'est à travers le cadrage et les grilles de lecture de la droite qu'ils sont discutés, d'autant plus que le PS, en pleine « mue sécuritaire », n'en finit pas de durcir son discours. Au cours des années 2010, et plus encore à partir de 2015, à la suite de la série d'attentats qui ont endeuillé le pays, on assiste à une légitimation graduelle de mots d'ordre sécuritaires, autoritaires, nationalistes et identitaires. Ces thématiques s'imposent dans une presse magazine en perte de vitesse, et surtout dans le secteur audiovisuel où la concurrence est exacerbée, notamment depuis que coexistent quatre chaînes d'information (bas de gamme) en continu. Une partie du traitement médiatique de ces thèmes repose sur une mise en accusation de la gauche, systématiquement suspectée d'ingénuité et de laxisme, de déni et de complaisance. Prisonnière d'un débat mutilé, dont les termes ne sont pas les siens, où le pluralisme n'existe pas, la gauche ne parvient plus à imposer sa manière d'aborder ces sujets ; les désaccords qui la traversent, les analyses qu'elle propose, les réponses alternatives qu'elle apporte deviennent médiatiquement inaudibles.

Le système médiatique paraît donc, à peu près partout et tout le temps, ouvertement hostile à la gauche – et dans le même temps très affable avec les politiques et intellectuels qui ont capitulé devant le monde tel qu'il va. Sondages et doctes analyses politologiques à l'appui, les éditocrates diront qu'ils ne font que refléter l'état du débat public, rendre compte des attentes de l'opinion, des évolutions des rapports de force et des positionnements des formations politiques. Qu'en aucun cas ils n'exercent quelque influence que ce soit. Les éditocrates aiment se dépeindre comme de simples et humbles serviteurs de la démocratie et du débat public – qu'ils contribuent, de fait, à organiser. L'information qu'ils produisent, la présentation qu'ils font des enjeux et des rapports de force politiques ne seraient que les reflets d'une réalité qui s'imposerait à eux. Ils ne seraient que des miroirs du réel dont ils tenteraient de rendre compte en toute indépendance et en toute objectivité.

Pourtant, les médias ne sont pas indépendants ni autonomes. Au contraire, ils sont les faire-valoir et les relais d'influence de leurs propriétaires. Et s'ils ne sont pas directement dépendants de ce pouvoir capitalistique, qui ne se manifeste frontalement que rarement, la plupart des grands médias et des producteurs d'information (pris collectivement) se trouvent dans des situations d'interdépendance étroite à l'égard des pouvoirs politique et économique, vis-à-vis desquels ils ne sont donc pas en position de jouer leur rôle de contre-pouvoir. Par ailleurs, ils ne peuvent prétendre à une quelconque objectivité, dirigés et contrôlés qu'ils sont par des chefferies éditoriales sociologiquement solidaires des intérêts et des points de vue des classes dirigeantes.

Certes, les médias ne décident pas de l'actualité. En revanche, ils choisissent de porter leur regard ici plutôt que là, hiérarchisent les informations qui leur parviennent, distinguent celles qu'ils estiment devoir être traitées comme telles de celles qui doivent être considérées comme des « non-événements », sélectionnent celles dignes d'être « montées en une » et relèguent celles qui ne méritent que des « brèves ». Les médias ne fixent pas l'agenda politique. Ils se contentent de suivre servilement celui des institutions, des partis dominants, des multinationales, etc. Les médias ne fixent pas les termes du débat public. Mais ils savent ignorer ou, quand ils ne le peuvent pas, disqualifier ceux qui leur déplaisent, et au contraire porter voire imposer ceux qui leur conviennent ; ils savent également choisir à dessein les questions soumises aux sondés, sélectionner les « petites phrases » et entretenir les polémiques. Les médias ne sélectionnent pas les représentants politiques. Mais ils décident de faciliter ou non leur expression, de leur présenter ou non des signes de déférence, de prêter ou non du crédit à leurs propos, tout comme ils savent favoriser les « bons clients » et ignorer les plus rétifs ou les moins à l'aise. Les médias ne font évidemment pas les élections. Mais ils pèsent sur l'ensemble du processus électoral[6].

Pour toutes ces raisons, les médias jouent un rôle actif dans l'histoire sans fin de la droitisation du débat public depuis quarante ans. Et comme nous le montrerons tout au long de cet ouvrage, ce processus s'est encore accéléré au cours des cinq dernières années, en même temps que se dégradaient les conditions d'expression et d'existence médiatique de la gauche, dans toutes ses composantes.

En 2017, la candidature à l'élection présidentielle d'Emmanuel Macron, qui promettait d'achever la normalisation libérale de la France, fait l'objet d'une hypermédiatisation et déclenche des vagues d'enthousiasme incontrôlé dans nombre de rédactions, du *Monde* à la presse quotidienne régionale, en passant par France Télévisions, *L'Obs, L'Express* et BFM-TV. Une fois Emmanuel Macron élu, le journalisme politique donne toute sa mesure : personnalisation outrancière du président, focalisation sur sa communication, service après-vente décomplexé des réformes engagées comme de toutes ses initiatives, fascination pour les jeux politiciens agitant le pouvoir en place, etc. Un véritable journalisme de cour, qui montrera à nouveau tout son savoir-faire lors de la campagne présidentielle 2022.

Au cours de ce premier quinquennat, dont l'un des objectifs déclarés était pourtant de lutter contre le Front national, l'assise électorale du parti de Marine Le Pen a encore progressé, tout comme l'enracinement médiatique de l'extrême droite, avec, notamment, la circulation d'un commentariat ultra réactionnaire aux quatre coins du paysage de l'information et le développement par Vincent Bolloré de son empire médiatique. Le journalisme politique installe dès 2017 le « duel Macron-Le Pen » à la une pour en faire le centre de gravité de la vie politique, au détriment notamment de Jean-Luc Mélenchon, qui avait obtenu près de 20 % des voix au premier tour de l'élection présidentielle. Pendant cinq ans se succèdent les chasses politico-médiatiques aux ennemis de la République – dont la gauche fait les frais –, et l'agenda médiatique est régulièrement polarisé par les obsessions de l'extrême droite. Une longue banalisation qui s'achève en 2022 sur le traitement médiatique triomphal réservé aux candidatures d'Éric Zemmour et de Marine Le Pen à l'élection présidentielle.

Lorsque le débat public porte sur des questions socio-économiques, on pourrait penser que la gauche est *a priori* sur un terrain qui lui est plus favorable. C'est loin d'être le cas tant prévaut dans les médias dominants ce qu'il faut bien appeler un « journalisme de classe ». Le journalisme économique stricto sensu ne tolère pas le moindre écart au prêt-à-penser libéral. Il est la chasse gardée d'une poignée de spécialistes dont les erreurs d'analyse, les partis pris et les conflits d'intérêts sont proverbiaux mais qui continuent de clamer leur détestation de l'intervention publique et de l'État social, comme leur croyance en l'efficience de marchés omnipotents. Au-delà des seules rubriques économiques, le pluralisme est aussi en berne : les médias multiplient les partenariats avec le patronat au prétexte d'œuvrer pour l'emploi, les dirigeants de multinationales sont traités avec une considération inversement proportionnelle au mépris qui accueille les revendications des salariés comme leurs mobilisations pour protéger les acquis sociaux. Quant aux préoccupations et aux modes de vie des classes populaires, ils sont littéralement absents des grands médias, qui n'ont d'yeux que pour les classes supérieures, seules à même d'attirer les annonceurs.

Si cette éclipse de l'enquête sociale n'est pas nouvelle, à l'inverse il est une forme de journalisme qui a proliféré pendant le premier quinquennat d'Emmanuel Macron : le journalisme de préfecture. La couverture de la mobilisation contre la loi Travail en 2016 avait marqué une étape décisive dans l'accompagnement médiatique du durcissement répressif et autoritaire de l'État. Avec le mouvement des Gilets jaunes, cette tendance s'est encore accentuée. Les violences policières massives subies par les manifestants ont mis des mois à percer le mur d'indifférence médiatique, alors que les rédactions relayaient en boucle les images des affrontements tout en saluant et en documentant avec délectation la militarisation du maintien de l'ordre. Depuis, qu'il s'agisse de couvrir la moindre manifestation d'ampleur nationale, une nuit de révolte dans un quartier populaire, un fait divers crapoteux ou l'installation d'une zone à défendre (ZAD), la plupart des médias dominants ont recours au prisme sécuritaire du maintien de l'ordre. Les points de vue qui contredisent la communication des institutions répressives sont le plus souvent ignorés et, quand les nombreuses organisations de gauche mobilisées sur ces questions trouvent à s'exprimer, leurs explications ou leurs propositions sont dénigrées. Les moyens d'action politique (happenings, blocages, grèves, etc.) ne sont plus considérés que comme des perturbations de l'ordre… qu'il faut rétablir urgemment.

Tout au long de ce quinquennat, toutes les composantes de la gauche ont été à un moment ou à un autre la cible de cabales médiatiques. Comme à l'accoutumée, à l'occasion de chaque mouvement social, les syndicats furent vilipendés, leurs responsables morigénés en direct sur toutes les antennes. Régulièrement, les organisations écologistes qui réclament des mesures vigoureuses pour lutter contre le réchauffement climatique et le désastre environnemental sont tournées en ridicule et caricaturées en « khmers verts » par les plus grandes vedettes du journalisme. À plusieurs reprises, les mêmes ont entrepris de traquer d'introuvables « islamo-gauchistes » ou leurs succédanés « wokistes » et « décoloniaux » qui gangrèneraient La France insoumise ou, pire, l'Université. Jusqu'au feu d'artifice final contre la Nouvelle Union populaire écologique et sociale (Nupes) lors des élections législatives de juin 2022. Dans la plupart des médias se déchaîna une campagne d'une violence inouïe contre l'accord et chacun de ses protagonistes. Il ne s'agissait alors plus d'information mais bien d'une mobilisation de toute l'éditocratie, unanime contre une alliance et un programme remettant en cause la soumission de la gauche à un certain nombre de dogmes libéraux et n'entendant pas céder au cours autoritaire de la vie politique. Une union clairement campée à gauche, dont l'existence même et le relatif succès dans les urnes constituent un camouflet pour les médias dominants.

Mosaïque du travail réalisé par Acrimed au cours du premier quinquennat d'Emmanuel Macron, ce livre compile des articles parus sur son site et se nourrit de ses activités associatives. Il est, comme toutes les productions d'Acrimed, le fruit d'une élaboration et d'un engagement collectifs. Il a bénéficié des contributions et des relectures de Blaise Magnin. Merci, également, à Maxime Friot, Olivier Moreau, Mathias Reymond, Vivien Brunel et Olivier Poche pour leurs relectures attentives.

I. Un journalisme de cour

> [Emmanuel Macron] impressionne. [...] Il est conscient de tout, c'est-à-dire qu'il a réponse à tout ! [...] Pendant la campagne, on s'était dit « Mon Dieu ce qu'il est brillant ». Oui, il est brillant !
>
> Apolline de Malherbe, BFM-TV (5 février 2019)

« J'ARRIVE TOUT AURÉOLÉ d'une réputation qui m'est faite par la presse, je dois le dire. » En 2014, devant un parterre de journalistes réunis pour couvrir sa passation de pouvoir avec Arnaud Montebourg, Emmanuel Macron se félicite d'une idylle qu'il tient à entretenir [1].

Intervenue seulement dix ans après sa sortie de l'ENA, sa nomination au ministère de l'Économie est l'aboutissement d'une double carrière dans l'appareil d'État et le milieu patronal : inspecteur général des Finances, rapporteur puis membre de la « commission Attali » en 2007 et 2010, parallèlement associé-gérant de la banque Rothschild et, en 2012, secrétaire général adjoint de l'Élysée. « Une double accumulation de capitaux qui favorise l'accumulation d'un "capital médiatique" originel, rappellent Pierre Leroux et Philippe Riutort. Chez Rothschild & Cie, Emmanuel Macron a été chargé du projet de vente du *Parisien* (abandonné en 2010), puis du dossier “Presstalis”, principal distributeur de la presse nationale, en liaison avec le groupe Lagardère. Arrivé à l’Élysée, Emmanuel Macron suit divers dossiers, notamment les aides à la presse et la recapitalisation du quotidien *Libération*. Le jeune haut fonctionnaire est donc loin d’être dépourvu d’interlocuteurs ou de contacts au sein des groupes de presse lorsqu’il accède au poste de ministre[2]. » Des contacts qu’il met d’ailleurs régulièrement à profit en s’édifiant comme une source de premier plan auprès des journalistes, notamment économiques.

Selon les dires de Bruno Jeudy, ancien responsable du service politique de *Paris Match*, ce « grand séducteur » a noué de « solides liens dans sa communication off avec les journalistes. Il a briefé les journalistes économiques sur la politique de François Hollande, notamment à partir de janvier 2013 avec la politique de l’offre »[3].

2017 : Macron, forcément

Très vite, Emmanuel Macron polarise aussi l’attention des chefferies médiatiques. De portraits en « révélations » aussi « exclusives » qu’insignifiantes, ces dernières lui offrent une visibilité et une notoriété publiques de premier plan : il est « mentionné dans 3 656 articles et 841 titres en 2015, et dans 2 744 articles et 623 titres pour le seul premier semestre 2016 (qui correspond à la fin de ses fonctions de ministre) »[4].

Ainsi va le mode de traitement de l'actualité politique dans les médias dominants, indexé sur l'éternelle « course à l'audimat » : attrait pour la « nouveauté », suivisme vis-à-vis de la communication politique, spectacularisation, personnalisation et peopolisation concourent à la fabrication d'un personnage qui, parallèlement, alimente ces routines en construisant et en promouvant sa propre image de marque.

La communication exubérante et ciselée d'Emmanuel Macron, parfaitement adaptée au commentariat politique, de même que les multiples opérations de différenciation qu'il met en œuvre au sein du gouvernement Hollande n'ont de cesse de « faire l'actualité »... des journalistes. Le jeu en valait la chandelle : plus d'un an avant le premier tour de l'élection présidentielle de 2017, Emmanuel Macron peut se targuer de figurer à la une de la quasi-totalité des titres de presse, généraliste et people confondues. « Les visions de Macron » (*Le Parisien*) ; « Macron, l'homme qui dérange » (*Le Point*) ; « Le phénomène Macron » (*Challenges*) ; « Le monde selon Macron » (*Society*) ; « Emmanuel Macron et Brigitte, un couple pour l'Élysée » (*VSD*) ; « Ensemble sur la route du pouvoir. Brigitte et Emmanuel Macron » (*Paris Match*) ; « Macron. Ce qu'ils disent de lui » (*Libération*) ; « La bombe Macron » (*L'Express*) ; etc. Sans oublier les efforts immodérés de *L'Obs* pour propulser « la fusée Macron », « le dynamiteur », « l'homme pressé » ou encore « l'homme de la situation », entre autres surnoms louangeurs qui donnèrent sa couleur au magazine dès 2014.

Si les médias n'ont pas plus qu'auparavant « fait l'élection », ils ont imposé Emmanuel Macron comme une personnalité centrale du paysage politique. Ils ont crédibilisé, jour après jour, son accession à la présidence de la République[5]. Dès le 27 août 2015, la presse économique – par la voix des *Échos* et de *L'Opinion* – se fend à cet égard d'un titre performatif : « Et si c'était lui le vrai frondeur ? » En décembre 2015, c'est au tour du *Point* : « Et pourquoi pas lui ? » Deux mois plus tard éclot la variante du *Figaro* – « Et si c'était lui ? » –, reprise mot à mot par un rapport de l'institut de sondages Odoxa (04/16), puis *Challenges* (10/16), Public (11/16) ou encore France 5 (« C polémique », 01/17). En 2016, signant son entre-soi, le gratin du journalisme politique réuni dans le jury du « Trombinoscope[1] » décerne à Emmanuel Macron le prix de la « révélation politique de l'année »... pour la seconde fois depuis 2014. Abus de langage ? Peut-être pas : le Larousse définit une « révélation » comme un « acte par lequel Dieu fait connaître aux hommes son dessein de salut et se fait connaître à eux ». À en croire l'exposé du jury – présidé par Arlette Chabot et dans lequel on retrouve notamment Christophe Barbier (*L'Express*), Françoise Fressoz (*Le Monde*) et

1. Chaque année depuis 1992, le « Trombinoscope », qui se définit comme l'« annuaire professionnel du monde politique », récompense le personnel politique sur le modèle des Victoires de la musique.

Nathalie Saint-Cricq (France 2) –, une expérience surnaturelle semble bel et bien à l'œuvre : « Il est une révélation au sens presque mystique du terme. Il fait tout pour signifier aux Français qu'il est une sorte de messie ou d'homme providentiel. »

Romancée par les médias sur le registre d'un feuilleton télévisé, chaque étape de la progression d'Emmanuel Macron vers l'Élysée fait instantanément l'objet d'un battage médiatique sur mesure. Le 13 juillet 2016, « plus de deux cents journalistes dont quarante titres de presse étrangère et bon nombre de représentants de la presse féminine » se pressent à la Mutualité pour assister à la naissance d'En Marche[6]. Le 30 août 2016, sa démission du poste de ministre de l'Économie est l'occasion d'une nouvelle avalanche de Unes et de sessions de bavardage en continu, tandis que les journaux télévisés de TF1 et France 2 y consacrent les deux tiers de leur temps et entretiennent le suspense de sa candidature. Le temps, pour le journal de référence, d'apporter sa pierre à l'édifice de la vacuité – « Emmanuel Macron n'est toujours pas candidat » (*Le Monde*, 08/11/16) – et de contribuer, comme les autres, à créer voire amplifier une attente pour le candidat putatif d'alors. Aussi, lorsque Emmanuel Macron déclare sa candidature le 16 novembre 2016, le tapage n'est que routine. « Macron candidat : fin d'un faux suspense », titrait alors *Libération*. Un aveu journalistique qui résumait les mille pirouettes et autres gesticulations éditoriales qui avaient visé à parler obstinément, sans oser tout à fait le dire, de quelque chose dont il fallait bien parler car on en aurait de toute façon entendu parler.

Des esprits facétieux n'ont pas manqué de corréler une partie de cet engouement au soutien que témoignèrent les principaux propriétaires de médias à l'ancien ministre de l'Économie, ainsi qu'aux liens personnels tissés de longue date avec les plus grandes figures de la presse people[I]. Par exemple *Le Monde diplomatique*, où Marie Bénilde se demande si la retransmission par BFM-TV de 426 minutes de discours d'Emmanuel Macron (contre 440 minutes pour ses quatre principaux adversaires réunis) aurait eu un lien quelconque avec « la présence de M. Bernard Mourad, ancien dirigeant d'Altice Media Group, l'actionnaire de BFM-TV, dans l'équipe de campagne du candidat d'En marche ! », qui avait lui-même favorisé, en tant que ministre, les affaires du patron Patrick Drahi[8]. Pierre Bergé, à l'époque copropriétaire du *Monde* et de *L'Obs*, déclarait quant à lui son « soutien sans la moindre restriction à Emmanuel Macron », un « ami personnel » pour lequel il ne lésinerait sur rien : « Je suis prêt à trouver des concours financiers, si je les trouve, et à l'aider par n'importe quel moyen[9]. » Un amour partagé par un autre proche et actionnaire du *Monde*, Xavier Niel, mais également par Claude

I. Notamment Michèle dite « Mimi » Marchand. Patronne de l'agence photographique Bestimage (pourvoyeuse phare des paparazzades de la presse people) et entremetteuse du couple Macron, elle est aujourd'hui mise en examen dans plusieurs affaires, dont celle du financement libyen de la campagne de Nicolas Sarkozy en 2007[7].

Perdriel, propriétaire de *Challenges*, sans oublier Bernard Arnault, qui mit à profit l'un de ses journaux (*Les Échos*) pour déclarer sa flamme à quelques jours du premier tour : « Les raisons d'espérer sont simples : le programme d'Emmanuel Macron est bâti sur la conviction que l'entreprise privée constitue le seul levier efficace de création durable, saine et massive d'emplois en France. Cette conviction fondatrice, je la partage sans ambiguïté [10]. » À l'instar de la quasi-totalité des directions éditoriales...

Ainsi, que ce soit par connivence politique ou routine professionnelle inconsciente, le « cas Macron » est passé en l'espace de quelques mois du statut de non-événement à micro-événement pour finalement devenir... macro-événement. Un film que les médias dominants ont d'ailleurs rejoué aussitôt l'élection passée : entre le 8 et le 11 mai 2017, les principales chaînes de télévision (TF1, France 2 et France 3) se sont bousculées pour diffuser trois documentaires « en exclusivité » sur « les dessous » de l'élection, rejoignant les opus parus (ou à paraître) – *Emmanuel Macron, la stratégie du météore* (France 3, 2016), *Dans la tête d'Emmanuel Macron* (LCP, 2016), *Le Casse du siècle* (BFM-TV, 2018), *Macron le dynamiteur* (LCI, 2018), etc. – et autres chefs-d'œuvre papier qui garnissent aujourd'hui le musée du président.

Sacrifice du pluralisme sur l'autel du vedettariat médiatico-politique, cet épisode est (et restera) l'un des exemples les plus spectaculaires de la conversion du journalisme politique en dramaturgie électorale, témoignant d'une coproduction croissante

Alain
Duhamel
de l'Institut
Emmanuel le hardi
CE SOIR
21:00
EMMANUEL MACRON
LES COULISSES
D'UNE VICTOIRE
TF1
EMMANUEL MACRON
LE DYNAMITEUR
"IL AVAIT TOUT PRÉVU..."
David Doukhan
Particules Productions
MACRON PRÉSIDENT,
LA FIN DE L'INNOCENCE
Louis XVI,
Giscard, Caligula,
Clemenceau...
De qui le Président
est-il le fils ?
L'Observatoire
3
Ce soir à 20h55
Notre histoire est politique
Emmanuel Macron, la stratégie du météore
DANS LA TÊTE
D'EMMANUEL MACRON
L'ENQUÊTE
MACRON
À L'ÉLYSÉE
LE CASSE DU SIÈCLE

de « l'événement » entre le champ journalistique et le monde politique, au mépris des enjeux démocratiques et des questions d'intérêt général. Déjà mythifiée à peine élue, une coqueluche médiatique est née.

2022 : Macron, éperdument

La couverture de l'élection présidentielle de 2022 a rembobiné la cassette. Mêmes recettes, même soupe.

Guettant inlassablement la déclaration de candidature de l'« enfant du siècle » – « La plus incroyable aventure politique de la Ve République » selon les mots de l'inénarrable Christophe Barbier en 2017[11] –, les journalistes s'adonnent, des semaines durant, à leur jeu favori : commentaire et pronostics. Bilan des courses ? Des kilomètres de papiers et des centaines d'heures d'émissions dépourvus de fond politique. L'émission hebdomadaire de France Inter, « Un dimanche de campagne », consacrée à l'élection, aura par exemple synthétisé la vacuité du journalisme politique tel qu'il se pratique de BFM-TV à France 5 en passant par *Le Parisien*, RTL et bien d'autres : invités par la radio publique, éditorialistes et chefs de service de toutes les chapelles alimentent le feuilleton de la future candidature. Le 23 janvier 2022, Cécile Cornudet des *Échos* affirme qu'Emmanuel Macron « regarde vraiment l'état d'esprit des Français » et qu'« à partir de maintenant, c'est possible ». Une semaine plus tard, l'animatrice Claire Servajean s'impatiente : « Emmanuel Macron ne s'est toujours pas déclaré. Il a dit qu'il se prononcera en temps voulu, ce qui est quand même assez vague ! » Le 20 février, elle frôle l'apoplexie : on entend « toutes les rumeurs possibles dans les rédactions. *A priori* c'est pour quand ? Dans une semaine ? Dix jours ? » Entre-temps, le 6 février, le chef du service politique de France Inter, Yaël Goosz, semblait disposé à prêter main-forte aux communicants : « Il va falloir créer, à un moment donné, quelque chose de fort, qui embarque, un effet de souffle, un effet "Waouh" avec le programme derrière ! » Voilà donc la crème de la profession confessant son désœuvrement lorsque le pouvoir ne lui souffle pas ses priorités... Éminent représentant de ce journalisme sans imagination et forcément servile, Thomas Legrand attend donc toujours poliment, le 20 février, que le président lui dise de quoi parler : « C'est normal qu'il ne fasse pas campagne, parce que ça serait inconvenant qu'il le fasse, et en même temps, c'est assez fâcheux qu'on ne puisse pas savoir sur quoi débattre avec le président ou avec la majorité. » Une suggestion au hasard : le bilan d'un quinquennat ?

Déboussolés, en mal d'éléments de langage, les journalistes politiques se rabattent bon gré mal gré... sur des non-informations. Une routine qui aura tout de même conduit la première radio de France à proposer des « décryptages » qui resteront dans les annales :

> CLAIRE SERVAJEAN : Le site de campagne a été lancé, ça s'appelle « Avec vous ». Qu'est-ce que ça veut dire « Avec vous » ?
>
> LAURELINE DUPONT (*L'Express*) : C'est l'idée de se placer du côté du citoyen et de l'individu. Un proche collaborateur [...] me disait la semaine dernière qu'ils observaient que la société de l'individu avait remplacé la société de citoyens, donc ils partent de ce postulat pour créer leur campagne. Et donc quand ils lancent leur site « Avec vous », sur lequel on peut voir des citoyens, des individus expliquer leur travail, etc., c'est ça qui est derrière l'idée de ce site. (30/01/2022)

Renversant. Au moins autant que la vaste opération de communication ayant accompagné la fameuse candidature, officialisée à travers une « Lettre aux Français » publiée dans la presse quotidienne régionale (PQR) le 4 mars 2022. Co-fabriquer un « événement » médiatico-politique : une multi récidive de la part des directions de la PQR qui, au moins quatre fois en cinq ans, se sont pliées en grande pompe aux desiderata de l'Élysée : une première fois en mai 2019, dans le cadre de la campagne de La République en marche pour l'élection européenne ; une deuxième en juillet 2020, en vue d'exposer le remaniement du gouvernement ; et une troisième en avril 2021, pour exposer le plan de déconfinement. À chaque fois, l'exercice de passe-plat est similaire : des journalistes convoqués par Emmanuel Macron – généralement dans le palais présidentiel –, des questions lénifiantes et un seul texte, relu et corrigé par l'Élysée avant d'être placardé dans la plupart des quotidiens régionaux (concentration des médias oblige), accompagné de photographies dignes des meilleurs posters de motivation.

Gage d'indépendance et de pluralisme, ce tapage à la une infuse la plupart des récits journalistiques[12]. Dans *La Voix du Nord*, la rédaction tricote les formules du président : « Candidat de l'invention d'"une réponse française et européenne singulière" aux "défis du siècle", candidat de la défense des valeurs "que les dérèglements du monde menacent". [...] "Jupiter" rentré dans l'atmosphère, sa campagne reste à entreprendre. » Rebaptisé « le Fougueux » par *La Provence*, Emmanuel Macron est dépeint comme « un caméléon, capable comme l'eau d'épouser les obstacles ». *La Dépêche* rédige également sa lettre de motivation, qui le dit « profondément changé », « capable de s'adapter sans cesse à un monde qui change » et prompt à mettre « à l'honneur tous ceux qui ont été en première ligne pendant l'épidémie et ont fait tenir le pays ». *Sud Ouest* rivalise sans peine, analysant « une candidature qu'[Emmanuel Macron] place sous le double signe du président protecteur et du candidat regardant vers l'avenir ». Même sentiment du côté de *L'Union de Reims*, qui voit dans Emmanuel Macron le « candidat du changement dans la continuité ». Au *Progrès*, la distance critique est également à couper le souffle. « Le président parle aux Français sans filtre. Et il parle d'eux », affirme la journaliste, qui n'en finit pas de façonner l'illusion d'un Père proche de son peuple : il « parle de la vie quotidienne des Français » – dans une lettre d'une dizaine de lignes ! –, « choisit les mots de façon à se mettre à la hauteur de ses compatriotes » et « fait des Français des partenaires ». Un panégyrique signé Nathalie Mauret, journaliste politique du groupe Ebra (propriété du Crédit Mutuel), ventilé à la ligne près dans toute la presse de l'Est français depuis les *Dernières Nouvelles d'Alsace* jusqu'au *Dauphiné libéré*, en passant par *L'Est républicain*, *Le Bien public* et *Le Journal de Saône-et-Loire*. D'autres voix discordantes ? *L'Est républicain* justement, dont le rédacteur en chef adjoint, Luc Bourrianne, ajoute au concert un édito accablant pour le chef de l'État : « Il se voulait jupitérien, il a été pédagogue. [...] Le président va de crise en crise. Mais si les événements le servent, c'est surtout parce qu'ils sont surmontés. C'est son bilan en la matière qui lui offre le droit de se présenter en protecteur de la nation. »

La boucle est bouclée lorsque les commentateurs saluent le choix de convoquer la presse locale, entérinant de fait son rôle de passe-plat. Ainsi de cette porte-parole travaillant... pour France Info : « Ça permet de casser son image de président parisien, de président des villes. [...] Le journal de PQR, c'est le journal qu'on a sur la table. Il y a déjà des éléments de programme dans ce qu'écrit Emmanuel Macron. Par exemple, la grande priorité, c'est l'école, l'éducation. Voilà. Et ces éléments de programme, les Français les auront sous la main, sur la table de la cuisine ou du salon et donc pourront commencer à

Courrier picard
AMIENS ET SA RÉGION
VENDREDI 4 MARS 2022
WWW.COURRIER-PICARD.FR

COVID-19 La fin du masque et la « suspension » du pass vaccinal pour le 14 mars
Jean Castex a justifié l'allègement des mesures par l'embellie sanitaire. PAGE 36

UKRAINE CE PICARD QUI VEUT ALLER COMBATTRE L'ARMÉE RUSSE
PAGES 2 À 5 ET 29

AMIENS LA COLLECTIVITÉ ENDOSSE LE GILET JAUNE DE MACRON
PAGE 15

PRÉSIDENTIELLE 2022
ENFIN CANDIDAT
Emmanuel Macron s'est déclaré officiellement hier soir à travers sa « lettre aux Français ». Extraits.
PAGES 32 ET 33

le dauphiné libéré
DE GRENOBLE AU VERCORS
…OPÉENNES : L'INTERVIEW DU PRÉSIDENT MACRON
« Je ne peux pas rester spectateur »

L'union
Covid-19
Le 14 mars sonnera la fin du port du masque et du pass vaccinal
PAGE 36
Ukraine
Poutine détermin… à poursuivre l'invas… de tout le pays
PAGES 2 ET 3

Présidentielle
"JE SUIS CANDIDAT"
À 38 jours du premier tour de la présidentielle, Emmanuel Macron a officialisé hier soir sa candidature pour un second mandat en adressant à la presse régionale sa lettre aux Français.
PAGES 34 ET 35

FAITS DIVERS
« J'ai été escroqué par un ex-joueur du TFC » P20
TOULOUSE
LA DÉPÊCHE DU MIDI
VENDREDI 4 MARS 2022 – 1,20 €

« Pourquoi je suis candidat »
Dans une sobre « Lettre aux Français » à lire ce vendredi dans « La Dépêche », Emmanuel Macron se déclare candidat à sa réélection. Il explique le sens qu'il veut donner à un second quinquennat.
Mes chers compatriotes,

LE BERRY RÉPUBLICAIN
Centre France
Macron en exclusivité à la presse régiona…
À l'offensive
EUROPE
À quelques jours du vote, Emmanuel Macron a accordé une interview exclusive à la presse régionale.
ENGAGÉ
« Je ne peux pas être que spectateur mais un acteur de cette élection européenne, la plus importante depuis 1979 ».
ABSTENTION
« Décider de ne pas aller voter, c'est décider de donner sa voix à celui qui se fera le plus entendre ».
POPULISMES
Pour le Président, « est ennemi de l'Europe celui qui ne croit pas en son avenir. Les nationalistes qui veulent la diviser sont ses premiers ennemis ».
PAGES 32 ET 33

LA MONTAGNE
PUY-DE-DÔME
Centre France
Macron en exclusivité à la presse régionale
Un autre chemin
CRISE
« La rentrée économique et sociale sera difficile et il faut nous y préparer »
IMPÔTS
« Augmenter les impôts serait une erreur profonde car nous sommes un des pays les plus fiscalisés ».
REMANIEMENT
Le président veut un « gouvernement de mission et de combat ».
RETRAITES
« Il n'y aura pas d'abandon …

se familiariser à la fois avec le projet d'Emmanuel Macron et sa vision [13]. »

Spectacularisée, feuilletonnée, dominée par l'éditorialisation et le commentaire plus encore que d'ordinaire, la couverture de la campagne présidentielle a relégué le bilan du quinquennat (et ses détracteurs) aux confins du débat public, au profit d'un récit événementiel campant Emmanuel Macron dans un rôle de « chef de guerre », télégraphié par de nombreux lieutenants [14].

Dans les pas de feu Jean Daniel, qui confessait en 2017 « accompagner l'incroyable épopée d'Emmanuel Macron, cet enfant prodige », le rédacteur en chef de *L'Obs*, Sylvain Courage, modèle cinq ans après le portrait d'« Emmanuel le Rassurant » avec une précision d'orfèvre : « indéboulonnable père de la Nation », « pacificateur en chef » et « gardien de la démocratie » [15]. La messe est dite.

Macronmania au *Monde*

Le 15 mars 2022, l'une des journalistes politiques les plus en vue fait part d'un trouble à ses lecteurs du *Monde* : « La facilité déconcertante avec laquelle Emmanuel Macron mène campagne rend le moment à la fois inédit et vertigineux. » Porte-parole autoproclamée du pays tout entier – auquel « il n'est plus temps de promettre la rupture ou la lune » mais qu'« il faut, au contraire, rassurer » –, Françoise Fressoz fait campagne pour Emmanuel Macron [1]. Pour la journaliste, il « devenu

corse matin
OGHJE IN CORSICA
Les choix de Macron
Dans un entretien à Corse-Matin, le président de la République détaille le calendrier de sortie du confinement. Parle des réouvertures, de la vaccination, du plan de relance de l'économie
P2&3
LE BIEN PUBLIC
MAI, 19 MAI, 9 JUIN, 30 JUIN
Quatre étapes vers la LIBERTÉ
DÉPÊCHE DU MIDI
EXCLUSIF
Macron : « Mon plan de déconfinement »
Dans une interview à La Dépêche, le président de la République détaille le calendrier du déconfinement et des réouvertures, qui se décomposent en quatre étapes en mai et juin. Relance, dette, impôts, jeunesse : à un an de la présidentielle, Emmanuel Macron esquisse son ambition pour « une nouvelle »
SUD OUEST
AVEC « SUD OUEST »
Le « Mag » sur les traces de Napoléon
BORDEAUX AGGLO
VENDREDI 30 AVRIL 2021
1,70€
Le calendrier de Macron
La vie d'après, enfin
Dans un entretien à « Sud Ouest » et à la presse régionale, Emmanuel Macron détaille son plan de déconfinement en quatre étapes
Toutes les mesures restrictives devraient être levées au 30 juin
Qu'en pensent les professionnels
LA MONTAGNE
CLERMONT-METROPOLE
Macron en exclusivité à la presse régionale
Le bout du tunnel
19 MAI
Réouverture des commerces, terrasses, musées, cinémas et salles de spectacle.
9 JUIN
Retour des jauges à 5 000 personnes dans les enceintes sportives et culturelles avec pass sanitaire. Les salles des cafés et des restaurants rouvrent.
30 JUIN
Fin des restrictions et du couvre-feu. Maintien des gestes barrières et de la distanciation physique et sociale.
SAUF SI...
Si la situation sanitaire se dégrade sur certains
Le Parisien
VOS MAGAZINES
JOE BIDEN
VENDREDI 30 AVRIL 2021 N° 23846
Son plan pour rouvrir la France

le “capitaine Tempête” » que « le conflit en Ukraine a naturellement transformé en protecteur de la nation ». En ces termes, l’élection est presque superflue : « Le fait est que personne n’est aujourd’hui en mesure de lui disputer le leadership, ni même simplement le partage du pouvoir. » Si maquiller des arbitrages politiques en vérités de fait est (en principe) le propre des éditorialistes et autres prescripteurs d’opinion, la démarche a semblé inspirer le reste du service politique : « À l’heure où plane la menace nucléaire, l’actualité liée à l’élection présidentielle [...] a pris les allures d’un combat presque déplacé, dérisoire. Les Français se préoccupent du scrutin. Mais entre deux images d’immeubles éventrés et d’enfants ensanglantés, ils cherchent un homme d’État, plus qu’un candidat. [...] Dans ce contexte, Emmanuel Macron dispose d’un avantage indéniable. Il rassure. Les Français voient le président tenter de négocier un cessez-le-feu avec M. Poutine, pousser les Européens à sanctionner le belligérant. [...] Ils imaginent aujourd’hui le candidat poursuivre le travail. Dans cette campagne éclair, [...] les électeurs seront tentés de choisir un homme qu’ils jugent protecteur plus qu’un projet. » (17/03/22)

Le Monde, en tout cas, aura fortement incité à cette série de « jugements » : « Pouvoir d’achat : le bilan gagnant d’Emmanuel Macron » ; « La situation de l’emploi s’est fortement améliorée sous le quinquennat d’Emmanuel Macron » ; « Le projet d’Emmanuel Macron pour une France plus “unie” » ; « Macron en surplomb dans une campagne brouillée par la peur » ; « Emmanuel Macron, saison 2 : une promesse de changement dans la continuité »...[16] Jusqu'au vertige :

« Au côté de son enfant, une femme raconte son périple au chef de l'État. Son mari et sa mère sont restés en Ukraine. "Vous avez des nouvelles ?", demande M. Macron. "Non, je m'inquiète beaucoup pour eux", répond-elle en pleurant. [...] Après avoir tenté de les consoler, comme il le pouvait, le président de la République se retrouve confronté au récit de trois petits garçons. "Mon père est à Kiev, il combat", dit l'un, âgé de 6 ans, avant d'éclater en sanglots, expliquant être sans nouvelles de lui. "Ton père se bat pour que ton pays soit libre. Nous, on va tout faire pour faire arrêter cette guerre", tente de le rassurer M. Macron, accompagné des ministres Gérald Darmanin (Intérieur) et Marlène Schiappa (Citoyenneté).[17] »

Script du prochain *OSS 117* ? Non, article ordinaire d'un journaliste en charge de l'Élysée. Suivisme (engagé) vis-à-vis de la communication présidentielle, logiciel libéral en sous-texte, angles morts, sources à sens unique, prescription d'opinions et récits propagandistes portant au pinacle le « protecteur de la Nation »... La débâcle ne fut certes pas systématique dans les pages du « quotidien de référence », mais sa courtisanerie, tout à fait vertigineuse.

1. Ce n'est pas une première : entre le 6 avril 2016 et le 31 mars 2017, l'éditorialiste consacrait 61 de ses 139 chroniques à Emmanuel Macron, à l'exclusion ou non d'autres candidats, louant tantôt un « énarque pétri de philosophie », tantôt « une tête bien faite », sans oublier le « flibustier », « préoccupé de justice sociale et désireux de vaincre cette "fatigue des démocraties" ».

Le *storytelling* contre l'information

Les campagnes électorales agissent comme de véritables loupes grossissantes, renforçant inexorablement toutes les pires tendances du système médiatique. Reste que « le journalisme de slogans » dont a bénéficié Emmanuel Macron a structurellement, tout au long du quinquennat, écrasé le débat public. Sur la première chaîne d'information en continu du pays notamment, les premiers pas du souverain s'accompagnent d'une cascade de sujets à faire pâlir les propagandistes des régimes autoritaires.

> 10 mai 2017 : « Comment les costumes de Macron ont évolué pour incarner la fonction de président. »
>
> 11 juin 2017 : « Touquet : Quand Emmanuel Macron embrasse le crâne d'un sympathisant. »
>
> 30 juin 2017 : « Du Louvre au portrait officiel, Macron maître des symboles. »
>
> 4 décembre 2017 : « Brigitte Macron baptise le bébé panda. »
>
> 21 décembre 2017 : « Emmanuel Macron souffle ses 40 bougies. »
>
> 26 décembre 2017 : « Macron skie dans les Pyrénées. »
>
> 12 janvier 2018 : « "Je veux goûter !" Emmanuel Macron a découpé la galette de l'Élysée. »
>
> 16 février 2018 : « Brigitte Macron veut un potager à l'Élysée. »
>
> 14 février 2018 : « Comment se fabrique la statue d'Emmanuel Macron au Grévin ? »

> 23 février 2018 : « Emmanuel Macron dans Pierre et le Loup : un rôle sur mesure pour un président féru de culture. »
>
> 24 février 2018 : « Cette montre est en rupture de stock depuis que Macron la porte. »
>
> 10 mars 2018 : « “Au départ, je voulais être écrivain” : Macron se confie à des étudiants indiens. »
>
> 11 mars 2018 : « En Inde, les Macron roucoulent au Taj Mahal. »

Difficile d'oublier, en effet, le matraquage infantilisant de BFM-TV à cette période, entretenant le culte de la personnalité autant que le roman people du président. Jusqu'à l'inimaginable : le 24 février 2018, la poule « Agathe » adoptée par Emmanuel Macron au salon de l'Agriculture est littéralement « invitée » en plateau, dans les bras de son éleveur...

Le flux médiatique a été inondé en permanence par le *storytelling* présidentiel : slogans rabâchés, « petites phrases » aussi insignifiantes que méprisantes passées au crible, ultra mise en scène du président par lui-même élevée au rang d'information numéro un. Et en 2017, dès l'élection des députés et la formation du gouvernement, les automates décalquent le tampon « Renouveau » à longueur de colonnes et d'antennes. Quitte à en gratifier gratuitement les professionnels aux parcours les plus conventionnels au sein du champ politique. Ainsi d'Édouard Philippe, « incarnation du renouveau » pour *Sud Ouest* et symbole de « la transgression à Matignon » pour *Libération*. Ou encore : « Avec Le Maire, le “renouveau, c'est Bruno” à Bercy »

(Europe 1) ; « Le Maire à Bercy, la revanche inespérée de l'"homme du renouveau" » (*Libération*). Cinq ans plus tard, le suivisme journalistique n'a pas pris une ride : « Investiture d'Emmanuel Macron : une cérémonie sous le signe du renouveau » ose par exemple le « 20h » de France 2 (07/05/22), tandis qu'au *Monde* l'assemblage des éléments de langage va bon train : « La mutation d'Emmanuel Macron, un "optimiste de la volonté" devenu inquiet du "grand bouleversement du monde" » (24/08/22). Du « Mozart de la finance » au « président protecteur » et « chef de guerre », en passant par « Jupiter », le président du « nouveau monde », de « la disruption », de « la mondialisation heureuse », et « de droite et de gauche », le président du « grand débat », le « président noctambule », le « président épidémiologiste », le « président du quoi qu'il en coûte », de la « pédagogie » et autre « virage social » à la « fin de l'abondance », les formules publicitaires ont tellement ponctué les récits journalistiques qu'il est impossible d'en établir un décompte exhaustif[18].

Colonisant jour après jour un espace considérable du débat public, cette communication fait l'agenda et ne cesse de cadrer les interviews des représentants politiques, invités à commenter les « phrases choc » du président plutôt qu'à développer leurs idées et leurs programmes. Un exemple exemplaire ? La première question qu'adressait le chef du service politique de BFM-TV, Philippe Corbé, à Adrien Quatennens (LFI) dans la matinale de RMC et BFM-TV, le 30 juillet 2022 :

> Je suis curieux de vous demander ce que vous avez pensé de la référence d'Emmanuel Macron, dans son discours, à Vulcain. Il lui a parfois été reproché de se prendre pour Jupiter et il a dit non : « Vulcain. Vulcain, c'est le dieu romain du feu. » [...] Il dit d'ailleurs « à la forge ». C'est aussi peut-être un message qu'il envoie à ses électeurs ou à une partie de son camp qui doute : je suis toujours à la forge, je continue à forger. Peut-être même que c'est une référence au fait qu'il est toujours le Macron de 2017, qu'il est toujours le porteur de cet espoir qui l'avait fait élire en 2017. Ce n'est pas ça, aussi, qu'il veut dire ?

Il faut dire combien cette circulation libre et non faussée du bavardage fut inversement proportionnelle à la place qu'auront occupée les enquêtes journalistiques consacrées, par exemple, aux barbouzeries du personnel « républicain » et, plus encore, aux collusions entre l'appareil d'État et les lobbys industriels et financiers. De « l'affaire Benalla » au scandale « Uber », certaines publications déterminantes sont à mettre au crédit des médias dominants. Mais dans les émissions de débat, notamment, la couverture des « affaires » a bien souvent viré au traitement carnavalesque, focalisé « sur telles circonstances particulières ou telles trajectoires personnelles des auteurs », marginalisant l'information sur « les structures économiques et institutionnelles qui permettent et favorisent ces malversations »[19].

Dans la même veine, on trouve la folklorisation médiatique des pratiques autoritaires du pouvoir. En février 2020 notamment, la décision d'Édouard

Philippe de recourir à l'Article 49.3 pour imposer la réforme (avortée) des retraites a fait la part belle aux grand-messes médiatico-gouvernementales, déclinées à 20 heures dans le respect de la « tradition TF1 » ou à travers l'accaparement des matinales par la majorité[20]. Une banalisation accompagnée par un traitement dépolitisé du débat parlementaire, mis en scène par le journalisme politique comme un feuilleton de « coups de gueule » entre députés. Résultat : la dissolution des arguments de fond dans le grand spectacle de l'agitation télévisée.

Tout se passe donc comme si le journalisme politique était incapable de se départir de la sanctuarisation des images – et donc des illusions – du pouvoir. Si la télévision excelle par définition dans ce jeu d'apparences, cette tendance à l'accompagnement approbateur et fasciné des gesticulations des gouvernants est structurelle, consubstantielle au journalisme dominant. Le mélange des genres, devenu un genre en lui-même, n'arrange rien à l'affaire. Par exemple le 30 août 2022, « Quotidien », pilier de « l'infotainment », se fendait du reportage « On a passé 24 heures avec Élisabeth Borne » : caméra au poing, plans au rabais vus et revus, surlignage de « punchlines » à l'écran, la Première ministre fut l'héroïne d'un court métrage de treize minutes, filmée pour raconter sa passion du jus de pamplemousse, le dernier coup de peigne précédant un discours ou les textos qu'elle reçoit (ou non) de la part d'Emmanuel Macron. Le sujet a beau tutoyer le néant, il participe de la perpétuelle co-mise en scène de la politique et de ses acteurs, donnés à voir comme autant de personnages, sympathiques pour les uns, menaçants pour d'autres...

« Entretiens » présidentiels ou mises en scène autocratiques ?

Partie visible de l'iceberg, les interviews avec le président de la République ayant parsemé le premier quinquennat sont un cas d'école d'une télévision-spectacle fonctionnant en vase clos, escamotant l'information au profit d'un double jeu de faire-valoir.

Désignés par le chef de l'État, qui impose également la plupart du temps le lieu et le cadre de l'entretien, les professionnels n'ont qu'une maîtrise résiduelle du dispositif qu'ils prétendent pourtant arbitrer, si ce n'est diriger. Aussi leurs questions font-elles office, la plupart du temps, de relais complaisants : « Ce n'est pas une légende ! Donc finalement, vous dormez très peu ? » ; « On avait découvert le candidat "en marche", on a découvert un président Macron qui court. Vous courez beaucoup depuis sept mois ? » ; « On arrive en fin d'année, ça fait sept mois que vous êtes président de la République. Vous leur dites quoi aux Français ? Il y a ce sapin qui est là, c'est une période particulière... Vous leur dites : "N'ayez pas peur de toutes ces révolutions que je vous propose" ? » (Laurent Delahousse, lors de sa déambulation au côté d'Emmanuel Macron, Élysée, 17/12/17).

Un rôle qui revient naturellement aux « stars » de l'information politique. Gilles Bouleau (TF1), Anne-

Claire Coudray (TF1), Audrey Crespo-Mara (TF1), Léa Salamé (France 2), Caroline Roux (France 2), Darius Rochebin (LCI), Ruth Elkrief (BFM-TV), Edwy Plenel (Mediapart)[21], Jean-Jacques Bourdin (BFM-TV/RMC) se sont ainsi succédé dans l'exercice, gratifiés en retour d'un prestige qui accroît leur capital médiatique et social : plus qu'un pin's, cette invitation à badiner avec le souverain reste d'abord et avant tout… un bonus de carrière.

De ce dispositif en apparence gagnant-gagnant, l'information sort pourtant quasi systématiquement perdante. Par exemple le 14 octobre 2020, dans un carnaval de sourires bienveillants, Gilles Bouleau et Anne-Sophie Lapix font l'impasse sur l'essentiel des déboires de la crise sanitaire, pourtant largement documentés par la presse[22]. Restée hors-champ notamment, la question de l'hôpital public, alors qu'une grève nationale dans le secteur de la santé et du social était annoncée… le lendemain. Et au moment où les parlementaires étaient privés de toute discussion, notamment concernant le couvre-feu, les deux journalistes entretenaient le simulacre de la confrontation et du débat tout en offrant un nouveau monologue à un président seul à table.

Les passions du microcosme

Assurément, la communication et la personnalisation à outrance sont deux dynamiques propres au champ politique lui-même, qui n'épargnent que peu de formations, y compris à gauche. Si le régime présidentialiste de la Ve République et la professionnalisation de l'activité politique expliquent en partie ces phénomènes, ils ne sauraient néanmoins se réaliser ni même prendre corps sans les médias dominants : en miroir, les pratiques qui encadrent le journalisme en général, et celles du journalisme politique en particulier, les reproduisent et, en définitive, les renforcent. Conjuguées, leurs tendances confortent le bipartisme – la mise en scène d'un « duel » entre deux « compétiteurs » – et consolident une conception autocratique, verticale et viriliste du pouvoir, de sa conquête et de son exercice. Interprétée jour après jour dans (et par) les médias dominants, cette partition est de toute évidence incompatible avec un authentique projet de transformation sociale.

La structuration capitalistique des médias, dans lesquels la marchandisation de l'information répond aux exigences commerciales (dépendance aux recettes publicitaires, elles-mêmes indexées sur l'audimat), réclame une production toujours accrue de contenus, dans des temps toujours plus restreints, de la part de professionnels précarisés – pour une part d'entre eux –, contraints de démultiplier leurs compétences pour exercer plusieurs métiers en un. Si cette économie n'explique pas tout, elle laisse entrevoir, d'abord, la facilité avec laquelle les formats au long cours (enquête, reportages dignes de ce nom) sont sacrifiés sur l'autel de la rentabilité. En lieu et place, le « buzz » et la « polémique » prospèrent, comme la production à la chaîne de sujets insignifiants, aussi vite écrits qu'oubliés. Pis, c'est la réalité même du métier de journaliste politique, ses modalités et pratiques quotidiennes qui sont problématiques. Dans cet univers nombriliste, englué dans ses routines, les professionnels tournent en rond. Inlassablement. Les coulisses, les petites phrases, les stratégies du personnel politique, les arrangements partisans, les alliances entre écuries – et leurs renversements –, les talents rhétoriques, l'efficacité des « plans com' » et la popularité sondagière : la focalisation sur le jeu politicien aux dépens des enjeux politiques est systématique. À tel point que les journalistes se confondent régulièrement avec des psychanalystes, commentateurs sportifs, décorateurs d'intérieur, scénaristes, membres d'un jury de grand oral ou analystes financiers qui, comme le dit si bien Sophie de Ravinel (*Le Figaro*), n'entrevoient les idées que comme des « parts de marché » électoral[23].

Journaux télévisés, interviews audiovisuelles, chroniques et éditoriaux de presse, bulletins d'information radiophoniques, émissions de « débat » et autres séquences de « décryptage » : d'apparence diversifiés, les formats journalistiques où se commente la vie politique reproduisent un mode de traitement tendanciellement identique d'un canal à un autre, concourant à la production uniformisée d'une information qu'on peine bien souvent à distinguer des travaux de communicants. Une porosité qui se retrouve d'ailleurs dans le profil socio-professionnel des commentateurs, en particulier dans l'audiovisuel.

Depuis quelques années, les spécialistes de la communication politique se sont en effet taillé une place de choix sur les plateaux, venus renforcer l'armada des professionnels du commentaire incluant éditorialistes, chefs de service, sondologues, philosophes médiatiques et autres faux « experts » patentés. En 2019 par exemple, ils constituaient, après les journalistes, la deuxième catégorie la plus représentée dans l'émission « Les Informés » (France Info) : 149 passages sur six mois, répartis entre 44 invités[24]. Des représentants de sociétés privées totalement inconnues du grand public se voient ainsi offrir une vitrine régulière pour commenter des sujets d'actualité. Un parasitage de l'information et un tableau paroxystique de son mode de traitement : dans un contexte où le travail de terrain et la spécialisation ne constituent en rien une condition de l'expression publique (à tout le moins !), et puisque la pratique des « débatteurs » se résume à communiquer sur la communication, les consultants, accompagnateurs de dirigeants et autres gestionnaires de l'image médiatique, font naturellement leur nid à la télévision, au côté des éditorialistes consacrés.

Ce mélange des genres n'épargne pas non plus les journalistes « de terrain » ou chargés, pendant les campagnes électorales notamment, de suivre les partis et leurs candidats. Les communicants savent précisément comment occuper l'espace, interagissant avec les journalistes... et vice-versa. Démultipliant les canaux d'« échanges », ils surinvestissent désormais les applications de messageries instantanées (dont WhatsApp et Telegram) pour y charrier leurs éléments de langage et autres rectificatifs « communicationnels », au milieu d'informations purement logistiques liées à tel déplacement ou conférence de presse du patron. Jusqu'à la saturation : un journaliste politique suivant la campagne d'Emmanuel Macron en 2022 confiait à Arrêt sur images « être dans une centaine de boucles » WhatsApp[25] ! La même enquête indique que la pratique ne se fait pas à sens unique : couvrant un déplacement du président, un journaliste de *Sud Ouest* raconte notamment recevoir « des sons, des images, des anecdotes, c'était assez drôle à voir. Certaines images venaient de l'équipe de campagne, d'autres étaient postées par des journalistes. On était entre communication et journalisme. On aurait dit des dépêches, comme l'AFP, minute par minute ».

Favorisant l'évolution des professionnels en vase clos autant que le mélange incestueux des genres, ces routines quotidiennes répondent autant aux impératifs des journalistes qu'aux besoins des communicants, qui espèrent, si ce n'est verrouiller l'information, du moins inonder les canaux de celles qu'ils souhaitent mettre en avant. Si les politiciens sont les premiers à prêter une croyance surdéterminante aux effets de la communication[I], cette dernière infuse moins l'esprit du public de manière

---

I. Le 2 septembre 2022, *Politico* révélait que Frédéric Michel, ex-lobbyiste de News Corporation, l'empire du médiavore australien Rupert Murdoch, allait être nommé « conseiller en communication et en stratégie » d'Emmanuel Macron.

directe qu'elle ne mutile sa perception de la vie politique, pour ne rien dire de la qualité de l'information… *A fortiori* quand le recul critique des journalistes frôle le néant.

À cet égard, bon nombre de « documentaires » sur les coulisses du métier – réalisés souvent par, sur et pour des journalistes politiques – constituent un terrain d'observation particulièrement fécond. Généralement vides sur le fond, ils interpellent davantage pour leur valeur d'autoportrait, donnant à voir la manière dont les journalistes politiques appréhendent « l'information politique » et comment ils se perçoivent eux-mêmes. De BFM-TV à France 2 en passant par France Inter et RTL, les journalistes politiques se ressemblent comme deux gouttes d'eau (sociologiquement parlant). Ils se livrent aux mêmes routines, préfabriquent leurs reportages avec les chefferies de manière quasi analogue, posent des questions similaires et, *in fine*, dépolitisent l'information à l'identique[26]. Interchangeables, ils vivent la politique comme un spectacle, la restituent tel un spectacle avant de la rembobiner pour le spectacle.

Au lendemain du second tour de l'élection présidentielle de 2017, le magazine « C à vous » (France 5) célébrait ainsi le scrutin en compagnie de Yann L'Hénoret, auteur du documentaire *Emmanuel Macron, les coulisses d'une victoire*, diffusé sur TF1 le soir même. Mise en abyme du journalisme politique, l'émission suivait un principe à donner le tournis : médiatiser la médiatisation de la médiatisation. En d'autres termes, commenter une succession d'opérations de communication (la campagne), elles-mêmes mises en scène dans un documentaire dont Yann L'Hénoret n'a jamais caché la visée promotionnelle : « Lorsque vous suivez un candidat, vous voulez qu'il gagne[27]. » En plateau, c'est l'envoûtement : Emmanuel Macron « a les nerfs solides ! Même quand il prend un œuf dans la tête, il ne réagit pas », s'émerveillait Anne-Sophie Lapix, désormais présentatrice du « 20h » de France 2. « Ce qui nous a tous et toutes frappés, c'est l'humilité souriante de Macron », renchérit Pierre Lescure, chroniqueur et président du Festival de Cannes.

Ces professionnels mondains jalousaient le privilège du documentariste, autorisé à suivre Emmanuel Macron à la trace sept mois durant. Et parmi eux, une séquence à « petite phrase » a fait mouche. François Bayrou déclarant « à huis clos » à Emmanuel Macron : « Si vous pouvez réussir là où j'ai failli, je vous aiderai. » Le graal pour Patrick Cohen : « Ça, c'est extraordinaire ! C'est extraordinaire. C'est extraordinaire le fait d'avoir deux leaders politiques face à face, sans entourage, seul à seul. » Anne-Sophie Lapix : « Et avec un aveu pareil en plus ! » De quoi tourner la tête du réalisateur : « C'est vraiment une séquence où l'on sort de la pièce et on se dit "Wahou", j'ai assisté à ça ! C'est un moment très très fort. » Quelques minutes plus tard sur TMC[28] – filiale de TF1 (groupe Bouygues), qui diffuse le documentaire –, c'est au tour de Yann Barthès de s'esbaudir : « Cette scène, elle est énorme ! » Et lorsque Emmanuel Macron

« tacle » en off François Hollande – « Il faut aller dans le cœur de la bête parce que si vous écoutez les mecs de la sécurité, vous finissez comme Hollande, peut-être que vous êtes en sécurité, mais vous êtes mort » –, les « startuppeurs » du journalisme y décèlent... la quintessence du métier. Paul Larrouturou, aujourd'hui journaliste politique vedette de LCI : « Moi, je l'ai suivi pendant un an et on rêve tous d'avoir ça ! C'est fou cette scène. Cette scène, c'est fou. » Deux scènes qui auront, follement, fait le tour des médias...

Au service du prince

Si la théâtralisation de la grande politique n'est pas le moindre des rôles endossés par les chefferies médiatiques, il en est un autre, tout aussi stratégique : l'accompagnement des politiques gouvernementales. Bien sûr, du pluralisme se fait jour ici ou là : des tribunes – qui n'engagent (ni n'impactent) les rédactions – tonnent contre le gouvernement ; des émissions impertinentes perdurent (isolées) sur les grilles ; le contradictoire siège en plateau à travers quelques invités contestataires auxquels les « débats » ménagent encore un fauteuil ; des enquêtes paraissent dans la presse, parfois accablantes pour le pouvoir en place. Mais force est de constater que ces bribes de contre-pouvoir sont, jour après jour, noyées : emportées par le flux de l'instantané n'accordant qu'une durée de vie relativement faible aux informations qui se frayent un chemin « à la une », ou enlisées sous le journalisme de maintien de l'ordre, qui, cinq années durant, aura assuré un service après-vente constant et zélé aux politiques macronistes.

Dans cette vaste entreprise, le *JDD* fait assurément figure d'avant-garde. Au cours du premier quinquennat d'Emmanuel Macron, le personnel politique français a occupé 176 unes, soit plus des deux tiers de la production éditoriale de l'hebdomadaire. La représentation des différentes forces politiques parle pour elle-même : la majorité présidentielle occupe plus des trois quarts des couvertures (144), loin devant LR (20), l'extrême droite (12), LFI (3), PS (3), EELV (1). Et la titraille donne la mesure, si besoin était, du rôle de valet incarné par cette succursale du Conseil des ministres.

En dehors de sa servilité, cet agenda officiel donne à voir la concordance avec laquelle les médias suivent le tempo des « personnalités » qui concentrent le plus fort capital politique et assurent elles-mêmes au mieux leur autopromotion : en dehors d'Emmanuel Macron et d'Édouard Philippe – qui auront à eux seuls capté la une à 89 reprises –, Gérald Darmanin reste le plus médiatisé. Au début de l'année 2022, l'OPA de Vincent Bolloré sur le groupe Lagardère, jusqu'alors propriétaire du *JDD*, a déclenché – à juste titre – des cris d'orfraie contre la prédation du médiavore réactionnaire, de nombreux contestataires en appelant alors à la préservation de « l'indépendance » de l'hebdomadaire dominical. N'était-elle pas, de toute évidence, déjà largement compromise ? Indépendance

Le Journal du Dimanche
Le plan de la France pour trier les migrants
Journal Dimanche
Le Maire : « la relance sera verte »
urnal manche
Blanquer : « Nous sommes préparés à tout »
Le Journal du Dimanche
Sécurité, immigration : ce que veut Castaner
urnal manche
« Avec notre politique, le travail paie »
urnal manche
« Oui, les impôts vont encore baisser »
Le Journal du Dimanche
Retraites : ce que on veut vraiment
Le Journal du Dimanche
Dupond-Moretti : « Ce que je veux pour la justice »
ournal imanche
Écologie : la bataille du recyclage va commencer
pôt à la source : anin explique tout
e nouvel agenda
Le Journal du Dimanche
Castex : « Je veux agir vite »
Le Journal du Dimanc
Buzyn, son plan d'urgence
Le Journal du Dimanche
Hôpitaux : ce que promet Véran

et pluralisme : deux mythes professionnels qui ne résistent guère, en effet, à l'observation du paysage médiatique par temps de crises (politique, sociale, économique), en particulier lorsqu'une « réforme » libérale arrive sur le devant de la scène. Pour peu qu'ils se doublent de mobilisations contestataires, ces épisodes offrent alors une vue particulièrement aiguë de l'unanimisme éditorial à l'œuvre et de la capacité des grands médias à se muer en rouleau compresseur écrasant toute voix dissidente sur son passage. À cet égard, la réforme (avortée) des retraites restera un cas d'école des cinq premières années Macron.

Qu'ils matraquent leurs partis pris à longueur d'antennes et de colonnes, qu'ils enfilent la tenue de conseiller du prince en discutant de la « méthode », qu'ils se fassent porte-parole en prétendant vulgariser la « pédagogie » du gouvernement, les grands médias s'accordent sur le fond : la réforme des retraites est impérieuse. Aussi, dès septembre 2019, trois mois avant la présentation du projet de loi devant le Conseil économique social et environnemental (CESE) par Édouard Philippe, les éditorialistes sont sur le pied de guerre et verrouillent le débat public. « Bonne et nécessaire » pour Nicolas Bouzou (LCI, 16/09/19), « la plus nécessaire et la plus symbolique du quinquennat » pour l'indéboulonnable Alain Duhamel (RTL, 13/09/19), la réforme des retraites est bel et bien « la mère de toutes les réformes, celle qui devait concilier justice sociale, lisibilité et prévisibilité » (Élie Cohen, 29/11/19). Un mantra que formulait LCI avec un sens aigu de la dramatisation : « Retraites : la réforme ou la ruine ? » (13/09/19) ; « Retraites : la réforme ou le chaos » (17/09/19). Message reçu ? Yves Calvi tient à s'en assurer : « On n'y coupera pas. Soit on travaille plus, soit on cotise plus. Très honnêtement, ce n'est pas une découverte et il n'y a qu'en France que des débats pareils s'éternisent ! » (« Retraites : on n'a pas le choix… », Canal+, 19/12/19).

Entre-temps, trois des principaux quotidiens du pays avaient pris position par voie d'éditorial : « La réforme envisagée par Emmanuel Macron est particulièrement ambitieuse. S'il parvient à ses fins sans transiger, il aura réussi un tour de force » (*Le Figaro*, 04/09/19). Dans *Le Parisien*, l'éditorialiste Pierre Chausse pense même à plus long terme : « Mener à terme cette réforme viendrait légitimer un peu plus une candidature pour un second mandat à l'Élysée. Pour cela, il faudra surmonter sans trembler la contestation qui s'annonce » (07/11/19). Accompagnateur des contre-réformes structurelles depuis des décennies, *Le Monde* veut lui aussi raisonner ses lecteurs en présentant le plan gouvernemental comme « transparent et équitable » : « Sur le papier, le projet se défend. La réforme des retraites, décrite par Emmanuel Macron comme "un vrai projet d'émancipation", est cohérente » (04/11/19). Une « pédagogie » à laquelle s'attelle également l'escadron des maîtres à penser économiques. Dans *Les Échos*, à l'antenne de France Inter, ou en tant qu'invité permanent sur LCI, Dominique Seux martèle : « Le sujet qui est sur la table, principalement, c'est de mettre un système qui soit plus équitable »

(LCI, 13/09/19). À égalité avec l'inénarrable François Lenglet : « Le projet actuel du gouvernement vise à diminuer les inégalités, c'est-à-dire à prendre aux uns, les régimes spéciaux par exemple, les carrières ascendantes, pour donner aux autres, les carrières à trous. Objectif louable, mais la menace, elle est toute autre, c'est le déficit. Déficit qui ne peut se résorber qu'en travaillant plus longtemps » (TF1, 18/11/19).

Les mois passant, le matraquage en faveur de la réforme se renforce, en particulier lorsque débute la grève interprofessionnelle du 5 décembre 2019, venue relayer la mobilisation de la RATP initiée dès le mois de septembre. À la une du *JDD* ce jour-là, une annonce tonitruante, « Darmanin : "La réforme se fera" », est suivie de deux pages surmontées d'une citation en énormes caractères, « Nous sauvons les retraites de nos enfants », et de l'inévitable éditorial, signé Hervé Gattegno : « Quoi qu'en disent les démagogues et les niais, [l'avenir des retraites] requiert une réforme d'ampleur et les efforts de tous. » Une satisfaction pour le ministre, qui ne manque pas, sur Twitter, de faire une belle publicité au numéro. Il aurait toutefois été plus juste de décerner la récompense à l'ensemble des commentateurs pour bons, loyaux… et intarissables services : « Le retrait du projet est inenvisageable », affirme par exemple Nicolas Beytout sur Europe 1 (11/12/19), secondé par son confrère Jean-Claude Dassier, ancien dirigeant à LCI et TF1 : « Moi, je suis défenseur de la réforme » (CNews, 16/12/19). « Il est urgent de faire appel au bon sens des Français, pour qu'ils réalisent notamment que des réformes de fond, comme celle des retraites, sont nécessaires et même indispensables », plaide encore Sonia Mabrouk (FigaroVox, 12/12/19). Dans les matinales et émissions politiques également, lieux stratégiques et prescripteurs du paysage médiatique, les intervieweurs s'autodésignent porte-parole du gouvernement :

> **Sur CNews le 5 décembre, Gérard Leclerc interroge Fabien Roussel (PCF) :**
> Quand on regarde la réforme, le régime universel, c'est-à-dire la même chose pour tous, un système par points, qui en principe garantit l'équité, une retraite minimum qui va remonter à mille euros, on a presque envie de vous dire : c'est une réforme de gauche !
>
> **Sur LCI le 6 décembre, Élizabeth Martichoux interroge Philippe Martinez (CGT) :**
> ÉLIZABETH MARTICHOUX : Jean-Michel Blanquer dit hier soir sur LCI : il n'y aura pas une pension d'enseignant qui va baisser.
> PHILIPPE MARTINEZ : C'est faux.
> ÉLIZABETH MARTICHOUX : Mais vous ne le croyez pas en fait !
> PHILIPPE MARTINEZ : C'est faux.
> ÉLIZABETH MARTICHOUX : Mais lui, il vous dit : « On va faire en sorte qu'aucune pension ne baisse ! »
>
> **Sur BFM-TV le 6 décembre, Gaëtane Meslin :**
> Les enseignants ne seront pas perdants sur leurs pensions mais en plus, ils vont avoir leur pouvoir d'achat qui sera augmenté durant leur période d'activité.
>
> **Sur France Inter le 8 décembre, Carine Bécard :**
> Ce nouveau système des retraites, si jamais il se

mettait en place, ça serait l'occasion pour les enseignants [...] de voir leurs salaires augmenter.

Sur RMC le 10 décembre, Jean-Jacques Bourdin interroge Olivier Besancenot (NPA) :

JEAN-JACQUES BOURDIN : Si le gouvernement garantit que le point ne baissera pas, quelle que soit la conjoncture économique ?

OLIVIER BESANCENOT : Eh bien, vous aurez le droit de ne pas les croire.

JEAN-JACQUES BOURDIN : Ah ! C'est-à-dire que même si c'est garanti dans la loi, nous aurons le droit de ne pas le croire ?!

OLIVIER BESANCENOT : Oui, absolument.

JEAN-JACQUES BOURDIN : Mais si le Premier ministre vous dit demain : « Ce sera garanti dans la loi » ! Vous ne le croirez pas ? Même si c'est garanti dans la loi ?

OLIVIER BESANCENOT : Non, je peux vous le répéter sur tous les tons...

JEAN-JACQUES BOURDIN : Bon, bon, d'accord... Eh bien à quoi sert la loi, hein !

Europe 1, 21 décembre, Catherine Nay :

Qu'il faille travailler plus longtemps, comme c'est la règle dans presque tous les pays européens, on le sait, c'est inévitable, crucial, mathématique même. [...] Même un élève de primaire comprend que maintenant, il y aura de moins en moins d'actifs pour assurer la retraite des gens qui vieillissent de plus en plus.

Dans cet univers orwellien, qui autorise la libre circulation des slogans les plus mensongers – par exemple, « Les femmes seront les grandes gagnantes » – au mépris de toute contradiction sérieuse, les éminences médiatiques s'engagent ainsi à corps perdu et les voix discordantes sont rendues, partout, inaudibles.

Comment pourrait-il en être autrement puisque les éditocrates n'aiment rien tant que prodiguer leurs conseils aux gouvernants? Cette voix de « la raison », distillée par exemple par Laurent Joffrin dans *Libération*, se résume en quelques mots: « éviter l'affrontement » tant « chacun comprend que le compromis vaut mieux que le tout ou rien » (05/12/19). Les yeux rivés sur les sondages et « l'essoufflement » tant attendu, les médias préconisent ainsi le « dialogue social » pour ensuite veiller à son bon ordonnancement et baliser le périmètre du débat. En l'occurrence, agiter certains chiffons rouges (retrait de l'âge pivot, suppression des « régimes spéciaux »), qui ne cessent de polariser la une au mépris d'enjeux plus structurels qui fondent l'opposition à la réforme. Calqués là encore sur l'agenda gouvernemental, ces choix éditoriaux auront viré, dans le cas du « 20h » de France 2, à un traitement qui n'invitait à aucune prudence langagière: la propagande[29]. Jusqu'à l'abrutissement: « Le gouvernement est réuni ce soir à Matignon afin de dresser la feuille de route des prochains jours, coordonner les éléments de langage. Et le premier message de communication était visible dans le *dress code* du jour. Chemise ouverte, jean et baskets. Volonté clairement affichée de ne pas surjouer la tension, bien au contraire. » (Laurent Delahousse, « 20h », France 2, 01/12/19).

Gardiens autoproclamés du consensus, les éditocrates radotent, plastronnent, prescrivent et s'octroient indûment un rôle d'acteurs politiques à part entière. Ils confisquent la parole publique, quadrillent les plateaux, cadrent les débats et virevoltent, interchangeables, de média en média. Mutilant de fait l'information, mais également toute possibilité pour la gauche de faire entendre, à la hauteur de la pensée dominante, d'autres visions du monde et surtout des... alternatives. Car à mesure que s'accumulent les réformes libérales toujours indexées sur le moins-disant social, les chiens de garde entonnent, contre vents et marées, la même rengaine : en un seul mot, « la-réforme » est « nécessaire » et « urgente » parce que « moderne » et « juste » ; et puisqu'il n'existe pas d'autre réforme que « la-réforme », seule importe « la-méthode » pour la faire passer[30]. Aussi toute contestation sociale est-elle appréhendée comme un risque majeur : interrompre la fièvre réformatrice. « Tenir », synthétisait Yves Thréard au moment d'inciter le gouvernement à ne rien lâcher lors de la réforme de la SNCF : « S'ils cèdent, ils pourront dire adieu, ou presque, au train de réformes qu'ils entendent conduire sur d'autres fronts. [...] Ils n'ont donc pas d'autre choix que de tenir. » (*Le Figaro*, 03/04/18) « Tenir, il faut tenir ! », martelait encore Nicolas Beytout en défense de la réforme des retraites (France 5, 06/12/19). « Retirer la réforme purement et simplement ? », interrogeait Gilles Bornstein. « Le gouvernement ne peut pas y survivre et Emmanuel Macron ne peut pas

Le Parisien

LIGUE 1
PSG - NANTES (2-0)
Paris, une victoire au petit trot

RÉFORME DES RETRAITES
À L'ÉPREUVE DU FEU

Le mouvement de grève qui paralysera une partie du pays aujourd'hui marque le début du bras de fer entre l'exécutif et les syndicats sur un dossier ultrasensible.
PAGES 2 À 9

Arctique
L'incroyable plan pour secourir Mike Horn

Faits divers
Le « coupeur de mains » du Loiret a-t-il été rattrapé ?

Conso
Grâce à cette appli, payez moins d'impôts en vidant votre placard
P. 16 ET 17

PROFESSION ESPION
PAR OLIVIER MAS, ALIAS BERYL 614

TÉLÉVISIONS
La Guadeloupe remporte Miss France 2020

Le Parisien DIMANCHE

Edouard Philippe
« J'ASSUME DE DIRE LA VÉRITÉ »

FACE AUX LECTEURS
Le Premier ministre a reçu longuement, à Matignon vendredi, sept lecteurs du « Parisien ». Il a défendu sa réforme des retraites, point par point. PAGES 2 À 6

INTERVIEW
« Sur les retraites, le statu quo n'est pas possible ! »

Le Parisien DIMANCHE

Bernard Pivot, sage comme un livre PORTRAIT
Sur courant alternatif, Neymar sauve le PSG SPORTS

EMMANUEL MACRON
PEUT-IL ENCORE RÉFORMER ?

Élu sur sa promesse de transformer le pays, le chef de l'État ne peut pas renoncer à la réforme des retraites. Il joue sa crédibilité politique et sa capacité à briguer un second mandat.
PAGES 2 À 5

Le Parisien

Football
Coupe de France
Paris sans pitié avec Linas-Montlhéry

RÉFORME DES RETRAITES
L'HEURE DU COMPROMIS ?

Incendies
L'Australie sombre dans le chaos

Carlos Ghosn
Des détails sur sa fuite extravagante

États-Unis
L'ouverture attendue du procès Weinstein

Supplément éco
Produits pour bébés : un marché plus bio

Santé
Comment éviter la grippe qui arrive

Le Parisien

PSG - GALATASARAY
Neymar et Mbappé se sont bien amusés

RETRAITES
CE QUI VA CHANGER POUR VOUS

Édouard Philippe a dévoilé hier l'intégralité du projet de réforme des retraites. Loin d'avoir convaincu les syndicats, le futur système modifie les règles de calcul des pensions. Explications.
PAGES 2 À 7

Politique
En Algérie, jour de vote… et de colère

Société
L'âgisme, triste mépris pour les plus âgés

Faits divers
Jonathann Daval a-t-il empoisonné Alexia avant de la tuer ?

Justice
Les époux Balkany de retour au tribunal

Conso
Ces jouets seront les vedettes de Noël

ENQUÊTE
La vidéo d'un viol enflamme la Toile : Snapchat et Twitter au banc des accusés

Le Parisien DIMANCHE

Remboursement des billets SNCF : pas si simple ÉCONOMIE
La tempête Fabien submerge la Corse SOCIÉTÉ

MACRON RENONCE À SA RETRAITE DE PRÉSIDENT !

Interrogé par notre journal sur la généreuse dotation allouée aux chefs de l'État lorsqu'ils quittent le pouvoir, l'Élysée nous annonce la fin des privilèges accordés par une loi de 1955. PAGES 2 À 4

Le Parisien

Notre dame

LE COÛT DE LA GRÈVE

Municipales
Entre le MoDem et LREM, la tension monte

Cadeaux de Noël
Filles ou garçons, les règles changent

Star Wars
La Force est avec ce nouvel épisode

Le Parisien

Père Noël, ON VEUT DES TRAINS...

Télévision
Nos trois favorites pour Miss France

Algérie
Abdelmadjid Tebboune, un président déjà contesté par la rue

Pouvoir d'achat
Ce dispositif qui va brider la prime Macron

Faits divers
Emprisonné à Dubaï pour une cigarette électronique

Interview
Laurent Blanc : son ode à Bambino Verratti

Le Parisien

SUPPLÉMENT ÉCO
Comment les bureaux se transforment

GRÈVE LE GUIDE DE SURVIE

Invalides
L'hommage de la France à ses militaires

Ballon d'Or
Messi grand favori

Santé
De nouvelles méthodes pour arrêter de fumer

écoutez lire

écoutez vos romans préférés

Gallimard Jeunesse

GRÈVES
Les commerçants appellent à une trêve de Noël

Le Parisien DIMANCHE

A Sète, dans l'atelier du peintre Pierre Soulages PORTRAIT

La France dans un groupe redoutable EURO 2020

9 milliards LE VRAI COÛT DES RÉGIMES SPÉCIAUX

RÉFORME DES RETRAITES

MON COMPTE FORMATION

Le Parisien

VOS MAGAZINES

GRÈVE DES TRANSPORTS
LA FRANCE FATIGUE

Le fait du jour
Grève des transports : la France fatigue

Société
Pourquoi nous dînons de plus en plus vite

Immobilier

PRIX GONCOURT 2019

Éditions de l'Olivier

Le Parisien

VOS MAGAZINES

RÉFORME DES RETRAITES
C'EST PAR OÙ LA SORTIE ?

Terrorisme
13 Novembre : le récit glaçant d'Abdeslam

PSG
Icardi, le buteur qui affole les compteurs

Immobilier

PRIX BD fnac inter

IN WAVES
AJ DUNGO
CASTERMAN

se présenter en 2022. » (France Info, 09/12/19) « Si on ne fait pas la réforme des retraites, on ne fait plus de réforme. Il n'y a plus de réformisme. S'il n'y a plus de réformisme, il n'y a plus de macronisme. On retombe dans l'immobilisme et alors là, qu'est-ce qui peut rester dans le bilan du gouvernement ? », paniquait encore Christophe Barbier sur BFM-TV (18/10/19), de concert avec sa consœur de LCI : « Vous voulez quoi ?! Que le quinquennat soit terminé ? Qu'Emmanuel Macron s'en aille et qu'on arrête toutes les réformes ? C'est une question hein ! » (Bénédicte Le Chatelier face au syndicaliste CGT Jean-Pierre Mercier, 06/12/19).

Une crainte qu'avait ravivée, plus que toute autre, la mobilisation des Gilets jaunes. Au lendemain de la grande manifestation du 1er décembre 2018, l'éditocratie continuait de penser « réforme » en pilote automatique. « Plus le temps passe, plus le prix à payer pour rétablir le calme sera élevé, s'alarmait Alexis Brézet, et plus la capacité du gouvernement à mener demain la moindre (vraie) réforme sera entamée » (*Le Figaro*, 03/12/18). « La page blanche sur laquelle devaient s'écrire les réformes est devenue une scène désertée », s'attristait le même jour le directeur du *Monde* ; tandis qu'au *Parisien* son homologue suppliait Emmanuel Macron de « trouver les mots et les réponses concrètes de nature à apaiser le pays » : « Il ne s'agirait pas ici d'un recul mais d'un geste indispensable pour que le reste du quinquennat ne soit pas hypothéqué et que des réformes aussi nécessaires que celles de l'assurance chômage ou des retraites puissent être un jour engagées par ce gouvernement. » Le lendemain, tout à son désespoir, le quotidien sollicitait le patron des patrons, Geoffroy Roux de Bézieux, dont les « propositions » furent placardées en une. Journalisme de classe oblige, France Info avait déjà convoqué son prédécesseur trois jours plus tôt. Le journaliste Olivier de Lagarde à Pierre Gattaz : « La question, c'est de savoir tout de même si, à partir d'aujourd'hui, les réformes vont être possibles ou est-ce que, finalement, le gouvernement va être complètement bloqué » (« Les informés », 01/12/18). Partout, la même inquiétude grandissait. Sur BFM-TV, Bruno Jeudy et Laurent Neumann transpiraient à grosses gouttes : « Faire une inflexion ! Mettre un genou à terre, accepter de reculer, l'expliquer et peut-être de relancer un quinquennat qui aujourd'hui est en train de... de... de se jouer dans les heures qui viennent ! » (03/12/18) ; « Le problème, c'est que si Emmanuel Macron cède aujourd'hui, il n'y a plus de réforme d'assurance chômage, il n'y a plus de réforme de la fonction publique, il n'y a plus de réforme des retraites ! » (01/12/18). Un branle-bas de combat en soutien d'Emmanuel Macron que sonnait en continu sa communicante de la première heure : « Ce que devrait dire le Premier ministre demain [pour] se sortir d'une telle crise sans perdre trop la face, c'est : "Il faut lâcher parce que comme ça, on pourra continuer à réformer le pays" » (Ruth Elkrief, BFM-TV, 05/12/18). Palpable, l'angoisse était double : voir remis en cause un ordre social légitimé par quarante années de soutien médiatique aux contre-réformes[31] et voir tomber l'élu incarnant plus que tout autre le... « courage réformateur » (*Le Monde*, 03/12/18). Dès lors, si certains journalistes réclamèrent des « gestes forts » en faveur des Gilets jaunes, la justice sociale importait moins que le calcul politicien : faire taire la colère... et « sortir de la crise » (titre de l'émission « spéciale Gilets jaunes », BFM-TV, 06/12/18).

Au cours des cinq premières « années Macron », tous les projets de loi n'ont pas suscité autant d'unanimisme que la réforme des retraites, ni tous les mouvements sociaux la même violence médiatique que celui des Gilets jaunes. Mais le soutien au gouvernement est plutôt resté la norme, en amont, pendant et en aval des événements politiques. S'abstenir d'enquêter sur les impacts des « réformes » – notamment sur la vie des classes populaires ou les conditions de travail – constitue en effet un renoncement à la mission la plus élémentaire des médias : informer. Mais aussi un renoncement au « contrôle démocratique » qu'ils sont censés incarner.

Quels ont été les impacts de la loi « asile-immigration » (2018), de la réforme de l'assurance chômage (2019), de la loi « travail-2 » (mesure originelle de l'ère Macron poussée par ordonnances dès septembre 2017) ou de la loi « séparatisme » (2021)? Difficile de le savoir : si quelques productions ont vu le jour dans la presse dominante, elles étaient confinées aux marges.

ISF : les éditocrates choisissent la désinformation

En octobre 2021, France Stratégie – institution rattachée au Premier ministre –, publie le troisième volet d'une évaluation annuelle chargée de mesurer les effets de la transformation de l'ISF (impôt de solidarité sur la fortune) en IFI (impôt sur la fortune immobilière) et de la mise en place de la « flat tax ». Sur le papier, le rapport avait tout pour plaire aux grands journalistes : source « officielle », données chiffrées et nouveaux éléments de méthode, comité d'évaluation « respectable » à leurs yeux... Tout pour plaire, ou presque. Car sur le fond, le bilan est accablant. Comme le souligne *Le Monde*[32] – ayant interrogé plusieurs des coauteurs – le rapport « livre des conclusions peu encourageantes quant à l'efficacité du fameux "ruissellement" par lequel, assuraient le chef de l'État et sa majorité, les montants moins taxés iraient irriguer l'économie et, ainsi, profiteraient à tous les Français ». Et c'est un euphémisme : les dividendes se sont accrus, ont été davantage investis dans l'immobilier et concentrés, de surcroît, « chez les plus aisés : en 2017, 0,1 % de contribuables (38 000 foyers fiscaux) percevaient la moitié des dividendes, soit 7,6 milliards d'euros. En 2019 comme en 2018, cette même proportion de contribuables en perçoit les deux tiers, soit, compte tenu de la forte hausse des versements, 14,9 milliards d'euros. » Un bilan qui, pour *Alternatives économiques*, « risque d'être difficile à défendre dans les prochains mois[33] » et, aux dires du *Monde*, « ne manquera pas de faire débat à six mois du scrutin présidentiel ». C'était sans compter sur nos valeureux matinaliers !

Deux semaines après la publication du rapport, Acrimed recensait onze interviews de ministres et de représentants du gouvernement sur Europe 1, RTL, France Info, LCI et France Inter... mais aucune question sur le bilan de France Stratégie[34]. Quant aux « experts » économiques des matinales, ils oscillèrent entre le silence et un « énorme éclat de rire » : « Quand on interroge les spécialistes, ils poussent un énoooorme éclat de rire en voyant ce type de rapports. Et disent qu'évidemment [les licornes, start-ups valorisées à plus d'un milliard de dollars] ne sont pas parties, et elles seraient parties s'il y avait encore l'ISF. » (Dominique Seux, France Inter, 15/10/21).

Ainsi va le cirque médiatique, prétendant analyser le bilan du quinquennat tout en mobilisant son pouvoir d'agenda pour en exclure l'une des principales conséquences : l'accroissement des inégalités et la concentration des richesses aux mains de quelques-uns.

II. Un journalisme de dédiabolisation

> [Marine Le Pen] est hyper dédiabolisée. Elle a travaillé et elle n'est plus excessive comme elle pouvait l'être avant.
>
> Nathalie Saint-Cricq, France 2 (14 mars 2019)

DEPUIS LES ANNÉES 1980, l'ascension du Front national est le fruit de dynamiques multiples : crise prolongée du capitalisme et de sa gestion néolibérale à laquelle se sont converties la droite et la gauche de gouvernement, crise sociale mettant durement à l'épreuve les solidarités ouvrières et populaires, et enfin crise politique de la représentation par les partis dominants [1]. Dans ce processus, il semble difficile de compter les médias parmi les principaux responsables de l'enracinement frontiste – tant électoral qu'idéologique – dans la société française. Toutefois, parce qu'ils sont de fait les coorganisateurs du débat politique et parce que leur mission d'information les conduit à manipuler et à véhiculer diverses représentations du monde social, les médias ont joué un rôle symbolique effectif dans l'ancrage du FN en contribuant à sa légitimation. Le premier quinquennat d'Emmanuel Macron a marqué un véritable coup d'accélérateur. La banalisation – pour ne pas dire la promotion – médiatique de l'extrême droite y a été constante. Les grands médias ont présenté ses têtes d'affiche et ses idées comme la principale force d'opposition au pouvoir en place, au détriment notamment de LFI, mais plus largement des thématiques chères à la gauche. Ce faisant, ils ont renforcé la crédibilité de l'extrême droite, volontairement pour les uns, inconsciemment pour d'autres, et parachevé sa normalisation.

Le « duel Macron-Le Pen » : une construction médiatique

« Si dimanche prochain avait lieu le premier tour de l'élection présidentielle, pour lequel des candidats suivants y aurait-il le plus de chances que vous votiez ? » D'apparence anodine, cette question rituelle rythme les sondages d'intentions de vote que commandent frénétiquement les médias. Pourtant, elle ne relève pas de l'information mais de la fiction. Et elle conduit à dépolitiser le débat politique – donc à le vider de son sens. Après l'élection d'Emmanuel Macron à la présidence de la République en mai 2017, l'Ifop pose cette question pour la première fois en... octobre, par l'entremise du *JDD*. « Et si on refaisait la présidentielle ? », s'enthousiasmait à l'époque le directeur de la rédaction, Hervé Gattegno, qui serinait sous le titre « Macron mieux que Macron » : « Le chef de l'État améliorerait son score. Le Pen serait encore deuxième, Mélenchon reculerait» (22/10/17). À l'aube du quinquennat était ainsi donné le coup d'envoi d'un feuilleton qui allait, cinq années durant, saturer le débat politique et conduire à l'exclusion de la gauche: le «duel Macron-Le Pen».

En avril 2018, dans les pas du *JDD*, le conglomérat *Paris Match*-CNews-Sud Radio commande au même institut un sondage rejouant la présidentielle – ou préfigurant celle de 2022, on ne sait plus trop –, avant que l'hebdomadaire *Marianne* se lance à son tour: «Sondage exclusif. Avec ou sans vote blanc, si la présidentielle avait lieu dimanche... L'ÉLECTROCHOC» (en une, 08/02/19). Le sommet de la hiérarchie s'affaire: qualifié d'«événement» pour le rendre plus accrocheur, flanqué de graphiques analysant le premier tour (et le second, entre Macron et Le Pen), le dossier est signé par Natacha Polony, directrice de la rédaction, et Soazig Quéméner, devenue rédactrice en chef du service politique après quinze ans de services au *JDD*. Si les deux journalistes précisent bien que le sondage qu'elles commentent donne une «image ponctuelle et périssable» du paysage politique, c'est pour l'oublier aussitôt et livrer dans un sensationnalisme débridé des «enseignements» qui devraient «retentir comme un coup de tonnerre». Hypnotisées par les chiffres livrés par le sondeur, les deux «analystes» finissent par les confondre avec leur propre analyse du rapport de forces politique: «La stratégie d'Emmanuel Macron, de jouer plus que jamais les remparts contre le Rassemblement national, fonctionne à plein. Toutes les autres oppositions sont laminées. Le premier tour mesuré par l'Ifop est un reflet presque caricatural de cette bipolarisation. » Un premier tour pourtant imaginaire, puisque six des douze candidats « testés » par *Marianne* seront finalement absents dudit scrutin[1]. Mais qu'importe le flacon, pourvu qu'on ait l'ivresse.

Alors que Jean-Luc Mélenchon cumule 12 % des intentions de vote dans les graphiques de l'Ifop – il avait réuni 19,58 % des suffrages exprimés deux ans plus tôt et en recueillera 21,95 % trois ans plus tard –, LFI et son candidat essuient, en prime, une diatribe des deux pronostiqueuses : il est « sorti laminé de [la] crise des "Gilets jaunes". Terrible constat d'échec : nombre de ces Français qui s'étaient laissé convaincre en 2017 par un discours mêlant justice sociale et défense de la République sont allés chercher sous d'autres horizons une cohérence que ne leur offrent plus les insoumis, réduits à leur frange la plus gauchiste. » La plume ne tremble pas.

Idéal typique, ce « dossier » – fait de petits bavardages déguisés en analyses grandiloquentes et n'ayant qu'un sondage pour unique source et seule boussole – est à l'image de ce que le journalisme politique produisit pendant les trois années suivantes. La passion sondagière de *Marianne* fit en effet des émules : entre le 1er février 2019 et le 8 avril 2022, l'hypothèse d'un second tour entre Emmanuel

1. En l'occurrence : Laurent Wauquiez, Benoît Hamon, Olivier Faure, Jean-Christophe Lagarde, François Asselineau et Jacques Cheminade.

Macron et Marine Le Pen a été « testée » dans plus de deux cents sondages.

Auto-intoxiqué, le journalisme politique voit son imaginaire et ses routines professionnelles entièrement formatés par ces enquêtes d'opinion, conduisant ses pratiquants à se vivre comme les interprètes et les porte-parole de « l'opinion-des-Français » (en un seul mot), à transformer « l'actualité politique » en une vaste bulle spéculative et à calquer le traitement des élections sur celui d'une course de petits chevaux ultra-personnalisée (lexiques hippique et sportif compris). Peu importe que des chercheurs multiplient les critiques irréfutables des usages journalistiques inconsidérés des sondages d'opinion, d'intentions de vote et de popularité[2] : les chefferies éditoriales restent pour la plupart persuadées de leur rôle de « faiseur de roi ou de reine[3] », convaincues de leur « scientificité » et de leur légitimité face aux responsables politiques. Ainsi, qu'ils aient fait la promotion (en boucle, dans le cas des chaînes d'info) de leurs sondages « maison », qu'ils aient placardé à la une ceux des voisins ou qu'ils aient bâtonné les dépêches AFP afférentes, le résultat est similaire : ce journalisme politique a fabriqué, diffusé et commenté en continu des artefacts, imposant l'idée, plus de deux ans et demi à l'avance, d'un second tour « Macron-Le Pen » à l'élection présidentielle. Ce faisant, il a contribué à légitimer et à crédibiliser le Rassemblement national.

La tête dans le guidon de l'actualité, les journalistes semblent enfermés dans un présent perpétuel :

Actualité

Bertrand perce

Pécresse stagne

Wauquiez à la peine

Retailleau très loin

Montebourg en panne

Actualité Politique

Piolle inexistant

La gauche unie sert Bertrand

Hidalgo ne décolle pas

Mélenchon devant Jadot

Jadot encalminé

2022 : le duel Macron-Le Pen reste en haut de l'affiche

SONDAGE IFOP-FIDUCIAL POUR LE JDD ET SUD RADIO
A un an du premier tour, les finalistes de 2017 arrivent en tête dans tous les scénarios

CHALLENGERS
A droite, Xavier Bertrand distance ses concurrents. A gauche, ni Jadot ni Hidalgo ne percent

Emmanuel Macron — 54%
Marine Le Pen — 46%

Second tour : Macron toujours devant

Actualité

Politique

2022 : Le Pen et Macron dominent le match

DUEL Si l'élection avait lieu aujourd'hui, tous deux se qualifieraient pour le second tour

OUTSIDER Xavier Bertrand émerge en troisième homme, devant une gauche en lambeaux

Bertrand, le troisième homme

Baroin distancé

Pécresse décroche

Retailleau à la peine

Pas de Datimania

Hidalgo ne décolle pas

Hollande : retour interdit

Royal hors jeu

Mélenchon, le moins mal placé

Hidalgo et Insoumis : le froid

Jadot prend l'eau

« Et si le second tour de la présidentielle de 2022 était d'ores et déjà joué d'avance ? L'éternel duel entre Emmanuel Macron et Marine Le Pen ne semble pas s'essouffler et gonflerait même les chiffres jusqu'à en faire le face-à-face le plus plébiscité des Français depuis Sarkozy-Royal en 2007 » (Sud Radio, 22/06/20). Le même jour, le « duel » est « très serré » pour *Ouest-France.* Le 9 septembre 2020, RTL affirme que « les Français plébiscitent Macron et Le Pen mais pas un duel » ; le 9 février 2021, *L'Obs* tempère : « Les Français jugent probable un duel Macron-Le Pen en 2022 (mais ne le souhaitent pas...) » ; il est immédiatement corrigé par l'AFP : « Les Français se résignent à un duel Macron-Le Pen en 2022. »

Manipulation médiatique ordinaire de la prospective électorale : une hypothétique hypothèse devient fatale... à quinze mois de son échéance. « Annoncé » pour le « 20h » de France 2, « redouté » pour *Le Monde*, le duel reste encore « le plus probable » pour le quotidien *Midi Libre* en février 2021 [4]. S'enclenche dès lors le tourniquet herméneutique : « Qui peut troubler le duel ? », s'interrogent les éditorialistes de « C dans l'air » (11/02/21) ; « Le Pen, danger pour Macron ? », demande BFM-TV (15/02/21) tandis qu'au *Parisien* on tente d'expliquer « pourquoi, à droite et à gauche, ils misent sur Le Pen au second tour » (25/02/21). On l'aura compris : « Le chef de l'État et la patronne du RN distancent assez significativement tous leurs concurrents, en particulier ceux issus de la gauche. » Le 24 avril 2021, cette antienne signée BFM-TV est empruntée à Europe 1 : « Emmanuel Macron n'a qu'un ou plutôt qu'une adversaire capable de le mettre en difficulté : Marine Le Pen » (Nicolas Beytout, 05/09/20) ; à *Challenges* : « Aucune alternative solide ne s'impose face au duel Macron-Le Pen » (21/04/21) ; ou encore à RFI : « Rien ne semble devoir perturber l'ordonnancement que les enquêtes d'opinion proposent. [...] Rien n'y fait, le match semble installé » (15/02/21).

Janvier-avril 2021 : un duel hystérisé

La séquence médiatique ayant couru de janvier à avril 2021 constitue à cet égard un paroxysme. Au cours de cette période, neuf sondages se succèdent[5], dont huit interrogent les sondés sur un second tour « Macron-Le Pen ». Dans cette salve, une vaste enquête Ipsos bénéficie d'un écho médiatique ahurissant. Co-commanditée par *Le Monde*, la Fondation Jean-Jaurès et Sciences Po, elle fait la manchette du « quotidien de référence » le 26 avril 2021, qui donne la ligne à un an du scrutin : « Le duel Macron-Le Pen éclipse les opposants. » L'étude nous apprend surtout que les sondeurs éclipsent la gauche de leurs trois hypothèses de second tour : sont testés Emmanuel Macron face à Marine Le Pen, puis face à Xavier Bertrand, et enfin Marine Le Pen face à Xavier Bertrand. Ce dernier ne sera pas candidat. Jean-Luc Mélenchon, qui plafonnait à 8 % dans toutes les hypothèses de premier tour, arrivera à 1,2 point de la candidate du Rassemblement national...

Puisqu'en mars 2021 les prophètes-journalistes tiennent déjà leur second tour, ils s'inquiètent logiquement de ce que sera la stratégie des électeurs et des formations de gauche dont le candidat aura été éliminé. Ce qui génère, comme dans un univers parallèle, une seconde bordée de produits éditoriaux dérivés sur la thématique du « barrage républicain » : *Libération* persiste et signe deux jours d'affilée (27-28/02 et 01/03/21) ou encore *L'Opinion* (« Sondage exclusif. Présidentielle : Ci-gît le front républicain », 08/03/21), relayé là encore par de très nombreux médias : « Pas de front commun face à Marine Le Pen selon un sondage » (*Le Figaro*, 08/03/21) ; « Duel Macron-Le Pen en 2022 ? Philippe Besson pointe l'échec du front républicain » (Europe 1, 08/03/21).

Mentionnons aussi les indénombrables interviews au cours desquelles les journalistes somment les représentants de gauche de se prononcer sur un deuxième tour qui les exclut par avance : « Présidentielle 2022 : en cas de duel entre Macron et Le Pen, Mélenchon ne donnera pas de consigne de vote », pestait France Info le 7 mars 2021 en réaction à l'émission « Dimanche en politique » du même jour (France 3), où la question était posée au représentant de La France insoumise…

Dans cet empressement général à jouer le scrutin par anticipation, le service public avait pris de l'avance… Dès le 11 février 2021 en effet, la très prescriptrice émission « Vous avez la parole » (France 2) mettait en scène, tel un combat de boxe, un débat de second tour virtuel : Gérald Darmanin versus

ÎLE-DE-FRANCE
Covid : plan Blanc dans les hôpitaux
PARIS
En 2022, budget serré et offre réduite dans les transports
75
Le Parisien
Mgr AUPETIT UNE AMIE GÊNANTE
Macron en tête
Le Pen et Pécresse au coude-à-coude
2022
Dans notre sondage Ipsos-Sopra Steria avec Franceinfo, le président de la République conforte un solide 25 % d'intentions de vote au premier tour. Pour la deuxième place, le match est serré entre la candidate du RN et celle de LR, à 16 %. Éric Zemmour suit (14 %).
PAGES 2 ET 3
Hidalgo
« Organisons une primaire de gauche »
Arrestations
Ils projetaient un attentat pour Noël

Europe. Le grand chambardement
ENTRETIEN — LE PHILOSOPHE ACHILLE MBEMBE AUTOMOBILE — RENAULT, LA COURSE AU GIGANTISME
Courrier international
MACRON EN PISTE POUR 2022
Pour la presse étrangère, le président français a réussi son pari lors des européennes : se retrouver seul face à Marine Le Pen. Mais les Verts sont en embuscade

FÉMINICIDES
Des milliers de manifestants contre les violences
Le Parisien DIMANCHE
Roux de Bézieux : « Il faut trancher vite » RETRAITES
L'attaque du PSG en débat avant le Real FOOTBALL
Présidentielle 2022
L'INÉVITABLE DUEL?
MACRON · LE PEN
Le président et la cheffe du RN se préparent à rejouer le même scénario qu'en 2017. Un remake qui inquiète de nombreux électeurs.
PAGES 2 À 4
CHANSON DOUCE
« SAISISSANT. PERCUTANT. INOUBLIABLE. »
27 NOV

Retrouvez nos pages Images, Musiques, Livres, Food et Radar
Libération
2022
« J'AI DÉJÀ FAIT BARRAGE, CETTE FOIS C'EST FINI »
Entre colère et déception, les électeurs de gauche interrogés par « Libé » redoutent la finale annoncée par les sondages pour la présidentielle et appellent au réveil de leur camp. Pour beaucoup, pas question de revoter Macron même face à Le Pen.

l'Opinion
Emmanuel Macron sous la menace d'un front républicain fissuré
Abstention à gauche, attrait pour le RN à droite... En 2022, ni les socialistes, ni les Républicains, encore moins les Insoumis, ne viendraient majoritairement au secours du chef de l'Etat
Présidentielle
Ci-gît le front républicain

LUNDI 1er MARS 2021
BIRMANIE
Le mouvement anti-coup d'Etat réprimé dans le sang
DANONE
Les fonds vautours planent au-dessus du PDG
CULTURE
Caravage et la Vierge marrie
Libération
PRÉSIDENTIELLE
LA MACRONIE EN PLEIN DENI
Tout au long du week-end, la une de « Libération » sur ces électeurs qui refusent de voter Macron pour faire barrage à Le Pen en 2022 a suscité de violentes réactions de LREM. Derrière les cris d'orfraie, le sujet inquiète la majorité. Et interpelle la gauche.
Libération
2022
« J'AI DÉJÀ FAIT BARRAGE, CETTE FOIS C'EST FINI »

Marine Le Pen ! Un événement médiatico-politique monté en épingle plus d'un mois à l'avance. Sur fond de « bataille » autour de la loi « séparatisme », les strates de l'emballement sont multiples et traversent la totalité des médias, y compris people[6]. Plus les jours passent, plus la sauce monte : l'AFP publie trois dépêches en trois jours sur le débat, les éditorialistes y consacrent leurs « éditos » radiophoniques, les sondeurs mesurent les cotes de popularité et la presse spécule en stratège d'antichambre sur « “ce qui se passe au vestiaire” avant le match » (AFP, 09/02/21) ; ou à la manière d'un psychologue : « Face à Darmanin, Marine Le Pen veut faire oublier le traumatisme de 2017 » (*L'Express*, 10/02/21) ; « Gérald Darmanin fait-il peur à Marine Le Pen ? » (*L'Obs*, 11/02/21). Pour l'occasion, *Le Figaro* fait monter en une un énième sondage sur le « duel » entre Macron et Le Pen, présenté comme « inéluctable » alors que l'échantillon est questionné sur la « probabilité » qu'il advienne (10/02/21). Bref, la frénésie des journalistes politiques est à son comble.

Au-delà des routines mimétiques expliquant en partie cet emballement, on aurait tort de sous-estimer le pouvoir de cadrage des chefferies éditoriales qui, à force de banalisation, ont renoncé à toute critique idéologique de l'extrême droite pour mieux normaliser et naturaliser ses thèses. Cheffe du service politique de France 2, Nathalie Saint-Cricq précisait à cet effet la logique du débat : « Totalement valide idéologiquement », il visait à « avoir une explication du gouvernement, soupçonné de courir après l'extrême droite ou la droite » et d'apprécier les « contre-propositions » de Marine Le Pen[7]. Au moment de dérouler son édito, « Faut-il se résigner au duel Macron-Le Pen ? » (France Inter, 15/02/21), Thomas Legrand se faisait encore plus explicite : « Un débat politique, pour devenir pertinent, doit surtout dégager de nouveaux clivages cohérents. Même insatisfaisant, même réducteur et même parfois artificiel, le clivage entre une vision optimiste de la mondialisation (macronisme) et une vision défiante de la mondialisation (lepénisme) reste le plus opérant, le plus simple à imposer. Ce clivage lisible assure, pour l'heure, la pérennité du couple Le Pen-Macron. » LFI cumule 19,58 % des suffrages en 2017 contre 21,3 % pour le RN ? Pas de quoi ébranler la construction intellectuelle de Thomas Legrand. Que ce genre « d'analyse » contribue à la pérennité du clivage qu'elle prophétise et qu'il corresponde, de surcroît, au récit que tentent d'imposer conjointement LREM et le RN ne semble pas effleurer le théoricien. Et tant pis pour ses auditeurs si cette représentation de l'espace politique fait abstraction des courants politiques qui remettent en cause la mondialisation capitaliste et font valoir un clivage de classe entre salariés et patronat.

Si l'on ne confère pas à l'attelage sondages/médias des effets surdéterminants sur les électeurs[8], on doit constater le pouvoir que ce « duel Macron-Le Pen » – annoncé, disséqué et même attendu pendant cinq ans – aura exercé sur l'information et le débat public. D'une part en saturant l'agenda médiatique, et de l'autre, en confinant ses possibles entre les positions de la droite et celles de l'extrême droite. Une réussite : en dehors des périodes de contestation ou d'explosion sociales qui ont enrayé la machine, l'agenda médiatique dominant a pu se lire comme le théâtre quasi permanent d'un « duel Macron-Le Pen ».

Débat public : à droite toute !

De 2017 à 2022, les thématiques fétiches de l'extrême droite, occupant historiquement le cœur vibrant de ses campagnes politiques, ont régulièrement fait la une en reléguant les thématiques de gauche aux marges de l'agenda. Islam, immigration, insécurité : s'ils ne sont nullement l'apanage du RN, ces sujets alimentent son caddie sans qu'il ait besoin de faire son marché. Le phénomène ne date pas d'hier. Il a tout à voir, d'une part avec la droitisation du champ politique depuis les années 1980 et 1990[9], et de l'autre avec la reconfiguration du champ journalistique, qui s'est progressivement aligné sur une course aux revenus publicitaires (donc à l'audimat) et sur un mode de traitement de l'information (spectacle) importé de la télévision. Le résultat est connu : exciter la peur de l'islam, notamment à coups de unes obsessionnelles dans la presse magazine de droite et d'extrême droite ; tayloriser la production des « magazines de l'insécurité », où la parole est majoritairement captée par les élus et les institutions coercitives (police, gendarmerie, justice) quitte à verser dans la coécriture, voire la manipulation, ce dont M6 s'est fait une spécialité[10] ; agiter le spectre d'une laïcité « menacée » au gré de sondages fallacieux et de fallacieuses interprétations mises à la une ; monter en épingle les faits divers sur fond de « journalisme de préfecture » et leur octroyer une place disproportionnée dans l'agenda ; enchaîner les reportages préfabriqués sur « la-banlieue », parfois au prix d'incroyables bidonnages, à l'instar de celui de France 2 sur un café de Sevran prétendument interdit aux femmes [11] ; etc.

De 2017 à 2022, le renforcement des logiques marchandes sur l'information a inexorablement durci la tendance. Mais comme le souligne Patrick Champagne, la dépendance des médias est double [12] : aux contraintes économiques s'ajoute la subordination de leur agenda au calendrier politique, dont ils peuvent, d'une manière relative, accentuer ou amplifier les priorités. À cet égard, il faut donc dire d'emblée combien les gouvernements Macron, en particulier ses trois ministres de l'Intérieur (Gérard Collomb, Christophe Castaner et Gérald Darmanin) et son ministre de l'Éducation nationale (Jean-Michel Blanquer), ont surfé avec application sur les obsessions de l'extrême droite. On retiendra d'abord leur « communication de choc », souvent aussi frénétique que provocatrice, et surtout, ce que Basta qualifia de « boulimie législative » : loi « sécurité intérieure et terrorisme » en 2017, loi « asile et immigration » en 2018, loi « anticasseurs » en 2019 ; lois « sécurité globale », « renseignement » et « séparatisme » de même que le « schéma du maintien de l'ordre » et le décret de fichage des opinions politiques et syndicales en 2021 ; loi « responsabilité pénale et sécurité intérieure » en 2022 ; etc.[13] Une toile de fond autoritaire qui, combinée à divers « événements », aura quotidiennement légitimé des problématiques, des thèses et des convictions réactionnaires, depuis la « polémique » la plus futile tirée d'un tweet jusqu'à la promotion de candidats d'extrême droite, en passant par l'exaltation des plus bas instincts après un attentat. À cet égard, la « rentrée » médiatique de l'automne 2019 constitue une leçon de choses.

Automne-hiver 2019 : haro sur les musulmans

Le 28 septembre 2019, LCI (groupe TF1) ouvre une séquence de polarisation réactionnaire de l'agenda médiatique, qui ne prendra – temporairement – fin que deux mois plus tard. À cette date en effet, la chaîne d'information décide de retransmettre en direct, sans interruption ni commentaire, le discours d'Éric Zemmour à la « Convention de la droite » organisée par Marion Maréchal. Une diatribe islamophobe d'une rare violence en accès libre, qui valut à l'agitateur une embauche sur CNews et une condamnation du tribunal correctionnel en 2020 pour « injure publique » et « provocation publique à la discrimination, à la haine ou à la violence en raison d'une religion déterminée » – la cour d'appel le relaxera en septembre 2021.

Zemmour se retrouve (déjà) partout. Et si la société des journalistes de LCI se désolidarise à l'époque des choix de la direction, le patron Fabien Namias reconnaît une « erreur » mais explique son choix : « Je suis convaincu qu'il faut entendre toutes les idées, quelles qu'elles soient, même si elles nous déplaisent. » Tant le journaliste était jusque-là tout peu entendu, « l'idée de départ était donc d'écouter ce qu'Éric Zemmour avait à dire [...] pour voir ce qui alimente le discours de l'extrême droite » – et ainsi en alimenter l'audience en lui octroyant... une tribune médiatique inespérée [14].

Ce n'était là qu'un début. Après l'attentat du 3 octobre 2019 à la préfecture de police de Paris, le PAF s'enflamme. D'un « débat » à l'autre, le journalisme d'amalgame prend ses aises : cramponné aux propos d'Emmanuel Macron, on réclame une « société de vigilance » contre l'« hydre islamiste » dénoncée par une poignée de ministres qui dissertent sur les « signaux faibles de la radicalisation »... Une semaine plus tard, en pleine séance du conseil régional de Bourgogne-Franche-Comté, l'élu RN Julien Odoul somme une mère d'élève, accompagnatrice dans le cadre d'une sortie scolaire, de retirer son foulard. S'ensuit une nouvelle avalanche de « polémiques » sur le voile, au cours de laquelle se distinguent quelques éditocrates : d'Olivier Galzi établissant des comparaisons avec l'uniforme SS (LCI, 16/10/19) à Yves Thréard confessant en plateau : « Il m'est arrivé, en France, de prendre le bus ou un bateau où il y avait quelqu'un avec un voile, et je suis descendu. [...] Moi, je déteste la religion musulmane, je peux le dire ! » (LCI, 14/10/19).

En une semaine, *Libération* dénombre pas moins de 85 émissions consacrées au voile sur les quatre chaînes d'information en continu : 286 invitations sont passées ; aucune femme portant le voile n'apparaîtra sur les écrans tandis que « Julien Odoul, qui n'avait jamais intéressé les médias auparavant, est invité partout [15] ».

Islam : sondage-choc à la une

Dans une vaste enquête d'opinion analysant les « préoccupations des Français » et publiée par le *JDD* le 27 octobre 2019, lorsque les sondés pointent la santé, le chômage et les salaires comme les trois sujets « tout à fait prioritaires » à leurs yeux, que retient la chefferie éditoriale pour confectionner sa une sensationnaliste à souhait ? « Islam et laïcité, ce que veulent les Français. »

L'une des questions posées est bien : « Diriez-vous que la laïcité est aujourd'hui en danger en France ? » Et le sondage lui-même montre que les répondants accordent les significations les plus diverses voire les plus opposées à la notion de « laïcité ». Mais qu'importe : l'étude additionne des réponses disparates et conclut que 78 % des sondés considèrent que la laïcité est en danger.

Une mystification en entraînant une autre, le *JDD* entend lire dans les entrailles du sondage, non seulement ce que « pensent » les Français... mais ce qu'ils « veulent ». Autant de raccourcis qu'auront repris de nombreux médias : « Huit Français sur dix se disent inquiets pour la laïcité » (RTL, BFM-TV, LCI, *Le Figaro*, *L'Express*, CNews, *Le Point*) ; « L'islam est incompatible avec les valeurs françaises pour 61 % des Français » (*Valeurs actuelles*, Europe 1, RT).

Une intoxication qui permet les renversements les plus surréalistes. Le 28 octobre 2019, alors qu'un ancien membre (et candidat) du FN ouvre le feu sur deux fidèles à l'entrée de la mosquée de Bayonne, BFM-TV s'emballe sur le… « communautarisme musulman ». Garnie d'experts médiatiques dépourvus de la moindre expertise, la discussion bascule le plus naturellement du monde d'un attentat islamophobe – jamais nommé comme tel – à une conversation sur le financement des mosquées, le port du voile, la laïcité et la radicalisation[16]. Dans un tel contexte, la marche contre l'islamophobie du 10 novembre 2019 – en réaction à l'attentat de Bayonne – n'a pas eu bonne presse. Appelée par des organisations musulmanes, des militants contre l'islamophobie, plusieurs associations des quartiers populaires et la gauche syndicale et politique, la manifestation fait les frais d'une couverture à charge. Si la caricature n'est pas systématiquement de mise, le traitement médiatique suit globalement un tempo en trois temps :

1. *avant la marche, le discrédit et le désintérêt* : alors que les commentateurs surexposent le brouhaha politicien entourant l'annonce de la manifestation, seuls deux journalistes assistent à la conférence de presse des organisateurs le 7 novembre 2019[17] ;

2. *pendant la marche, la désinformation* : réunissant des dizaines de milliers de personnes dans les rues de Paris et en région, les rassemblements sont réduits à deux épiphénomènes[18]. La photographie d'une poignée de manifestants portant un auto-

collant sur lequel figure un croissant jaune avec l'inscription *Muslim* ; et le discours décontextualisé d'un organisateur, qui cherchait à démystifier l'expression *Allah Akhbar*[19]. Lesquels sont montés en épingle *ad nauseam* pour jeter l'opprobre sur les musulmans et, par capillarité, sur les organisations de gauche signataires et participantes ;

3. *après la marche, l'emballement* : dans un concert d'indignations médiatiques, Samuel Gontier relève combien « les rares invités à défendre une autre vision se font sévèrement rabrouer » sur les chaînes d'information en continu[20]. Puis la disqualification : avoir manifesté aux côtés du Collectif contre l'islamophobie en France (CCIF) devient un stigmate.

La capitulation idéologique de l'éditocratie

L'extrême droite nage comme un poisson dans ce grand bain réactionnaire. Surexposées, ses préoccupations sont de surcroît appréhendées selon des angles qui font systématiquement écho à ses thèses : insécurité (durcir la répression de la délinquance dans les quartiers populaires), immigration (une menace à endiguer), islam (un ennemi intérieur à combattre), autorité (une valeur cardinale à restaurer urgemment).

Ces raccourcis outranciers ne sont pas le fait de tous les médias. Mais ils constituent des tendances lourdes et omniprésentes, en particulier dans l'audiovisuel et une large part de la presse hebdomadaire. Ainsi, dans une grande majorité des médias d'audience nationale, les « diagnostics » historiques de l'extrême droite ne sont plus questionnés. En conséquence, seules varient les « solutions », dont le spectre médiatiquement acceptable va généralement de la droite à l'extrême droite. Le reste n'est voué qu'au discrédit : « Je voulais vous entendre sur l'immigration, vous avez des positions assez dures, loin de l'angélisme de la gauche sur le sujet. [...] Est-ce que vous pensez qu'il y a trop d'immigrés en France ? » (Léa Salamé à Arnaud Montebourg, France 2, 18/09/21). Et si l'on ne peut guère soupçonner cette « star de l'info » de voter à l'extrême droite, on peut en revanche – comme à de nombreux confrères – lui reconnaître un rôle actif dans la banalisation de ses obsessions : « Il y a trop d'immigrés en France comme le dit le Rassemblement national ou le parti d'Éric Zemmour ? Est-ce qu'il y en a trop, est-ce qu'on en accueille trop ? [...] Donc il n'y a pas trop d'immigrés ? On n'accueille pas trop de gens en France ? Il ne faut pas réguler davantage ? » (Léa Salamé au ministre de la Santé, Olivier Véran, France 2, 26/03/22).

De surenchère en surenchère, un mot d'ordre raciste et xénophobe comme « le grand remplacement » peut ainsi se retrouver à la une d'une émission-phare du... service public. Le 23 septembre 2021, au cours d'un débat entre Valérie Pécresse et Gérald Darmanin sur France 2, Léa Salamé et Thomas Sotto trouvent en effet judicieux de lancer (et relancer à quatre reprises) leurs invités sur un concept popularisé par Renaud Camus puis Éric

Zemmour et revendiqué par plusieurs terroristes néonazis lors d'attentats suprémacistes[I] :

> Thomas Sotto : Éric Zemmour veut l'immigration zéro. Il prévient, il dit que si on ne l'écoute pas, bientôt la France sera une république islamique.
>
> Léa Salamé : Je voudrais que vous nous disiez l'un et l'autre si vous êtes d'accord avec Éric Zemmour, si sa théorie du grand remplacement, puisqu'on en parle beaucoup en cette rentrée, elle est juste [...] ou si c'est un pur fantasme, ou s'il y a du vrai dans ce qu'il dit.
>
> Thomas Sotto [*à Valérie Pécresse, qui dit vouloir « détruire les ghettos » en France*] : Parce que sinon, le bout du chemin, c'est la république islamique dont parle Éric Zemmour, c'est votre conviction ou pas ?
>
> Léa Salamé : Sur le grand remplacement. C'est du fantasme ce que dit Zemmour ou il y a du vrai ?
>
> Thomas Sotto : La question de Léa, c'est le grand remplacement. En gros, le remplacement des populations judéo-chrétiennes par des populations musulmanes. Est-ce que vous y croyez ou est-ce que c'est un fantasme ?

On le voit, les idées racistes circulent jusque dans les émissions les plus « acceptables », entraînant ainsi le nivellement général par le bas (et par la droite) des médias généralistes.

I. Brenton Tarrant et Payton Gendron, notamment, ont évoqué le « grand remplacement » dans leurs manifestes. Le premier massacra 51 musulmans à Christchurch (Nouvelle-Zélande, mars 2019) et le second abattit dix personnes et en blessa trois, dont onze afro-américaines, à Buffalo (États-Unis, mai 2022).

À l'automne 2021, lorsque débute la fulgurante percée politico-médiatique d'Éric Zemmour, les options politiques dont il est le propagandiste sont en effet disséquées en toute candeur par de nombreux et éminents commentateurs[21]. Déclare-t-il sur RTL (14/09/21) que nous sommes en train de « changer de civilisation car nous sommes en train de changer de peuple » ? C'est là visiblement un état de fait pour Alba Ventura : « Ça fait des années que je vous entends dire ça. [...] Et c'est même votre propre fils, vous l'écrivez dans le livre, qui vous dit : "Le diagnostic, tu l'as fait depuis longtemps, maintenant, il faut agir." Qu'est-ce que vous lui avez répondu ? » Légiférer sur les prénoms ? La journaliste veut simplement connaître les détails du projet de loi : « Ce sont les prénoms étrangers ou seulement les prénoms musulmans [*sic*] que vous voulez interdire ? » Même combat sur Sud Radio : Zemmour estime-t-il « avoir fait le bon diagnostic depuis 30 ans » ? Patrick Roger acquiesce : « Un certain diagnostic en tout cas oui. [...] Dans votre secteur. Parce que sur l'économie... » Puis il discute de la « faisabilité » d'un projet d'expulsion massive : « Qu'est-ce que vous signifiez ? Que les étrangers doivent repartir ? Mais comment allez-vous faire pour ça ? Et pour les binationaux ? » (16/09/21). Sur LCI, le tapis rouge est de sortie. Zemmour évoque-t-il des « lobbies antiracistes et LGBT » dont « il faut extirper la propagande de l'école » ? Ruth Elkrief lui tend la perche : « Donc on sélectionne les enseignants ? » La présentatrice avait du reste annoncé la couleur dès l'introduction de son émission : « La question qu'on va se poser, c'est jusqu'où vous pouvez aller. [...] Et dans le fond ce qui nous intéresse, au-delà des constats que vous posez, c'est évidemment de commencer à entrevoir quelques-unes des solutions ou des réponses que vous apportez » (27/09/21). Le même jour sur BFM-TV, Christophe Barbier bouclait la boucle : « C'est cette mutation qui est difficile : passer de celui qui dénonce ce qui ne va pas, "Je mets le doigt dans la plaie" (et il y en a beaucoup des plaies), à celui qui propose, qui dira "J'ai la pommade, j'ai le remède." »

Contre ce journalisme-là, on cherche toujours l'antidote. En revanche, il aura inspiré Gilles-William Goldnadel – chroniqueur historique du *Figaro*, habitué des plateaux de Thierry Ardisson et des « Grandes Gueules ». À la tribune de la « Convention de la droite », Goldnadel a commencé par philosopher à grands mots : « Lorsque M. Macron s'est rendu en Algérie, il a cru effectivement parler des "crimes contre l'Humanité" qu'aurait commis la France en Algérie. Certes, le mot [*sic*] "contre l'Humanité" m'est resté en travers de la gorge. Mais à la limite, j'aurais pardonné cette petite faiblesse envers l'antinazisme [*resic*] devenu fou si, au moins, en terre algérienne, en même temps qu'il insultait la France, il disait ce qu'il avait à dire au FLN algérien ! » Puis il a harangué la foule avec des accents qu'on hésite à qualifier : « Nous avons gagné la bataille culturelle ! Elle est déjà gagnée ! Quand vous avez un président de la République mondialiste qui se sent dans l'obligation d'expliquer qu'il a dans son camp des bourgeois qui sont insensibles aux malheurs des Français en raison de l'immigration, il nous a guéris de la lèpre ! [...] Mes amis, [...] n'ayez pas peur ! C'est ce que je suis venu vous dire ! Ils peuvent bien vous appeler d'extrême droite, nazis, pédophiles ou poêle à frire, ça n'a aucune espèce d'importance maintenant parce que, précisément, nous avons gagné cette bataille culturelle. N'ayez pas peur ! » (28/09/19)

Plus Goldnadel se veut rassurant, plus il est inquiétant... Reste qu'à l'instar d'Éric Zemmour sa carrière médiatique illustre un double phénomène : la naturalisation des idées les plus violemment réactionnaires par le haut clergé journalistique et la facilité avec laquelle des idéologues à la petite semaine sont parvenus à s'imposer dans les rédactions d'un certain nombre de médias dominants.

Médias de la réaction, réactionnaires dans les médias

Rentrée après rentrée, les « mercatos » médiatiques ont favorisé les mouvances réactionnaires, marginalisant toujours plus les personnalités à l'opposé de l'échiquier politique : journalistes (en particulier indépendants), acteurs issus de la sphère politique, associative ou intellectuelle en capacité d'apporter une contradiction étayée aux thèses sécuritaires et xénophobes, militants antifascistes et antiracistes, ou simplement personnalités régulièrement visées par les matraquages islamophobes et racistes.

Désormais, l'extrême droite dispose d'une vitrine médiatique : l'empire de Vincent Bolloré. En première ligne, CNews piétine l'information pour mieux entretenir un business de la haine, adossé à des objectifs de rentabilité et à un management par la peur. L'OPA de Vivendi sur les médias Lagardère – principalement Europe 1, *Paris Match* et le *JDD* – s'effectue dans le même dessein et avec la même brutalité, dont les rouages sont connus depuis la mise au pas de Canal+ en 2014 et la casse de la grève d'i-Télé deux ans plus tard[22] : censures, purge des rédactions, restructurations de la hiérarchie éditoriale et managériale (à l'image du grand patron) et transfert des têtes d'affiche les plus serviles aux commandes des émissions les plus suivies (ou destinées à l'être).

La promotion de l'extrême droite est ainsi concomitante d'un fonctionnement ultra-autoritaire : en octobre 2019, alors que quelques remous se font jour dans la rédaction de CNews autour de l'embauche d'Éric Zemmour, la direction tue la contestation dans l'œuf : « Vous pouvez faire six mois de grève, Zemmour viendra.[23] » Sur Europe 1 plastronnent désormais Dimitri Pavlenko, Mathieu Bock-Côté, Charlotte d'Ornellas et Sonia Mabrouk, eux-mêmes habitués de CNews, terrain de jeu de Pascal Praud, de Jérôme Béglé (patron du *JDD* depuis janvier 2022 après être passé au *Point* et à *Paris Match*) et de Laurence Ferrari, promue en septembre 2022 rédactrice en chef du service politique de *Paris Match*.

Une telle impudence ne pourrait tenir sans la complicité passive du CSA (aujourd'hui Arcom).

L'Autorité eut bien quelques sursauts ces cinq dernières années[1]. Mais en 2021 son président avalisait la ligne éditoriale de CNews au nom du pluralisme : « Le Conseil est très attentif à permettre cette expression dans une période où [...] on parle de *wokisme*, de *cancel culture*. [...] Cette diversité fait la diversité du paysage. Rien ne vous empêche de zapper[24]. »

Marginalisés, les courants de gauche qui critiquent les systèmes de domination le sont ainsi structurellement parmi les chefferies éditoriales. Globalement toutes acquises aux politiques économiques néolibérales, elles se divisent entre, d'une part, un pôle dit « progressiste » (malgré son aversion pour toute critique radicale de l'ordre social dominant) et, d'autre part, un pôle frontalement réactionnaire n'ayant cessé, au cours des cinq dernières années, de progresser. Et ce bien au-delà de ses canaux de prédilection.

Si de nombreux médias s'alarment aujourd'hui des effets politiques de la prédation de Vincent Bolloré, ils oublient en effet que le « cordon sanitaire » entre eux-mêmes et l'extrême droite a disparu depuis bien longtemps. À cet égard, la complaisance des directions médiatiques vis-à-vis d'Éric Zemmour a accompagné la surexposition des

1. Mise à l'amende d'Éric Zemmour pour les propos dans « Face à l'info » en septembre 2019 ; puis mises en demeure pour des boniments de la même eau tenus par le même ténor dans la même émission en octobre 2020 ; et lorsque 45 % du temps de parole de LFI fut diffusé de minuit à 6 h du matin entre juillet et septembre 2021.

« empoisonneurs[25] », qui n'a pas attendu l'emprise de Bolloré : journalistes réactionnaires (blogueurs de la fachosphère inclus), VRP du RN, « intellectuels » médiatiques racistes adeptes du « On-ne-peut-plus-rien-dire » y sont omniprésents[26]. Carburants de l'extrême droite, ces agitateurs sont indéboulonnables, contribuent à l'appauvrissement du débat public et constituent un frein redoutable aux mouvements sociaux en général.

Les mobilisations féministes ou en faveur des droits LGBT font partie de leurs cibles favorites. Lors des premiers pas de #MeToo par exemple, les éditocrates réactionnaires ont bénéficié d'une chambre d'écho importante sur les plateaux en apparence « respectables » des médias généralistes, menant campagne contre la « chasse à l'homme », la « société de délation » ou encore le... « harcèlement féministe »[27]. Ainsi les hérauts de la « pensée » réactionnaire circulent-ils aisément dans les grands médias. On pourrait notamment citer Franz-Olivier Giesbert, Michel Onfray, Ivan Rioufol, Yves Thréard, Gilles-William Goldnadel, Eugénie Bastié, André Bercoff ou encore Pascal Bruckner[28]. Mais dans cette catégorie, Alain Finkielkraut est d'autant plus emblématique qu'il bénéficie d'un traitement dépolitisé, pour ne pas dire folklorisé : promoteur de la théorie du « remplacisme global », aux commandes d'une émission sur France Culture, il ne ménage pas son soutien à Renaud Camus, fait régulièrement les unes des hebdomadaires, bénéficie de la complaisance du *Monde des livres* – « Alain Finkielkraut : "Avec le LSD, on était tous à égalité, on riait beaucoup" » (18/09/19) – et suscite les rires complices du duo Léa Salamé /Nicolas Demorand au moment d'évoquer son « palmarès érotique » dans la première matinale de France (15/09/21).

Bien que non exhaustif, ce panorama ne saurait oublier les militants de « l'extrême centre » qui partagent et alimentent une partie des obsessions de l'extrême droite, notamment sur la base de leur détestation viscérale (et vociférante) de La France insoumise. Ainsi Raphaël Enthoven, grand propagateur du sophisme de la « convergence » entre le RN et LFI, déclarait qu'« entre la peste et la peste », il voterait pour Marine Le Pen au nom d'un « calcul d'intérêts » (Europe 1, 09/06/21). Vissé aux micros comme aux colonnes des magazines (notamment *L'Express*), Enthoven a bien sûr rejoint le bataillon des « combattants de la raison » (Christophe Barbier, Caroline Fourest, Brice Couturier, etc.) qui a lancé l'hebdomadaire *Franc-Tireur* à l'automne 2021. Et au printemps 2022, le même Enthoven indiquait sans ambiguïté le sens de ses priorités : en moins de huit semaines, il a saturé son compte Twitter de 319 messages contre LFI et les candidats de la Nupes… contre 27 critiquant l'extrême droite[29].

« Bons clients » solidement installés dans le paysage, ces commentateurs prospèrent sur des dispositifs médiatiques qui, dans leur conception même ne laissent aucune place à une critique de gauche argumentée. Produits à peu de frais, taillés sur mesure pour favoriser la polémique et combler les heures d'antenne des chaînes d'information en continu, les talk-shows audiovisuels pullulent. Les plateaux de Pascal Praud, transfuge du commentariat sportif reconverti dans l'animation de débats d'information générale[30], en offrent le canevas : butiner dans les sondages du jour, commenter des faits divers, invectiver, idéologiser des ressentis, politiser la peur. Affranchis des réalités sociales et historiques, les commentateurs se nourrissent des idées reçues qui irriguent la pensée dominante médiatique depuis des décennies : « On vient vers vous et on vous demande "La France est-elle en déclin ?" Vous dites oui ou non ? Et vous Gérard, oui ou non ? » (Pascal Praud, CNews, 16/09/20). Du pain béni pour l'extrême droite qui a fait du scandale et de la provocation médiatiques sa marque de fabrique.

Le formatage des talk-shows exclut toute mise en perspective et dissout la confrontation d'idées et d'arguments au profit de la construction de postures virilistes pour combats de coqs : « Vous êtes tout à fait mûr pour participer lundi prochain à un débat avec l'excellent débatteur Éric Zemmour. C'est une belle affiche, qui est, pour beaucoup de gens, surprenante. [...] Vous pourrez faire une deuxième rencontre, une troisième rencontre ? [...] Sinon on dira que vous avez eu peur ! » (Jean-Pierre Elkabbach à Bernard-Henri Lévy, CNews, 15/10/19). C'est ainsi que les réactionnaires défilent pour « croiser le fer » entre eux, générer « dérapages » et « polémiques » à la chaîne. Des « dérapages » qui, loin de disqualifier leurs auteurs, profitent à leur carrière.

Éditorialistes et responsables politiques multiplient les déclarations tapageuses parce qu'ils interviennent dans des dispositifs qui les tolèrent, voire les recherchent, assurés qu'ils ne seront que rarement désapprouvés et que leurs propos entretiendront d'abord et avant tout... leur capital médiatique. Dans ce marasme, les services de « vérification » agissent en cautères sur jambe de bois : les sites de presse « débunkent », les « fact-checkeurs » « fact-checkent » mais les mensonges persistent et le débat public n'en finit plus de dériver à droite. Même démentie, même absente, l'extrême droite est omniprésente.

Valeurs actuelles, un hebdomadaire très fréquentable

Que *Valeurs actuelles* figure parmi les plus fidèles promoteurs de Renaud Camus – un « combattant prêt au sacrifice pour la défense de son pays » (28/11/19) – ne change rien à l'affaire : ses chroniqueurs sillonnent les télévisions privées, tout particulièrement les chaînes d'information en continu. D'autant plus facilement qu'ils bénéficient d'un carnet d'adresses bien garni, révélant d'amples connexions avec la bourgeoisie politique, patronale et... médiatique[31].

En 2020, le sociologue Abdellali Hajjat démontrait que la plupart des journalistes et chroniqueurs de *Valeurs actuelles* avaient auparavant officié aux *Échos*, à *L'Express*, au *Point* et surtout au *Figaro*[32].

Ainsi leurs têtes d'affiche passent-elles facilement de média en média, service public compris, parfois de manière déguisée.

Le cas d'Arnaud Benedetti, pilier des talk-shows (de CNews à France Info), est à cet égard exemplaire : sa casquette de chroniqueur politique chez *Valeurs actuelles* est quasi systématiquement passée sous silence au profit des étiquettes de « professeur associé à la Sorbonne à Paris, spécialiste de communication politique » ou de « rédacteur en chef de la *Revue politique et parlementaire* ».

Parallèlement, l'hebdomadaire n'en finit pas d'être légitimé par le gouvernement (et la classe politique généralement, gauche comprise) : entre février et octobre 2019, Marlène Schiappa lui accordait une « interview explosive », Gérald Darmanin y menait un « grand débat » avec Éric Zemmour et Emmanuel Macron un « tête-à-tête » avec la rédaction autour de « l'immigration » et de « l'identité ». Trois entretiens mis à la une.

Aucune outrance, aucune condamnation judiciaire ne semble pouvoir enrayer la machine ni diminuer la fréquence des apparitions de *Valeurs actuelles* : en août 2020, l'article consacré à la députée LFI Danièle Obono dessinée en esclave nue les chaînes au cou s'est certes soldé par une « indignation » (quasi) générale – et une condamnation judiciaire pour injure publique à caractère raciste [1] –, mais les vedettes de *Valeurs actuelles* ont tout de même pu s'en « expliquer » en faisant… le tour des plateaux. Pendant ce temps, Danièle Obono essuyait les sommations de Jean-Jacques Bourdin à une heure de grande écoute. « Éric Zemmour dit : "J'ai vu Mme Obono qui refusait de dire 'Vive la France'". C'est vrai ou faux ? Vous êtes capable de dire "Vive la France" ? Moi je dis "Vive la France". J'aime la France. Vous aussi ?! Vous aussi j'imagine ? » (RMC et BFM-TV, 02/09/20)[33].

1. En 2015, *Valeurs actuelles* cumulait déjà deux condamnations pour provocation à la discrimination ; c'est le 16 novembre 2022 qu'Erik Monjalous et Laurent Jullien (directeur et journaliste de *Valeurs actuelles*) ont été condamnés en appel pour injure publique à caractère raciste envers la députée LFI.

La peopolisation de l'extrême droite

En marche depuis les années 1980, la banalisation médiatique du FN s'est nettement renforcée à partir de 2011, au moment où Marine Le Pen succède à son père à la présidence du parti. Les travaux du politiste Alexandre Dezé le démontrent. À cette époque, instituts de sondages et médias « ont participé de la construction et de l'imposition d'une réalité partisane frontiste... sans rapport avec la réalité » : la « nouveauté FN [...] a été mise à l'agenda médiatique avant même que les responsables du parti n'aient entrepris le moindre changement » ; elle est « devenue le principal "schéma cognitif", la principale "idée organisatrice" pour parler du parti frontiste dans les médias »[34]. Ainsi un « Front national imaginaire[35] » s'est-il fossilisé dans le sens commun journalistique, charriant son lot de mythologies : « premier parti de France », « premier parti des jeunes », « premier parti des ouvriers », etc.

Prophétie médiatique oralisant la communication du parti lui-même[36], la « dédiabolisation » est devenue une pratique professionnelle à part entière, adoptée par la plupart des journalistes politiques. Bien souvent, « dédiabolisation » rime avec « dépolitisation » et « peopolisation » : les chaînes de télévision rivalisent de « sagas » sur la famille Le Pen ; *Le Parisien* se répand sur « les secrets du clan Le Pen à travers les coulisses du domaine familial de Montretout » (01/02/17) ; Thomas Sotto interroge la candidate sur « son amoureux », ses enfants, son père ou ses chats dans la grande « émission politique » de France 2 (14/03/19) ; Léa Salamé convie le patriarche à faire la promotion de ses Mémoires et appelle « Marine » et « Marion » par leurs prénoms (France Inter, 02/10/19) ; les « Grandes Gueules » admirent « Marine Le Pen, incollable sur ses six chats ! » (13/12/21) ; *Paris Match* aligne les portraits complaisants – « Marine Le Pen : "Les chats me consolent" » (05/08/18) ; « Passion secrète : Jordan Bardella cuisine à l'italienne » (07/08/20) ; et de RTL au *Progrès* en passant par *Le Monde* et *Le Figaro*, on commente la prestation de Marine Le Pen sur le divan de Karine Le Marchand, interrogée sur le jardinage, son « type de mec », ses surnoms – « "Miss bonne humeur", ça revient tout le temps ! » –, sans oublier sa « colocation avec Ingrid, son amie d'enfance » : « Moi je trouve ça super moderne d'habiter avec sa copine ! » (« Une ambition intime », M6, 07/11/21).

Dans la plupart des médias, le processus de banalisation est achevé. En 2019, Nathalie Saint-Cricq déclarait Marine Le Pen « hyper dédiabolisée »,

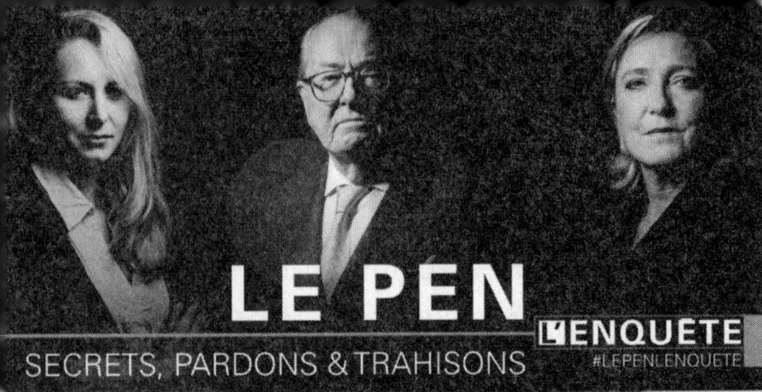
LE PEN
L'ENQUETE
SECRETS, PARDONS & TRAHISONS
#LEPENLENQUETE

BFM TV.
7 JOURS BFM,
MARION MARÉCHAL, LES AMBITIONS SECRÈTES

LIGNE ROUGE
Marine LE PEN
l'obstinée

VSD
Ça passe ou ça casse !
TOP CHEF
GÉGÉ
MARINE
LA MÉTAMORPHOSE
Famille, discours, idées
elle change tout !

Closer
Kylian Mbappé
Champion aussi grâce à sa mère
Laeticia Hallyday
Enfin les vacances avec sa copine Hélène Darroze !
MARION MARÉCHAL-LE PEN
L'été est CHAUD avec Vincenzo

« assez efficace » et « assez consensuelle » : « Elle n'est pas contre les riches, elle est pour les pauvres ; elle aime bien les bons Gilets jaunes, mais elle défend aussi les policiers » (France 2, 14/03/19). Elle sera paraphrasée deux ans plus tard par sa consœur Léa Salamé face à l'actuel président du RN, Jordan Bardella : « À force de vouloir banaliser votre discours, n'êtes-vous pas devenu banal ? » (France Inter, 28/09/21). Et pour Dominique Reynié, le travail semble accompli : « Marine Le Pen n'a jamais véritablement eu de discours radicaux. [...] Moi, je n'ai jamais vu de propos racistes dans un meeting » (France 5, 29/09/21).

La banalisation du RN n'est pas seulement qualitative. Elle est aussi quantitative : 233 invitations entre le 1er janvier et le 17 mars 2019, soit une moyenne de trois apparitions par jour, concentrées sur BFM-TV (71), CNews (60) et LCI (14). Un accompagnement généreux de la « rentrée politique » de Marine Le Pen où s'entremêlaient des sondages décrétant qu'elle avait tiré profit de la crise des Gilets jaunes et une dramaturgie éditoriale autour des élections européennes. Le tout enrobé de « documentaires exclusifs » sur le clan Le Pen : « saga incroyable » et « feuilleton politico-familial qui passionne les Français depuis plus d'un demi-siècle » pour BFM-TV ; « roman vrai d'une dynastie politique » avec « confidences et confessions de trois générations » pour LCI[37]. Omniprésente, cette peopolisation occupe une surface inversement proportionnelle à celle octroyée aux enquêtes sur l'extrême droite et les violences dont elle est responsable.

À quelques exceptions notables – notamment dans *Libération* –, ce travail de fond est d'abord et avant tout pris en charge par les médias indépendants (dont StreetPress, La Horde, Rue89 Lyon, Mediapart), dont les productions (régulières en la matière) ne sont que rarement relayées par les confrères mainstream. Tout juste ces derniers se fendent-ils de « marronniers » de campagne électorale en allant dénicher ici une tête de liste antisémite, là en lien avec des groupuscules néonazis, évoquées bien souvent comme des erreurs de casting ponctuelles.

2022 : la « dédiabolisation » à son apogée

La couverture de la campagne présidentielle de 2022 a donné à voir, sur une échelle de masse, l'ampleur de la normalisation de l'extrême droite.

Si la saturation de l'espace médiatique par la figure d'Éric Zemmour en a été le symptôme le plus édifiant, extrapolations sondagières, théâtralisation, complaisance et défaut de rigueur ont objectivement balisé la route de Marine Le Pen. Quitte à tout sacrifier sur l'autel du buzz. Le 19 janvier 2022, par exemple, la rédaction de France Inter monte un module vidéo (diffusé sur Facebook, YouTube, Twitter, etc.) baptisé « Interview Première fois ». Tout sourire sur fond rose bonbon et accords entraînants de synthétiseur, Marine Le Pen est confrontée au... journalisme : « Premier fou rire de cette campagne ? » ; « Première fois que vous avez réalisé que vous aviez une famille... un peu à part ? » ; « Premier chat ? »... Une déclaration de la directrice de l'information, Catherine Nayl, achève de décrédibiliser la rédaction : « On n'a pas à rougir de ce travail, on ne peut pas soupçonner la rédaction de France Inter de ne pas être sérieuse[38]. » Un mois plus tard, RMC débattait de la question « Le Pen version "gentille" : êtes-vous séduits ? » (07/02/22), que reformulera Nathalie Saint-Cricq au « 20h » de France 2 le soir même, en interrogeant la responsable frontiste sur sa « confession intime » lors d'un meeting à Reims : « Est-ce que c'est pour susciter l'empathie ou est-ce que c'est pour fendre cette fameuse armure ? »

Un cirque que les médias ont entretenu jusqu'à l'entre-deux-tours[39]. Sur TF1, le 17 avril, Audrey Crespo-Mara devant plus de 2,3 millions de téléspectateurs : « On dit : "Vous vous êtes délepénisee." D'ailleurs, les gens vous appellent Marine. [...] Que répondez-vous à cela ? [...] Si vous remportez cette élection, sur un plan purement personnel, vers qui ira votre première pensée ? Pour votre père, non ? [...] Une femme, célibataire, à l'Élysée, ce serait inédit. En effet depuis cinq ans, vous vivez en coloc' avec votre amie d'enfance, qu'est-ce que ça dit de vous ? » Ailleurs, d'autres communicants de la « dédiabolisation » s'affairent. « Marine Le Pen est-elle d'extrême droite ? » est d'ailleurs la principale question à l'agenda médiatique, à laquelle de très nombreux commentateurs répondent... non. « On ne peut plus dire de quelqu'un qui dit que la liberté est sa valeur fondamentale qu'il est d'extrême droite, qu'il va mettre la République en danger, qu'il n'est pas démocrate », pontifie Jean-Michel Aphatie sur LCI le 11 avril. Aux yeux des Français, « elle est devenue, je ne vais pas dire une sorte de tata qui distribue des bisous, mais il y a un peu de ça », continue le même jour sur France 5 Brice Teinturier, directeur général délégué de l'institut Ipsos.

Cet échantillon donne une synthèse du journalisme politique ambiant, qui ne jauge un courant politique que sur la base de « petites phrases » et d'éléments de discours à l'instant T, confondant son métier avec le commentaire d'« images » et de faux-semblants. Leur « décryptage » du phénomène de « dédiabolisation » n'étant jamais (ou très rarement) compensé par un journalisme d'information sur le fond du programme frontiste, il ne fait qu'accélérer la... « dédiabolisation ».

D'un côté, les éditorialistes semblent prêts à la reconversion professionnelle : « Pour gagner au second tour, Marine Le Pen a besoin d'apparaître comme la candidate du vote utile anti-Macron, donc de continuer à apparaître douce, acceptable, respectable, en un seul mot, présidentiable » (Laurent Neumann, BFM-TV, 11/04/22). De l'autre, les reporters se soûlent aux éléments de langage. « Second tour de la présidentielle : Marine Le Pen promet de présider "en bonne mère de famille" » (*Le Parisien*, 16/04/22) ; « "Diriger le pays en mère de famille" : en Eure-et-Loire, Marine Le Pen veut rassurer » (*Le Figaro*, 16/04/22).

Les « re-découvreurs » ne valent pas mieux, qui se décident à évoquer le programme seulement quelques jours avant le second tour. « Présidentielle : Marine Le Pen, la fin de l'effet miaou et le retour de l'extrême droite », ose *Challenges* le 18 avril. Même chanson de Françoise Fressoz : « Progressivement, [Marine Le Pen] commence à dévoiler la réalité de son projet et je trouve que ça devient inquiétant, à la fois sur les institutions, à la fois sur l'Europe » (France Inter, 14/04/22). Seulement depuis l'entre-deux-tours ? et sur ces deux points seulement ?

Ce qu'il faut comprendre, c'est que la « préférence nationale » n'inquiète plus grand monde. Par un tour de magie, cette colonne programmatique a en effet été glissée sous le tapis par les journalistes politiques, de toute évidence plus prompts à mettre en avant le versant « social » du RN. Une démarche qui avalise, en creux, l'instauration d'un système socio-économique discriminatoire. Et de fait, nombre de faussaires semblent prêts à sauter le pas : « Le Pen, candidate plus à gauche que jamais » (*La Provence*, 15/04/22). Quand ils ne profitent pas de cette prestidigitation pour diaboliser... la gauche : « Je ne pense pas du tout que Marine Le Pen soit raciste. [...] Maintenant, son programme économique me paraît assez délirant, [...] trop proche de celui de Mélenchon pour être crédible » (Luc Ferry, LCI, 10/04/22).

Loin d'être isolés, ces petits chefs-d'œuvre de complaisance ont structuré la couverture médiatique d'une campagne où l'extrême droite fut traitée en majesté. Pendant la période dite de « précampagne » (de septembre à décembre 2021), le chercheur en informatique Nicolas Hervé a comptabilisé les occurrences des noms des différents candidats (déclarés ou supposés) à l'élection présidentielle, selon une démarche permettant de déterminer « de qui parlent les médias ». De ses résultats, on peut notamment retenir que les candidats d'extrême droite (Marine Le Pen, Éric Zemmour, Nicolas Dupont-Aignan et Florian Philippot) ont écrasé quantitativement la représentation de Jean-Luc Mélenchon, Fabien Roussel, Philippe Poutou et Nathalie Arthaud réunis : ils ont été sept fois plus cités sur les chaînes d'information en continu (BFM-TV, LCI, CNews, France Info), cinq fois plus dans les journaux télévisés du soir (TF1, France 2, France 3, M6), et six fois plus dans les matinales radio (France Inter, Europe 1, RMC, RTL)[40]. Nombre d'indicateurs confirment cette prédominance de l'extrême droite dans l'agenda médiatique. À la même période, 53 % du temps d'antenne de « Touche pas à mon poste » (C8) consacré aux contenus politiques est occupé par l'extrême droite – dont 45 % pour le seul Zemmour –, famille politique qui reste à la une entre janvier et mars 2022 (40,5 %)[41]. Sur France Inter, le magazine hebdomadaire « Un dimanche de campagne » réserve à l'extrême droite le sujet d'ouverture de cinq émissions sur huit (01 et 02/22) et, une semaine avant le premier tour, le 2 avril 2022, l'émission spéciale « Présidentielle » de France 2 est polarisée par les discussions sur l'extrême droite, d'une durée plus de deux fois supérieure à celles portant sur l'écologie. Là encore, Éric Zemmour est le candidat le plus cité : son temps d'antenne est supérieur à celui accordé à Anne Hidalgo, Fabien Roussel et Jean-Luc Mélenchon réunis, et dix fois plus important que celui consacré à Philippe Poutou et Nathalie Arthaud, évoqués conjointement au cours de l'émission pendant… 53 secondes.

Zemmour, superstar médiatique

Démesurée autant que délirante, cette surface médiatique doit beaucoup à l'autohypnose des médias, créateurs dès septembre 2021 de « l'événement-Zemmour », qui ne se déclarera officiellement que trois mois plus tard…[42]

Trois mois de course au « scoop », d'émissions spéciales et d'entretiens « exclusifs », anticipés et « débriefés » tels des thrillers. Trois mois de brouhaha sur les transfuges RN/Reconquête et sur « la guerre ouverte » entre Zemmour et Le Pen, à laquelle le service « TF1 Info » consacre une interface web dédiée. Trois mois de spéculation autour de sa place dans les sondages – le premier est réalisé début juillet 2021 par *Challenges*, avec Harris Interactive. Et tandis qu'un des principaux magazines d'information de France Télévisions, « C dans l'air », consacre quatre émissions à Éric Zemmour en trois semaines, ses tweets et vidéos sont érigés en « actualité » permanente sur les chaînes d'information. L'ensemble de l'espace médiatique est saturé : du 1er au 30 septembre 2021, on dénombre seize interviews (dont quatre matinales et neuf émissions

VSD
L'étrange monsieur
ZEMMOUR
L'OVNI QUI DÉFIE MACRON. IL CHANGE LA DONNE.
SES IDÉES, SES SOUTIENS SECRETS, SON ARGENT
JAMES BOND
Le meilleur et le pire de 007
BRASSENS
L'hommage de ses copains
KABOUL
Le calvaire des femmes
VALEURS
La razzia Zemmour
Les secrets d'un phénomène politique, la mue d'un homme en candidat
JEAN-PAUL BELMONDO
NOTRE PORTFOLIO HOMMAGE
ADIEU LE MAGNIFIQUE
LE FIGARO MAGAZINE
ÉRIC ZEMMOUR
LE PERTURBATEUR
LES EXTRAITS EXCLUSIFS DE SON LIVRE CHOC
Challenges
Face à Zemmour et Le Pen
LA DROITE EN DANGER DE MORT
La bataille des idées
VALEURS
Numéro double
“Je n'aurais jamais pu me regarder dans une glace si je n'avais pas défendu ce que je pense être juste.”
“Je ne suis pas là pour jouer”
ZEMMOUR : L'INTERVIEW COUP DE POING

de grande audience) de France 2 à C8, ainsi que 4 167 occurrences de « Zemmour » dans la presse française – soit en moyenne… 139 par jour. Et l'agitateur n'y figure pas en note de bas de page : au 30 septembre 2021, la plupart des hebdomadaires lui ont consacré leur une, toutes parues dans le mois à l'exception de celles de *L'Obs* et *L'Express*, qui titrait « La tentation présidentielle » le 12 février 2021, plagié une semaine plus tard par *Valeurs actuelles* : « La tentation Zemmour ». La surreprésentation est telle que l'Arcom se voit contraint d'épingler onze médias pour leurs manquements à l'équité du temps d'antenne et/ou de parole sur la période du 2 janvier au 7 mars 2022 : CNews, Sud Radio, RTL, France Inter, France Info, France 5, Radio Classique, RMC Story, TF1, LCI, BFM-TV[43].

Spectaculaire, ce matraquage n'a d'équivalent que celui dont a bénéficié Emmanuel Macron à partir de 2016. Qu'Éric Zemmour soit « le nom privé d'un processus de fascisation[44] » ne change rien à l'affaire : dopée aux audiences, moutonnière dans ses pratiques, accoutumée de longue date aux discours d'extrême droite, la machine médiatique est parvenue à faire d'un non-candidat le centre de gravité du débat public. Léa Salamé illustre bien cet envoûtement volontaire et collectif. Elle est si obnubilée par Zemmour qu'elle tance Anne Hidalgo au moment où cette dernière refuse de commenter le phénomène médiatique du moment : « Pourquoi vous ne parlez pas de ça ? Pourquoi vous ne parlez pas de ça ! C'est un fait politique quand même, non ? […] Pour vous, c'est rien Zemmour ? »

(France 2, 25/09/21). Quelques jours plus tôt, elle divaguait déjà face à Christian Jacob, alors président des Républicains : « Vous n'êtes pas en train de perdre votre temps à faire votre congrès, vos enquêtes du Cevipof sur 15 000 adhérents ? Pendant ce temps, Éric Zemmour, non déclaré, ne cesse de monter dans les sondages. [...] N'êtes-vous pas en train de lui laisser un immense espace en ne désignant pas très vite votre candidat ? » (France Inter, 22/09/21).

Comme pour Marine Le Pen, Éric Zemmour a bénéficié d'un phénomène assez déconcertant de banalisation. En toute légèreté, mais aussi par intérêt bien compris, nombre d'éditocrates se sont enthousiasmés tant pour lesdites « transgressions » que pour le vent de « nouveauté » que faisait souffler leur ancien confrère sur une actualité trop terne à leurs yeux. Pour *Le Figaro Magazine*, Zemmour était « le perturbateur » (10/09/21) et « le chamboule-tout » pour les *Dernières nouvelles d'Alsace* (16/09/21). Quant au sondeur Frédéric Dabi, il saluait sur France 5 « le clown, le trublion qui va peut-être électriser les choses » (15/09/21). Dans le même registre, Nathalie Saint-Cricq dispensait sur France 2 des leçons de vitalité à Valérie Pécresse : « Quelquefois, on a l'impression que vous manquez d'entrain. [...] Quand on voit les radicalités, entre Sandrine Rousseau et Éric Zemmour, [...] est-ce que c'est forcément le bon modèle de ne pas donner un peu d'excitation aux Français ? » (23/09/21). « La France s'ennuie... Zemmour et Rousseau la distraient ! », titrait d'ailleurs *Le Point* (26/09/21), saluant un personnage « vivant, animé. Il est un stimulus à lui seul, comme l'était Sarkozy lors de la fin de règne de Chirac ». Un remède à la nostalgie ? Ou plutôt au vide, selon les confessions d'Alix Bouilhaguet, éditorialiste à France Info pour qui Zemmour « a eu son moment de gloire à l'automne parce qu'il ne se passait rien ! Enfin, il y avait le Covid, mais il n'y avait pas d'actualité autre » (03/03/21). Un concours de circonstances vraiment fâcheux...

Depuis cette consternante séquence médiatique, aucune autocritique substantielle n'a vu le jour en dehors des syndicats de journalistes[45]. À défaut, l'éditocratie opte pour l'autocélébration. Invité par « C à vous » le 12 avril 2022, Raphaël Enthoven déclare que l'emballement était « normal » : « Éric Zemmour était un phénomène totalement atypique. [...] Il voulait porter le débat, disait-il, à hauteur de civilisation, ça méritait que tout le monde s'y intéresse. » Interrogé sur le cirque automnal de BFM-TV, le chef du service politique de la chaîne, Philippe Corbé, glose aux Assises du journalisme : « Le choix inverse, c'était quoi ? Attendre pour en parler qu'Éric Zemmour choisisse, dans une logique de communication, d'annoncer sa candidature ? Nous aurions refusé pendant plusieurs mois de faire notre métier de journaliste sur un futur candidat[46]. » Sur le même plateau, le directeur de l'information de France Télévisions, Laurent Guimier, revendique son aveuglement : « Sur cette campagne, ni à BFM ni à France Télévisions nous n'avons peopolisé ou banalisé ou starifié [...] nos émissions. » Et du côté du service public radiophonique, la médiatrice adresse un satisfecit aux matinaliers de France Inter, congratulés pour leur « sérénité » et leur « apparente placidité » face à Éric Zemmour (07/02/22)[47]. Sereinement, ce dernier y avait notamment défendu, sans la moindre réaction des deux animateurs, qu'« il ne peut pas y avoir deux civilisations sur un même territoire », que « toutes les banlieues » françaises étaient « l'Afghanistan », que Pétain et le régime de Vichy avaient « protégé les juifs français » et que l'audiovisuel public se livrait à de la « propagande antifrançaise, immigrationniste, LGBT et "woke" »... Placidité avec Éric Zemmour et pugnacité face à LFI sont les deux mamelles de la déontologie journalistique.

Étanche à toute critique et noyée dans son entre-soi, l'éditocratie aura, en prime, généré sa nouvelle fiction : « Éric Zemmour a normalisé Marine Le Pen », affirme Alain Minc sur... CNews (14/12/21). Corroborée cinq mois plus tard par Jean-Michel Aphatie sur France 2 : « Pourquoi [Marine Le Pen] est-elle devenue ce qu'on la voit être aujourd'hui ? Parce qu'Éric Zemmour. Éric Zemmour est d'extrême droite, alors ça, c'est sûr ! Éric Zemmour, par son dogmatisme et sa violence, a rendu Marine Le Pen gentille, fréquentable et républicaine » (02/04/22). Cette « analyse » continue d'entretenir la normalisation de l'extrême droite et excuse (doublement) les médias : d'abord en escamotant leur rôle dans la « dédiabolisation » du FN ; ensuite en les acquittant de toute participation à la consécration d'Éric Zemmour – comme éditorialiste, puis comme homme politique. Deux phénomènes qui expliquent pourtant en partie la rapidité avec laquelle le candidat de Reconquête s'est installé au cœur du paysage politique et le degré de légitimité qu'il y a acquis. Du reste, cette conclusion fonctionne comme une allégorie des relations entre journalisme dominant et extrême droite : un serpent qui se mord la queue.

III. Un journalisme de classe

> Je commence à en avoir un peu marre de ces rapports qui nous disent qu'il y a des milliardaires et des pauvres.
>
> Éric Brunet, RMC (21 janvier 2019)

LES MÉDIAS DOMINANTS font bien plus que simplement « rendre compte » d'une actualité économique qui s'imposerait d'elle-même. Ils construisent cette actualité en sélectionnant et en hiérarchisant des faits, en les mettant en forme et en leur donnant une signification particulière. Ce faisant, ils produisent et propagent une certaine représentation de ce qu'est l'« économie », en même temps qu'ils insufflent une représentation économique du monde. Ils ont ainsi largement contribué à imposer la doctrine néolibérale comme une évidence indiscutable dans le débat économique, et plus largement dans le débat public en France depuis le début des années 1980.

La conversion de la droite et de la gauche de gouvernement aux politiques néolibérales fut généreusement accompagnée, et l'encadrement de l'information économique et sociale n'a pas cessé depuis. Si bien qu'en 2016, lorsque Emmanuel Macron a déclaré ses ambitions présidentielles, ce « néolibéral chimiquement pur[1] » fut accueilli comme un homme providentiel par l'ensemble de l'éditocratie. Outre que l'hégémonie de la doxa néolibérale est un affront permanent au pluralisme, elle permet à l'extrême droite de se présenter comme une « alternative à la pensée unique ». Dans les années 1990 et plus encore depuis 2010, le Front national est certes passé de la promotion du néolibéralisme à une critique de « la mondialisation ». Mais ce parti « demeure un farouche défenseur de la liberté d'entreprendre, ce faux nez du pouvoir patronal » ; comme l'indique le sociologue Ugo Palheta, le FN « n'a d'autre projet que celui d'un "bon" capitalisme, "moralisé" »[2].

En surexposant le versant « social » du RN, les grands médias minimisent son opportunisme et dépolitisent ses orientations structurelles. Une mystification d'autant plus aisée que l'information sur la réalité des programmes reste dans l'ombre – comme les politiques menées dans les mairies frontistes et les votes du RN à l'Assemblée nationale ou au Parlement européen[3]. Ainsi lors de la campagne présidentielle de 2022, la convergence des propositions de Marine Le Pen, d'Éric Zemmour, de Valérie Pécresse et d'Emmanuel Macron en matière de politique fiscale et budgétaire ne fut jamais évoquée dans les médias dominants. Elle a pourtant été mise en évidence dans un rapport commun d'Attac et de l'Observatoire de la justice fiscale et analysée dans d'autres travaux parus au même moment[4]. Même lorsque les questions socio-économiques occupent le devant de la scène, le concert de l'orthodoxie se charge de verrouiller le débat et adresse à la gauche de gauche une fin de non-recevoir : « Il n'y a pas d'alternative », la justice sociale attendra. En marginalisant la critique du néolibéralisme (qui s'incarne dans différents courants hétérodoxes très majoritairement de gauche) et en escamotant les alternatives collectives (qu'elles proviennent du champ intellectuel, politique, associatif ou des expériences de coopératives), les grands médias contribuent à empêcher l'émergence dans le débat public de tout projet de transformation sociale.

Journalisme économique : le bal de l'orthodoxie

« Les réformes d'Emmanuel Macron sont le fruit de raisonnements économiques auxquels n'entendent rien la plupart de nos concitoyens. [...] Les Français, c'est-à-dire l'opinion, mais aussi nombre de catégories importantes comme les fonctionnaires, les juges, la plupart des intellectuels [et les] commentateurs[5]. » En novembre 2017, à peine amorcé le quinquennat d'Emmanuel Macron, l'illustre Éric Le Boucher est pris d'une crise de désolation. Entreprenant de débusquer les réfractaires aux « ordonnances » Macron – soit le démantèlement de nouveaux pans entiers du Code du travail –, il peste contre l'enseignement secondaire et révèle que « professeurs, ministère, éditeurs des manuels et le syndicat Apses (Association des professeurs de sciences économiques et sociales) » constituent une réserve d'illuminés marxisants qu'il serait bon (et temps) de rééduquer : « Donner une culture économique aux Français passe forcément par le lycée. Ils sont nombreux à avoir essayé. Michel Pébereau, ancien PDG de BNP Paribas, Claude Perdriel, fondateur de *L'Obs*, ou le ministre de l'Économie Thierry Breton, tous ont sué sang et eau, tous ont échoué, la citadelle est imprenable. » Incluant « une grande majorité des journalistes politiques » à sa radiographie du désastre, Éric Le Boucher s'insurge : « Emmanuel Macron veut libérer l'emploi pour en créer, ils entendent que libéraliser le Code du travail va faciliter les licenciements. Il baisse les impôts sur le capital pour le débloquer, ils voient un cadeau aux riches. [...] Aucun débat public ne part sur de bonnes bases. » Las, le journaliste prévient : « Les Français [...] "politisent" de façon caricaturale [les réformes macroniennes]. Il faudra que le président de la République s'en préoccupe. »

Morceau d'anthologie, cette tirade offre un archétype du journalisme économique dominant. Un journalisme de classe qui délimite le périmètre de ce qui peut être pensé en matière économique avant de traquer et de disqualifier les courants intellectuels, politiques, syndicaux, éducatifs, etc. qui persistent à penser ce-qui-ne-peut-être-pensé : la condition salariale, la propriété privée du capital, la distribution de la valeur ajoutée, les inégalités de patrimoine et de revenu, etc. Un journalisme militant qui ne craint pas d'outrepasser ses fonctions et entend peser sur le débat politique en s'octroyant le rôle du conseiller du Prince, voire en allant directement grenouiller dans les cercles de pouvoir. Un journalisme méprisant dont les têtes d'affiche se considèrent comme des « tuteurs sur lequel le peuple, comme du lierre rampant, peut s'élever » (Christophe Barbier, *JDD*, 16/04/17). Un journalisme inoxydable qui peut multiplier les prévisions ratées, les analyses partiales et choisir des experts pris dans les conflits d'intérêts les plus grossiers sans qu'il n'en pâtisse jamais. Un journalisme hégémonique, enfin, qui infuse la plupart des rédactions et dont les pratiquants, interchangeables, quadrillent le paysage médiatique.

Éric Le Boucher a construit sa carrière au *Monde* (1983-2008), notamment en tant que journaliste au service économie, puis rédacteur en chef, poste qu'il a cumulé avec celui d'éditorialiste dans la matinale de Radio Classique, de membre du Conseil pour la diffusion de la culture économique créé en 2006 à l'initiative de Thierry Breton (ministre de l'Économie sous Jacques Chirac), mais aussi de la « commission Attali » chargée d'éclairer les politiques sarkozystes – dont il assurait d'ailleurs le service après-vente dans les médias, par exemple à l'antenne de France Culture[6]. C'est encore avec Jacques Attali qu'il cofonde en 2009 le magazine *Slate* avec (entre autres) Jean-Marie Colombani, ancien directeur du *Monde*. En 2008, Éric Le Boucher bénéficie d'une nomination au poste de directeur de la rédaction d'Enjeux-*Les Échos* (groupe LVMH), mais on le retrouve également « éditorialiser » sur Europe 1 et dans *L'Opinion*. Ce parcours vertigineux nous ferait presque oublier qu'en 2010, sous la présidence de Nicolas Sarkozy, il a été nommé par décret membre du Centre d'études prospectives et d'informations internationales, un service du Premier ministre...

Comme Éric Le Boucher, nombreuses sont les célébrités journalistiques qui dispensent nuit et jour, et depuis plusieurs décennies, leurs exercices de pédagogie économique au service du capital. De « l'État obèse » et « boursouflé » fustigé par Laurent Joffrin dans les années 1980 à la « suppression de la cinquième semaine de congés payés » prônée par Christophe Barbier en 2011, en passant par « la mondialisation heureuse » célébrée par Alain Minc à la veille des années 2000, les éditocrates ont asséné tant de fois le même message qu'il est connu de tous et par cœur : « Vive l'individualisme et le marché » ; « À bas la solidarité et la puissance publique » ! Chanter les louanges de l'Europe libérale ; rabâcher les doctrines qui causent les crises, détruisent les emplois et bouleversent le climat ; brailler contre les dépenses de l'État, appeler à réduire son périmètre ; enjoindre d'alléger la « pression fiscale », acclamer la concurrence et roucouler dès qu'on réduit le nombre de fonctionnaires ; accompagner la casse du droit du travail, se féliciter des dividendes offerts aux actionnaires, prêcher inlassablement le « mérite » des riches et des rentiers.

Depuis le début des années 1980, ces « spécialistes de la pensée jetable » se trompent sur tout : ils célèbrent la finance triomphante à la veille de la crise des *subprimes*, vantent la « solidarité » européenne quand sont imposées des coupes drastiques aux pays en difficulté et applaudissent, malgré la crise climatique, le consumérisme effréné dans leurs médias saturés de publicités et gavés de subventions... publiques [7].

Pour ceux-là, le monde médiatique est sans frontières. Après avoir été un pilier de France 2, François Lenglet officie désormais sur RTL et TF1, rabâchant à longueur d'antennes ce que remâche sur BFM-TV le quatuor Emmanuel Lechypre, Nicolas Doze, Guillaume Paul, Pierre Kupferman. Formé à bonne école sur BFM Business, Axel de Tarlé surfe lui aussi sans entrave du privé au public, recyclant ses chroniques d'Europe 1, de *Paris Match* ou du *JDD* sur France 5, où il anime les magazines « C à dire ?! » (jusqu'en 2018) puis « C dans l'air » (en intermittence ensuite), sans compter la tranche 9h30-10h30 sur France Info (télé) depuis 2020. Le titre de son émission, « L'info s'éclaire », lui va comme un gant : « L'austérité, ça paye, se réjouissait-il en pleine crise grecque. Les pays d'Europe du Sud ont engagé des réformes douloureuses, avec baisse de salaires et mesures de flexibilité. [...] La recette allemande, qui prône l'effort, fonctionne : il suffisait de perdre quelques kilos pour courir plus vite ! » (*JDD*, 27/01/13). Axel de Tarlé ânonne partout ces inepties sans effort : c'est de la pensée automatique !

Dans le secteur audiovisuel, citer le nom d'un journaliste économique hétérodoxe relève d'une mission impossible. Symptôme éloquent : il aura fallu attendre plus de quatre ans après l'assassinat de Bernard Maris dans les attentats de *Charlie*

Hebdo pour que France Inter daigne, en septembre 2020, opposer un chroniqueur à Dominique Seux dans le « 7/9 », en la personne de Thomas Piketty. Un débat d'un petit quart d'heure, seulement le vendredi. Traduisons : dans la première matinale de France comme ailleurs, « le pluralisme » doit se satisfaire de miettes... et dire merci. En revanche, le directeur délégué des *Échos* ne réduit jamais son périmètre : on le retrouve prêchi-prêchant sur LCI, mais aussi sur France 5 et Arte, dont les magazines d'actualité (« C dans l'air » et « 28 minutes ») lui réservent des fauteuils réguliers.

Quant à la presse, les actionnaires peuvent y faire la pluie et le beau temps sur fond de rigueur budgétaire. Quitte à précariser les salariés, quand ils n'étouffent pas simplement les quelques espaces de respiration existants : début 2017, lorsque Franck Julien, patron de l'entreprise Atalian (spécialisée dans la sous-traitance de services de nettoyage) rafle une partie de l'actionnariat du journal économique *La Tribune*, il ne fait pas dans la dentelle... Il passe même un gros coup de balai : le service macro-économie est tout bonnement supprimé et, avec lui, cinq postes de journalistes. Romaric Godin, qui faisait partie du lot, constatait alors une « "atomisation" de l'information économique[8] ».

« Mille gosiers pour une pensée », qui vocifèrent à chaque élection, à chaque contre-réforme, à chaque crise, observe Samuel Gontier[9]. La crise sanitaire n'a pas changé la donne, tout au contraire[10]. Le groupe d'une vingtaine d'économistes qui conseille chaque semaine le ministre de l'Économie et des Finances Bruno Le Maire sature également… l'espace médiatique. Dans la liste, on retrouve la plupart de ceux qui avaient prôné l'austérité budgétaire après la crise financière de 2008 – une « bêtise » de l'aveu même d'un de ses artisans, Patrick Artus[11]. Les mêmes qui vantent l'ouverture à la concurrence des services publics et la financiarisation de l'économie. Patrick Artus donc, Nicolas Bouzou, Jean Pisani-Ferry, Jean-Hervé Lorenzi, Philippe Aghion, Daniel Cohen, Élie Cohen, Laurence Boone (devenue en 2022 secrétaire d'État chargée de l'Europe), etc. Occupant pour certains l'espace médiatique depuis au moins le milieu des années 1990, ils ont été cajolés pendant le premier confinement (17 mars-10 mai 2020). Ainsi a-t-on pu lire à cette période le nom d'un économiste-conseiller de Bruno Le Maire plus de sept fois par jour dans la presse (458 citations, 54 tribunes ou articles). Et sur France Inter, c'était à se demander « qui invite qui » : Daniel Cohen, notamment, reçut Nicolas Demorand et Léa Salamé deux fois dans sa matinale en deux semaines. Quant au « Téléphone sonne », la rédaction réussit l'exploit de convier trois experts béats du marché (sur trois invités) dans une émission consacrée à la récession économique : les ultralibéraux Nicolas Bouzou et Philippe Dessertine, ainsi que Francis Palombi, président de la Confédération des commerçants de France mais également « référent LREM » en Lozère, ce qui ne fut pas précisé à l'antenne[12]. Une audace ordinaire sur le service public : du 10 mars au 12 mai, Élie Cohen y fut invité dix fois, dont quatre sur le plateau de « C dans l'air ». Dans cette émission, les francs-tireurs de l'économie de marché sont comme des coqs en pâte : Dominique Seux fut reçu trois fois en quinze jours et Philippe Dessertine six fois en deux mois. La cinquantaine d'économistes hétérodoxes regroupés au sein du collectif « Les Économistes atterrés » ? Aucune invitation. Des journalistes économiques critiques de l'économie de marché ? Aucune apparition.

Une disproportion à donner le tournis : du 7 avril au 8 mai 2020, ce n'est pas en allumant les médias que nous pouvions suivre Nicolas Bouzou, c'est en se branchant à Nicolas Bouzou qu'il était possible de suivre les médias : 38 sollicitations dans la presse et l'audiovisuel. Telle une télécommande. Tous les jours, plusieurs fois par jour. Rappelons qu'en 2015 l'économiste médiatique jouait le lobbyiste (déguisé) pour l'entreprise Uber[13] et qu'en 2014 cet expert de la crise sanitaire déclarait : « On se dit la vérité maintenant ? Dans dix ans, nous aurons deux fois trop de lits d'hôpitaux[14]. » Visionnaires jamais, faussaires toujours.

Aux grandes réformes les grands experts

Dès l'annonce du projet de libéralisation du rail – le « rapport Spinetta », du nom de l'ancien PDG d'Air France remis à Édouard Philippe en février 2018 et promulgué en juin de la même année –, Pascal Perri est sur les chapeaux de roue[15]. Il faut dire qu'au chapitre du « modèle *low cost* », l'éditocrate est à la page. Au début des années 2000, il officie dans le secteur aérien – l'entreprise Air Lib – en tant que porte-parole et directeur de cabinet du PDG Jean-Charles Corbet. Un fiasco : en 2003, l'entreprise est placée en liquidation judiciaire, « provoquant le licenciement collectif des 3 200 salariés » tandis que le PDG écope de « dix-huit mois de prison ferme pour avoir détourné 15 millions d'euros et provoqué la faillite de la compagnie » (selon l'AFP). Une condamnation confirmée en 2010 par la Cour de cassation[16]. Pascal Perri, qui avait été entendu dans le cadre d'une commission d'enquête parlementaire dédiée à cette affaire, est donc un vrai spécialiste de la dérégulation, options scandale, écrasement social et enrichissement personnel : le rapport de l'Assemblée nationale indique que, entre « le 1er août 2001 et le 31 décembre 2002, les rémunérations des dirigeants d'Holco [la holding d'Air Lib] se sont élevées à [...] 2,437 millions d'euros nets imposables », incluant celles de Pascal Perri : « 185 287 euros nets, auxquels se sont ajoutés 18 353 euros de notes de frais[17]. »

Comme bon nombre de ses confrères « experts », Pascal Perri multiplie les va-et-vient entre le conseil, la sphère politique, les *think tanks* (Fondapol), les écoles de commerce... et les médias : il officie notamment pour RMC et BFM-TV en tant que « consultant économique », « économiste » ou « grande gueule » selon les cas. Auteur d'un livre-à-médias publié en 2009, *SNCF : un scandale français*, il s'affaire donc en 2018 pour promouvoir « la réforme » en déroulant une partition qui se résume en un mot d'ordre :

imposer la concurrence, ici et maintenant. BFM-TV à gogo, « 20h » de France 2, RMC, « C dans l'air »... on se l'arrache ! Et pour des analyses de haute volée, il a le loisir de publier trois tribunes en un mois dans *Les Échos* : « Le vrai risque pour la SNCF, c'est l'absence de réforme » ; « SNCF : les ordonnances ne sont pas un attentat contre la démocratie ! » ; « La grève à la SNCF semble sortir d'un vieux film en noir et blanc » (15/02, 27/02 et 22/03/18). Au vu de son pedigree, c'est peu dire que le propagandiste ose tout – et c'est même à ça qu'on le reconnaît : « Dans le ferroviaire comme dans le transport aérien, appliquons une formule simple qui a fait ses preuves partout ailleurs : le marché autant que possible, l'État autant que nécessaire. » Quatre ans plus tard, Basta fait paraître une enquête-fleuve qui décrit « des trains plus chers, des lignes fermées, des milliers d'emplois en moins : le sombre avenir du ferroviaire français[18]. » Mais Pascal Perri pontifie toujours sur LCI.

Tandis que les « économistes à gages[19] » assurent la domination symbolique du capitalisme dans le débat public, le pluralisme est relégué aux notes de bas de page... ou taillé en pièce. En novembre 2021, le porte-parole d'Attac Raphaël Pradeau tente-t-il sur RTL de critiquer les résultats (mirifiques) de la Bourse ? Il ne parlera jamais plus de 35 secondes consécutives. Et Pascal Praud, au comble de l'agacement, le qualifiera de partisan de « l'ultragauche » défendant... « une économie particulière »[20]. En septembre 2018 sur France 2, le journaliste Julian Bugier mentionne-t-il que LFI dénonce les « 10 milliards de cadeaux fiscaux » inscrits dans le budget par le gouvernement ? Éric Brunet explose : « Mais pourquoi utilisez-vous ce mot de "cadeau fiscal" ?! Non, non, non ! Vous vous permettez de reprendre une terminologie utilisée par l'ultragauche[21] ! » En février 2019 sur France 5, la sociologue Monique Pinçon-Charlot cherche-t-elle à présenter son essai *Le Président des ultra-riches. Chronique du mépris de classe dans la politique d'Emmanuel Macron* ? Elle affronte une avalanche de réquisitoires instruits par quatre journalistes pour finir coupée au montage[22]. En janvier 2019 toujours, l'ONG Oxfam publie-t-elle son rapport annuel sur les inégalités montrant que 26 milliardaires disposent d'une fortune équivalente à celle de la moitié la plus pauvre de l'humanité ? C'est le branle-bas de combat[23]. LCI convoque Dominique Seux à la rescousse, *Le Parisien* l'inénarrable Dominique Reynié, la matinale de France Culture fait place à François Bourguignon (professeur émérite... et soutien d'Emmanuel Macron en 2017), TF1 fait appel à François Lenglet pour défendre le patronat et BFM-TV sort Alain Madelin de sa retraite pour l'occasion : « C'est le marronnier d'Oxfam : tous les ans, ils sortent un truc pour faire le buzz ! » (22/01/19). Au même moment sur RMC, Olivier Truchot incite les téléspectateurs à « beaucoup de réserves » sur le rapport, car Oxfam « est une ONG militante ». Et le même matin, sur la même chaîne, Éric Brunet allait à l'essentiel – « Je commence à en avoir un peu marre de ces rapports qui nous disent qu'il y a des milliardaires et des pauvres » – avant d'économiser sa salive : « C'est n'importe quoi ce rapport. » Le verrou.

Autant dire que, dès que des rebelles osent décocher une flèche sur un totem médiatico-politique comme la dette, c'est l'embrasement[24]. Le 5 février 2021 dans une tribune au *Monde*, 150 économistes demandent l'annulation des 2 500 milliards d'euros de « dette Covid » contractée à la Banque centrale européenne. Quatre jours plus tard, ils sont tancés dans l'édito... du *Monde* : « C'est à se demander pourquoi personne n'y avait pensé avant. Mais, comme toutes les évidences, l'idée risque de se heurter à la réalité. Sa mise en œuvre pourrait créer plus de désordre qu'elle ne résoudrait de problèmes. » Derrière, les aboiements : « économistes égarés » pour François Lenglet, « dépensiers ataviques » selon Agnès Verdier-Molinié, « bisounours de la dette perpétuelle » d'après Franz-Olivier Giesbert[25]. Dix jours plus tard sur LCI, le duo Pujadas-Lenglet se donne la réplique : l'annulation de la dette, une question « incongrue », demande Dupond ? Dupont dirait même plus : « bébête » et « saugrenue ». « Pas très sérieux », confirme le chef du service économique de TF1 François-Xavier Pietri, qui s'emporte : « En 2021, la dette, ça va représenter 122 % du PIB. [...] J'ai fait le calcul, ça fait 39 000 euros pratiquement par Français, y compris les bébés ! » (LCI, 15/02/21). Tonalité identique sur France Inter, où Dominique Seux sonnait l'alarme : « [L'annulation] ira probablement de pair avec une crise politique tellement énorme que l'euro a peu de chances d'y survivre » (05/02/21). Sur BFM-TV, un démocrate s'étonne même que cette discussion « lunaire » ait lieu à l'Assemblée nationale. Nicolas Doze : « Le titre du débat m'a fasciné ! C'était "Dette publique : la payer ou l'annuler" ! [...] Aucun parlement au monde ne s'est posé la question dans ces termes-là » (23/03/21). La preuve par trois : aucun partisan de l'annulation n'est invité, ce qui est une manière plus insidieuse de faire en sorte que le débat... n'existe pas. Le 10 février, au « 20h » de France 2, dans le sujet « Que faire pour le remboursement de la dette Covid ? », le non-remboursement, partiel ou total, n'est même pas une option. Tout juste apprend-on, dans les dernières secondes, que « certains plaident pour la suppression d'une partie de la dette Covid ». Plaideurs que nous n'entendrons pas. À défaut, la journaliste économique Alexandra Bensaid signe le rappel à l'ordre en plateau : « Laisser filer la dette indéfiniment, ça nuit aux jeunes, ça contrarie nos voisins allemands, et ça nous fragilise, peut-être pas aujourd'hui, ni demain, mais après-demain. » D'où le catéchisme économique, prêché sans trêve ni repos par les médias, aujourd'hui comme hier, demain et après-demain.

Le grand patronat : rédacteur en chef du PAF

Le 4 novembre 2021, BFM Business se lance dans la campagne présidentielle avec l'émission « Faire réussir la France » en coproduction avec... le Medef. Ni la chaîne ni le syndicat patronal n'en font mystère : le dispositif où petits et grands chefs d'entreprises se mêlent aux journalistes pour interroger des élus est jugé normal et en dit long sur la quasi-fusion du service « Économie » de ce groupe médiatique avec le patronat. S'il fallait le préciser, un dispositif équivalent avec la CGT n'a jamais vu le jour ! Caricatural sur BFM-TV, ce mélange des genres n'en reste pas moins ordinaire dans les médias privés et publics.

Ainsi, chaque année, Radio France est-il le partenaire des « Rencontres économiques d'Aix-en-Provence », qui se tiennent sous le patronage du Cercle des économistes[1] et reçoivent le concours de grandes banques, sociétés de conseil et multinationales (énergie, transports, luxe, automobile, etc.). Haut lieu de l'économie libérale rassemblant le gratin des intellectuels et dirigeants du capitalisme, ces rencontres sont aussi un Davos journalistique. RTL, France Inter, France Info, *L'Express*, *L'Obs*, *La Croix*, France 2, BFM-TV, TF1... : nombre de rédactions y dépêchent la fine fleur du journalisme, qui anime des débats et réseaute à mesure qu'elle piétine la déontologie.

Session 2018, 8 juillet, Léa Salamé : « Je suis très heureuse, très honorée de modérer cette session finale pour mon baptême de feu à ces Rencontres. [...] Et pour tenter de répondre à cette question difficile, "Quelles métamorphoses pour la

1. *Think tank* libéral, le Cercle des économistes réunit économistes et universitaires très proches d'Emmanuel Macron – dont Jean Pisani-Ferry, qui fut l'un des inspirateurs de son programme économique en 2017.

France ?", le Cercle des économistes a sélectionné un panel de qualité que je vous présente tout de suite. Qui mieux que le ministre de l'Économie et des Finances pourrait incarner les métamorphoses françaises ? Il vient de présenter son projet de loi emblématique, la loi Pacte, qui vise à transformer les entreprises et à simplifier leur quotidien. » Tout est à l'avenant : ragaillardi par un pilonnage des cheminots en grève en février sur LCI, David Pujadas prend en charge une table ronde consacrée aux « mutations du dialogue social de demain » en compagnie de la ministre du Travail de l'époque, Muriel Pénicaud. Alors directeur de France Info, Vincent Giret s'attaque quant à lui à l'extrême pauvreté aux côtés de trois invités « passionnants », tous issus... du milieu financier. Il va sans dire que cette allégorie de l'indépendance journalistique se prolonge dans la couverture que les médias réservent à l'événement : de contenus sponsorisés en articles promotionnels, l'information se change partout (avant et après) en dépliants publicitaires[26]. Deux ans plus tard, la mascarade prend de l'ampleur. Fin avril 2020, la direction de Radio France présentait en effet à son conseil d'administration un projet de partenariat avec le Cercle des économistes sous la forme d'une association commune. Déjà signé, le protocole d'accord était ratifié par Jean-Hervé Lorenzi, président du Cercle et la PDG de Radio France, Sibyle Veil[27]. Face au tollé, notamment porté par la section CGT de Radio France, le projet fut abandonné. Reste que, du 3 au 5 juillet 2020, le grand raout du Cercle des économistes s'est bel et bien tenu à la Maison de la Radio, où 117 représentants du secteur privé, pour dix représentants de syndicats de salariés, ont débattu de l'orientation des politiques économiques[28].

L'événementiel et les partenariats étant à la mode dans le groupe public, la direction de France Info organise, chaque année depuis 2013, l'événement « C'est mon boulot. Des clés pour réussir ». Ce cycle de conférences propose (en langue de bois) d'« accompagner les publics dans les grandes mutations du monde du travail », c'est-à-dire (en clair) d'offrir des tribunes aux grands patrons et au gouvernement. « Venez rencontrer des DRH, entrepreneurs, PDG et salariés de grandes entreprises et d'acteurs du secteur comme Pôle Emploi, La Poste, Orange, BlaBlaCar... pour mieux comprendre les évolutions du marché du travail ! », s'emballait France Info lors de l'édition d'avril 2018, dont furent de fait exclus syndicats de salariés et salariés « lambda ». Une « opération de diversification » parmi d'autres : une semaine plus tard, les locaux de Radio France, reconvertie en canal de communication d'intérêts privés, abritaient déjà « La journée de la femme digitale » avec Microsoft, Orange, La French Tech, La Redoute ; la PDG de la Française des jeux en guise de « marraine » et, à titre d'« invités d'honneur »... les secrétaires d'État Marlène Schiappa et Mounir Mahjoubi.

Service public : les patrons comme à la maison

En 2018, nous recensions les intervenants de deux émissions économiques de France Info et parvenions à une seule conclusion : à en croire la rédaction, les « personnalités du monde de l'entreprise » à même de pouvoir « exprimer une vision économique » et « apporter un regard sur l'information économique » sont très majoritairement… ses dirigeants[29].

Sur 75 interviews de « L'Éco », on dénombre 41 invitations de chefs et cadres d'entreprises, représentants patronaux et acteurs du monde de la finance, pour seulement trois dirigeants syndicaux.

Du côté de « L'interview éco », le ratio est encore plus important : 38 pour 3, sur 47 émissions.

Toujours en 2018, près de la moitié des interviews de l'émission « On n'arrête pas l'éco » (France Inter) furent accordées à des dirigeants d'entreprise, avec un certain faible pour les plus grosses d'entre elles : Facebook, Manpower, Bouygues Telecom, Google France, ou encore la RATP, La Poste, etc.[30]. Les acteurs institutionnels (FMI, Commission européenne, Banque de France, Autorité des marchés financiers, Banque publique d'investissement) représentaient près d'un tiers des invités, auxquels s'ajoutaient trois (actuels ou ex-) ministres (Gérald Darmanin, Julien Denormandie et Arnaud Montebourg). En une année, seuls trois syndicalistes (dont un représentant de la CGC…) et un représentant d'ONG (WWF) ont été conviés. Si des voix alternatives sont présentes dans l'émission, elles sont mises en débat ou s'expriment quelques minutes dans le cadre de reportages. La parole patronale, elle, est recueillie en studio par la présentatrice, sans guère de contradiction.

Une telle proximité avec le (grand) patronat ne peut qu'imprégner le traitement médiatique ordinaire de l'économie. Si les apparitions des plus grands PDG sont relativement rares, elles sont extrêmement prisées par les chefferies éditoriales, qui rivalisent alors de unes clinquantes ou d'interviews plus complaisantes les unes que les autres. « La mentalité depuis quelques années est un peu antientreprise », se lamentait Bernard Arnault auprès de Léa Salamé en 2016[31]. La preuve de cette hostilité médiatique latente en images et dans le texte :

> **Léa Salamé au PDG de LVMH, Bernard Arnault** : On vous a vu au concert de Kanye West ! Donc vous ne mentez pas devant les caméras en disant : « J'aime la musique de Kanye West » ? […] Et Kim Kardashian ? C'est votre style de femme ? (France 2, 30/11/16)
>
> **Jean-Paul Chapel à Frédéric Duval, DG d'Amazon France** : « Un autre monde », Téléphone. C'est la chanson que vous avez choisie. On se quitte en chanson, merci beaucoup d'avoir été avec nous. (France Info, 26/09/17)
>
> **Hedwige Chevrillon au PDG de Total, Patrick Pouyanné** : Ici à Davos, on vous a décerné une sorte de prix : vous faites partie d'un classement où l'on voit que Total est devenue une entreprise responsable. […] Ça va être une année formidable 2018 ?

Vous allez encore sortir des résultats hors du commun ? (BFM Business, 23/01/19)

Les Échos **au PDG d'Apple, Tim Cook** : Selon vous, quel est l'avenir de la France ? La *french food* ? La *french tech* ? Ou les deux ? (03/10/19)

Léa Salamé au DG de Bouygues, Olivier Roussat : Jean-Pierre Pernaut, il va vous manquer ? Mais comme téléspectateur, il va vous manquer ? (France Inter, 16/12/20)

Yann Barthès au PDG d'EDF, Jean-Bernard Lévy : L'électricité, c'est quoi ? Si vous voulez dessiner, j'ai des feuilles et un stylo. (TMC, 18 janvier 2021)

Anne-Élisabeth Lemoine au PDG de Danone, Emmanuel Faber : Comment est-ce qu'elle vous touche personnellement, cette crise ? Non pas tant chez le patron de Danone, mais chez l'homme ? (France 5, 01/04/21)

Yann Barthès au DG de Renault, Luca de Meo : Pourquoi vous aimez diriger des boîtes de bagnoles ? Ça a commencé à quel âge les voitures ? (TMC, 02/02/21)

Nicolas Demorand à François Pinault : Quand vous vous retournez sur le chemin parcouru depuis la cour de votre grand-mère, après la collection que vous avez réunie, après l'empire que vous avez construit, après votre vie d'industriel, vous vous dites quoi ? (France Inter, 18/05/21)

D'un intérêt informatif quasi systématiquement nul, ces interviews et portraits témoignent surtout d'une convergence de visions et d'intérêts entre les élites journalistique et patronale, ainsi que de la

CES PATRONS QUI NOUS INSPIRENT

grande déférence des premières envers les secondes, érigées en véritables *stars-people.*

Un bel exemple : fin 2019, le PDG Carlos Ghosn est inculpé pour détournement des fonds de l'entreprise Renaud-Nissan-Mitsubishi et s'évade clandestinement du Japon. La couverture médiatique de cette péripétie insignifiante, qui devrait à peine constituer une information, va pourtant être exceptionnelle par son ampleur, dégoulinante de sensationnalisme et de complaisance[32]. Un « feuilleton » que les médias alimentent pendant des semaines voire des mois – reléguant le scandale politico-économique au second plan, quand il n'est pas superbement ignoré – en usant de toutes les ficelles de la théâtralisation médiatique : « Une évasion rocambolesque » titre France Info le 5 janvier 2020 avant de s'auto plagier deux semaines plus tard : « Les coulisses d'une fuite rocambolesque » ; le lendemain : « Surveillance, malle, complices... La fuite rocambolesque de Carlos Ghosn se précise », s'emballe *L'Express* ; le 31 janvier : « EXCLUSIF – Carlos Ghosn : le récit d'une évasion rocambolesque » s'enflamme *Les Échos.* De leur côté, France 2 et RTL s'interrogent sur le temps qu'aurait passé Carlos Ghosn caché dans la désormais fameuse malle... Le landerneau médiatique est en ébullition, suspendu aux promesses d'une « conférence de presse » ou, mieux encore, d'un entretien du grand patron. En cinq semaines, plusieurs têtes d'affiche du PAF sont ainsi dépêchées à Beyrouth dans une débauche de moyens dont n'auraient même pas rêvé les

CAHIER CENTRAL

Le Parisien

MERCREDI 1er JANVIER 2020 N° 23431 - 1,60 €

CARLOS GHOSN

LA CAVALE

DE L'EX-PATRON DE RENAULT

Les conditions de l'évasion de Carlos Ghosn ne sont pas encore connues, mais il a forcément bénéficié de complicités. Certains de ses anciens partenaires de Renault-Nissan redoutent ses déclarations. PAGES 2 ET 3

Le Parisien DIMANCHE

FRANCE-IRLANDE

LES BLEUS EN ROUTE VERS LE GRAND CHELEM !

« Convoi de la liberté » Des heurts sur les Champs-Élysées PAGE 6

Ukraine Le monde redoute une attaque imminente PAGE 7

Les confidences explosives de Carlos Ghosn

Son évasion, sa fortune, le gouvernement français, l'avenir de Renault...

PAGES 2 À 4

PENDANT QU'EN FRANCE DES SALARIÉS S'OPPOSENT À LA RÉFORME DES RETRAITES

CAHIER CENTRAL ET P. 12

Le Parisien

MERCREDI 8 JANVIER 2020 N° 23437 - 1,60 €

« Mon mari va faire éclater la vérité »

CAROLE GHOSN

En fuite au Liban, Carlos Ghosn, l'ex-patron de Renault-Nissan, doit tenir une conférence de presse aujourd'hui. Nous avons rencontré sa femme qui soutient que son époux « est victime d'un complot industriel ». PAGES 2 ET 3

CAHIER CENTRAL P. VI ET VII

Le Parisien

LUNDI 20 JUILLET 2020 N° 23602 - 1,60 €

CARLOS GHOSN

« Personne ne m'a jamais dit : M. Ghosn, vous en faites trop ! »

Dans un entretien exclusif réalisé à Beyrouth (Liban), l'ancien patron de Renault-Nissan, qui se sent « lâché » par la France, dit n'avoir jamais rien caché, ni au conseil d'administration ni à l'Etat. PAGES 2 À 4 correspondants locaux quelques mois plus tôt lorsqu'il s'agissait de couvrir les révoltes sociales au Liban.

À France Inter, alors qu'une partie des salariés est en grève contre une suppression annoncée de près de 300 postes, la direction mandate sa super intervieweuse pour bavarder avec le super patron. Et ça en valait la peine. Léa Salamé, Beyrouth, 8 janvier 2020 : « Votre évasion fascine absolument le monde entier. Pour beaucoup d'enfants, vous êtes l'homme qui a voyagé dans la malle. Vous avez vraiment voyagé dans la malle ? [...] La malle, pas la malle ? Allez ! Un petit indice ! Tout le monde rêve de savoir ça[1] ! » Nullement découragé par le « scoop » du service public, François-Xavier Ménage décroche dès le lendemain une nouvelle « exclusivité » pour TF1-LCI. À ne pas confondre avec « le moment de vérité » revendiqué par « Quotidien » le même jour ; et encore moins avec « l'exclusivité » du surlendemain obtenue par France 5. Ni, non plus, avec les « documentaires-événements » dont les chaînes d'information en continu font immédiatement leurs choux gras. Dans cette catégorie, la palme revint à BFM-TV (« Carlos Ghosn, la grande évasion », 21/01/20), dont les meilleurs limiers ont su dénicher en plein cœur de Tokyo l'information décisive :

1. Gravé dans les annales, cet entretien succédait à un interrogatoire infligé la veille au secrétaire général de la CGT par les deux mêmes matinaliers[33].

> LE JOURNALISTE : Il a dîné ici trente-six heures seulement avant son évasion. Un restaurant sans prétention, où Carlos Ghosn avait ses habitudes. Il était le client le plus célèbre de l'établissement.
>
> LE RESTAURATEUR : Il a mangé des brochettes de poulet et une salade. Son plat préféré, ce sont les brochettes de poulet aux poireaux, et celles aux asperges avec du bacon. Si on considère que c'était son dernier dîner au Japon, je suis vraiment très honoré qu'il ait choisi de le prendre dans mon restaurant.

Les hasards de l'actualité sont parfois cruels, ou plutôt révélateurs : pendant que l'ensemble du paysage médiatique se passionnait pour les pérégrinations d'un patron de multinationale accusé de graves malversations, en France, les opposants à la réforme des retraites n'en finissaient pas d'être canonnés par voie d'éditoriaux et d'« interviews ». Sacrifiée, l'information sur les mobilisations des gueux rapporte moins que le petit théâtre des puissants !

« Travailler plus » : un certain sens de l'effort (médiatique)

Sensationnalisme, porosité avec la grande bourgeoisie économique, anémie du pluralisme au profit d'un monopole libéral de la pensée (et des discours) sur l'économie... De quoi expliquer en grande partie la facilité, la régularité et la brutalité avec lesquelles les campagnes patronales se déploient dans les grands médias. Travailler plus, plus vite et plus longtemps. Casser le statut de la fonction publique. Éjecter en masse des fonctionnaires. Réduire les services publics à l'os. C'est en substance la « pédagogie » que matraque à coups de marteau Agnès Verdier-Molinié depuis le milieu des années 2000[34]. Seul et unique visage de l'Ifrap, *think tank* ultralibéral, cette ancienne journaliste formée à *L'Express* sous le patronage de Christophe Barbier est une coqueluche médiatique. Chérie par toute la presse de la droite (*Les Échos*, *Le Point*, *Le Figaro*, *L'Opinion*, *L'Express*, *Challenges*, etc.), elle est également prisée par l'extrême droite : CNews lui a probablement dédié une loge à force d'invitations, et *Valeurs actuelles* – pour qui elle tient chronique – lui a réservé la une à quatre reprises au cours du premier quinquennat d'Emmanuel Macron, octroyant à cette ambassadrice du capital la primeur des préconisations de la rédaction en matière économique et sociale. Disponible à toute heure, fabricante à la chaîne d'essais interchangeables, bardée de propositions automatiques « choc » et de recommandations désincarnées, Agnès Verdier-Molinié est une cliente idéale.

AGNÈS VERDIER-MOLINIÉ
LA FRANCE PEUT-ELLE TENIR ENCORE LONGTEMPS ?
ÉVITER LA FAILLITE, C'EST MAINTENANT !
ALBIN MICHEL
AGNÈS VERDIER-MOLINIÉ
EN MARCHE VERS L'IMMOBILISME
20 RÉFORMES LANCÉES : OUI MAIS...
8 nouvelles taxes créées en un an ! • Le prélèvement à la source, un projet absurde • Toujours 5,5 millions de fonctionnaires • Des syndicats minoritaires qui bloquent encore • Qui paiera la suppression de taxe d'habitation ? • Où sont les économies ?
...
se posent.
AGNÈS VERDIER-MOLINIÉ
ON VA DANS LE MUR...
360 IMPÔTS ET TAXES
400 000 NORMES ET... 10 500 LOIS
2 MILLIONS DE JOURS DE GRÈVE PAR AN
103 AIDES SOCIALES DIFFÉRENTES
3 500 PAGES DE CODE DU TRAVAIL
618 384 ÉLUS
1 851 PRIMES
36 769 COMMUNES
37 RÉGIMES DE RETRAITE
...
IL FAUT AGIR D'URGENCE
ALBIN MICHEL
LE FIGARO magazine
NORMES, IMPÔTS, FONCTIONNAIRES...
LA FRANCE ÉTOUFFE
LE LIVRE RÉQUISITOIRE D'AGNÈS VERDIER-MOLINIÉ
CE QUE PROPOSE LA DROITE
MOLINIÉ
CE QUE DOIT FAIRE LE (PROCHAIN) PRÉSIDENT
LA METHODE, LE CALENDRIER, LES MESURES...
ALBIN MICHEL

VALEURS
valeursactuelles.com
MOINS D'IMPÔTS, MOINS DE DÉPENSES
Le traitement de choc
Les SOS d'Agnès Verdier-Molinié pour en finir avec le gaspillage de l'argent public
L 15667 - 4284 - F: 4,90 €

VALEURS
La faillite Macron
Endettement, déclassement, promesses non tenues :
Agnès Verdier-Molinié passe au crible le bilan d'Emmanuel Macron

VALEURS
valeursactuelles.com
Macron L'heure des comptes
Envol du déficit, réforme des retraites enlisée, risques de crise
le verdict exclusif et sans appel d'Agnès Verdier-Molinié

VALEURS
Dette, déficits, "quoi qu'il en coûte"...
Les vrais chiffres du déclin français
Le plan de redressement d'Agnès Verdier-Molinié
Son défi lancé à Pécresse, Zemmour, Le Pen...

Agnès Verdier-Molinié
contre l'hôpital public

Elle aime les médias autant que les médias l'aiment : la lobbyiste revendique 4 541 interventions médiatiques entre 2009 et 2020 ! Une vraie fierté : « Avec en moyenne plus d'un passage par jour dans les médias, la fondation Ifrap est la plus sollicitée de tous les *think tanks* par la presse économique, mais aussi par les radios et les télévisions », clame-t-elle sur son site.

Inspirés, ces médias lui ont notamment déroulé le tapis rouge pour évoquer l'hôpital public et ses personnels, éreintés par plusieurs décennies d'attaques libérales. En 2015, sur un plateau de BFM-TV, après avoir affirmé que « les RTT et les 35 heures ont désorganisé l'hôpital public », Agnès Verdier-Molinié riait au visage de Rose-May Rousseau, secrétaire générale CGT à l'AP-HP, lorsque celle-ci tentait de terminer un propos pourtant… prophétique : « Je voudrais ajouter que les professionnels sont en première ligne lors des grandes épidémies. »

En 2016 sur RTL, Agnès Verdier-Molinié implorait de s'attaquer au statut de la fonction publique et à l'autonomie de l'hôpital public. En 2017 sur France 5, elle martelait que ce dernier était en sureffectif. En 2018 sur BFM-TV, elle suppliait de « baisser le coût de la masse salariale publique ». En 2019, de RMC à Radio Classique, elle se lamentait d'une faible « productivité des services publics ». Invitée par LCI pour commenter une grève du personnel soignant la même année, elle interrompait un médecin en plateau pour mieux le tancer : « Pourquoi vous ne dites pas que le statut de la fonction publique hospitalière est responsable d'une grande partie des maux de l'hôpital ?! [...] Ce n'est pas en donnant plus de moyens qu'on va y arriver ! »

Le Covid-19 fait ses ravages, l'hôpital public se meurt... mais rien ne change : en 2021, l'Ifrap comptabilise plus de huit cents « passages médias » dans ses statistiques, la « meilleure » année depuis 2009.

À l'image de la surexposition d'Agnès Verdier-Molinié, il est frappant de constater à quel point l'Institut Montaigne bénéficie d'un statut d'interlocuteur privilégié dans les médias[35]. Le comité directeur de ce lobby patronal étant majoritairement composé de cadres supérieurs, PDG et membres du conseil d'administration de grands groupes industriels et financiers, on comprend bien qu'il soit mobilisé sur la question du travail en pleine crise du Covid-19. Le 6 mai 2020 en effet, alors que l'insécurité – salariale et sanitaire – frappe des millions de travailleurs, l'institut se fend d'une note avançant « neuf propositions pour adapter le temps de travail en contexte de crise » : augmenter le temps de travail et déréguler les 35 heures dans la fonction publique, faciliter et accroître les formations en dehors du temps de travail, supprimer un jour férié ainsi qu'une semaine de vacances à la Toussaint et diminuer le nombre de RTT. Recyclant les vieilles marottes néolibérales, cette note ne brille pas par sa « nouveauté ». Sa publication en pleine pandémie pourrait même apparaître comme la marque d'un opportunisme cynique et obscène… Elle va pourtant littéralement faire événement dans la presse (nationale dans son intégralité, régionale dans une moindre mesure) et devenir un axe éditorial structurant les « actualités » du flux audiovisuel pendant plus de deux jours[36]. Propulsée par une dépêche AFP, elle est traitée par quinze titres en l'espace de cinq heures. Que certains (rares) journaux aient été d'emblée critiques des propositions ne change rien au constat : perçu (et fabriqué) par les rédactions comme un « expert de référence », l'Institut Montaigne n'a qu'à lever le petit doigt pour qu'un cortège de « solutions » rétrogrades s'installe au cœur du débat public.

Ainsi « Travailler plus » fut ce à quoi lecteurs et téléspectateurs ont dû penser. De surcroît, ils furent souvent incités à en penser… du bien : célébrée par les chroniqueurs économiques de RTL à France Inter, la note de l'Institut Montaigne est encensée par les télévisions privées. « Sur le papier, c'est plein de bon sens ce que dit l'Institut Montaigne ! Pardon, mais travailler une journée de plus dans le pays des 35 heures, ça ne me paraît pas anachronique ! Je rappelle que les infirmières allemandes travaillent 40 heures par semaine » (06/05/20). Une saillie signée Éric Brunet et un condensé de la propagande déployée par LCI, BFM-TV, CNews et RMC réunis : en 24 heures, Laurent Bigorgne (soutien historique d'Emmanuel Macron, directeur de l'Institut Montaigne) et son comparse Bertrand Martinot (économiste du lobby patronal, auteur de la note) y ont cumulé pas moins de huit interventions [I]. Les « JT » du service public dispensent insidieusement la même leçon. Présenté comme « une association à but non lucratif » au « 23h » de France Info (06/05/20), l'Institut Montaigne faisait l'objet d'un sujet flatteur le même soir au « 20h » de France 2 : « Déconfinement : faudra-t-il travailler plus ? » Tout est affaire de construction de l'information, de vocabulaire… et de répartition de la parole. Un journaliste débute en voix off sur des images en arrière-plan d'ouvriers au travail : « Voilà à quoi ressemble désormais la vie sur un chantier. Des ouvriers qui se lavent les mains au milieu du béton, et une distanciation sociale organisée avec des échafaudages. Plus de trente minutes perdues [*sic*] chaque jour pour appliquer les mesures sanitaires selon les professionnels. » Les « professionnels » ? Ou les patrons ? France 2 répond, en donnant la parole à Vincent Frayssinet, directeur général de la Fédération française du bâtiment Île-de-France Est : « Ça va avoir un impact sur la durée des chantiers, et le fait de rallonger les chantiers rallonge les frais généraux de l'entreprise, et rallonge les coûts. » La transition est toute trouvée, le journaliste redémarre :

> LE JOURNALISTE : Pour rattraper ce temps perdu, un institut libéral fait une proposition choc. Les salariés pourraient travailler plus sans gagner plus.

I. Laurent Bigorgne a démissionné de l'Institut Montaigne en février 2022 à la suite d'une plainte de sa collaboratrice Sophie Conrad, l'accusant de l'avoir droguée à son insu, faits qu'il a reconnus [37].

Laurent Bigorgne : Il y a eu de la flexibilité sur le chômage partiel, tant mieux ! Il fallait le faire. Il faut maintenant, au moment où l'on revient au travail, partout où on a besoin de travailler plus, qu'on puisse le faire.

Le journaliste : Exemple, des heures supplémentaires payées plus tard, des RTT et jours fériés supprimés, et des vacances de la Toussaint raccourcies.

Emballez, c'est pesé. Pour la forme, le journaliste hétérodoxe Guillaume Duval (*Alternatives économiques*) dispose de douze secondes : non pour avancer des alternatives mais expliquer en quoi « augmenter le temps de travail » est une « mauvaise idée ». Puis il cède la place à un député LREM. Au début du sujet, un ouvrier était questionné, mais uniquement sur le dispositif logistique. Sur France 2 comme ailleurs, l'ordre social est bien gardé, et chacun y est parfaitement à sa place : l'ouvrier indique le nombre d'échafaudages, le patron tonne contre un amoindrissement de la rentabilité, l'expert libéral le seconde en dessinant les (seules) perspectives économiques (légitimes) à venir, et le gouvernement lui emboîte le pas.

Les grandes rédactions ne font pas seulement preuve d'un appétit insatiable pour les potions néolibérales : elles montrent parallèlement une aversion particulière pour toute doctrine économique alternative. En mai 2020, seulement deux jours avant la parution de la note de l'Institut Montaigne, Attac publiait un rapport tout aussi didactique, exposant « six mesures de justice fiscale face à la crise du Coronavirus » : « Prélever une contribution exceptionnelle sur le patrimoine des 1 % les plus riches ; [...] rétablir et rénover l'ISF ; [...] rétablir la progressivité de l'imposition des revenus financiers ; [...] supprimer les niches fiscales inutiles et les exonérations antiécologiques ; [...] instaurer la taxation unitaire des multinationales pour lutter contre l'évasion fiscale ; [...] taxer l'ensemble des transactions financières. » Entre les deux rapports, le fond différait. Le traitement médiatique aussi. Seuls deux médias ont rendu compte de celui d'Attac (Reporterre et *L'Humanité*).

Rebelote deux semaines plus tard lorsqu'un « plan de sortie de crise » est mis sur la table par dix-neuf organisations associatives et syndicales à l'initiative de la CGT, d'Attac et de Greenpeace. Représentant pourtant une part significative du mouvement social, ce collectif – et son travail – a bénéficié d'une médiatisation au rabais comparée à celle de l'Institut Montaigne, en particulier du côté des médias audiovisuels [38]. Une asymétrie arbitraire que les chefferies éditoriales justifient systématiquement par le slogan « les thématiques de gauche n'impriment pas », mais qui révèle plutôt leur exercice à sens unique de deux pouvoirs médiatiques fondamentaux : le pouvoir d'agenda et le pouvoir de consécration.

Mise en musique par la droite et la gauche de gouvernement, endossée par l'extrême droite, la vision patronale du travail imprègne les productions médiatiques ordinaires. En 2019, lorsque des travailleurs de la SNCF font valoir leur droit de retrait pour alerter sur l'absence d'agents en renfort des conducteurs à la suite d'un accident grave de TER dans les Ardennes (18 et 20/10/09), les rédactions des « 13h » et « 20h » de France 2 ne se contentent pas de centrer leurs couvertures sur « la galère » et les « perturbations »[39]. Elles privilégient en outre la communication de la direction de la SNCF et du gouvernement, dénonçant à l'unisson une « grève surprise » dans le but de délégitimer l'action des cheminots. La formule a beau être immédiatement contestée par les syndicats – à raison selon les termes du Code du travail –, France 2 persiste à l'utiliser : « À la une ce soir, nous ferons le point sur la grève surprise lancée ce matin à la SNCF. D'importantes perturbations du trafic en ce premier week-end de départ en vacances » (Laurent Delahousse, 18/10/19).

Le parti pris est systématique et acharné. Dès les prémices de l'épidémie de Covid-19, l'antenne d'Europe 1 se met à pointer du doigt les salariés inquiets des risques de contamination sur leurs lieux de travail[40] : « Il y a sûrement des arrière-pensées, des motifs cachés, des abus, des hypocondriaques du droit de retrait. Ceux-là portent une responsabilité particulière, celle de provoquer une autre contagion : une multiplication des arrêts de travail » (Nicolas Beytout, 04/03/20). L'éditocrate ose même administrer une leçon de « civisme » aux travailleurs forcés à mettre leurs vies (et celles des autres) en danger : « Car le civisme, c'est ça aussi : ne pas profiter d'une situation générale de crise pour en tirer un avantage particulier. » Deux semaines plus tard, sur la même station, Nicolas Barré poursuit sur le même registre : « Le syndicat Sud PTT, jamais en retard d'une revendication, est monté au créneau. Ce qui pourrait finir par poser des problèmes pour assurer la continuité du service public. [...] Des usines vont s'arrêter faute de salariés pour les faire tourner. Alors qu'elles ont des clients. C'est un comble ! » (18/03/20). L'indécence et le mépris de classe en guise de ligne éditoriale.

En septembre 2015, sur France 2, David Pujadas lâchait un Code du travail sur le bureau du « 20h » avec ce commentaire subtil : « Est-ce que [la réforme] va alléger ceci : notre fameux Code du travail, si lourd, avec ses près d'un kilo et demi ? » Un stéréotype éculé qui mimait à l'époque la une du *Figaro Magazine*, plagiait plusieurs décennies d'indignations « journalistiques » à sens unique et anticipait la violence que les médias infligeraient par la suite aux opposants aux réformes du Code du travail (2016-2017), de la SNCF (2018) ou des retraites (2019). Cet acharnement à contester et à exiger que soient rognées sans fin les conquêtes du mouvement ouvrier a un pendant : la gratitude envers les puissants. « Un pays pauvre est d'abord un pays qui n'a plus de riches », synthétisait Nicolas Doze aux débuts du mouvement des Gilets jaunes (BFM-TV, 05/12/18). Un an plus tard, Roselyne Bachelot (alors éditorialiste sur LCI) tançait le syndicaliste CGT Jean-Pierre Mercier pendant le mouvement social de 2019 : « Vous connaissez le proverbe chinois : quand les riches maigrissent, les pauvres meurent » (06/12/19). Louer les mérites

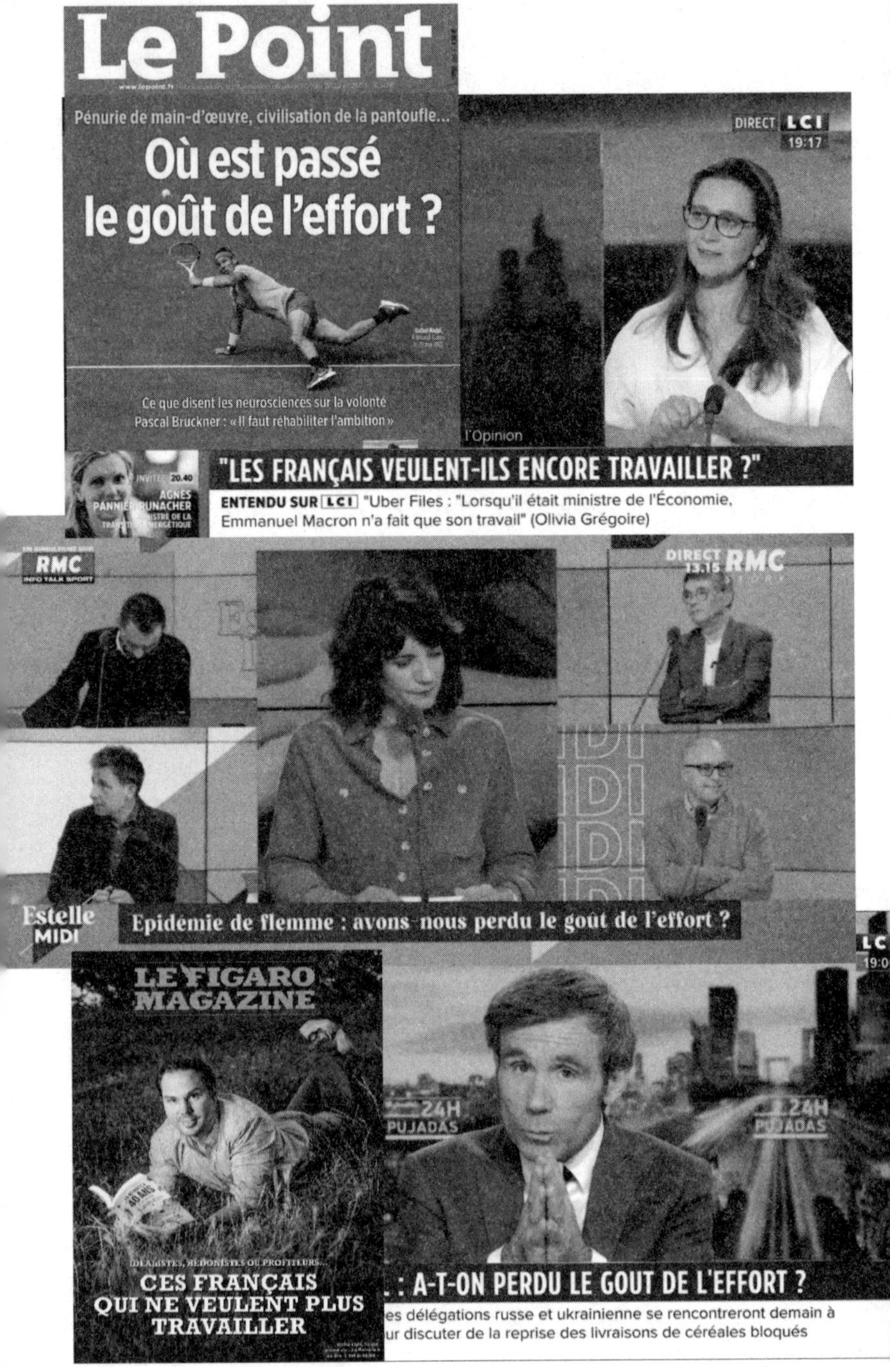
Le Point
www.lepoint.fr
Pénurie de main-d'œuvre, civilisation de la pantoufle…
Où est passé le goût de l'effort ?
Ce que disent les neurosciences sur la volonté
Pascal Bruckner : « Il faut réhabiliter l'ambition »
DIRECT LCI 19:17
l'Opinion
INVITÉE 20.40
AGNÈS PANNIER-RUNACHER
"LES FRANÇAIS VEULENT-ILS ENCORE TRAVAILLER ?"
ENTENDU SUR LCI "Uber Files : "Lorsqu'il était ministre de l'Économie, Emmanuel Macron n'a fait que son travail" (Olivia Grégoire)
RMC INFO TALK SPORT
DIRECT 13.15 RMC
Estelle MIDI
Epidemie de flemme : avons-nous perdu le goût de l'effort ?
LE FIGARO MAGAZINE
IDÉALISTES, HÉDONISTES OU PROFITEURS…
CES FRANÇAIS QUI NE VEULENT PLUS TRAVAILLER
24H PUJADAS
: A-T-ON PERDU LE GOUT DE L'EFFORT ?
es délégations russe et ukrainienne se rencontreront demain à
ur discuter de la reprise des livraisons de céréales bloqués

des nantis, confondre leurs intérêts avec ceux du plus grand nombre, fustiger les droits acquis et les revendications des travailleurs : autant de réflexes pavloviens chez nombre de vedettes du journalisme, ne sachant finalement rien faire d'autre que régurgiter l'idéologie dominante, naturaliser l'ordre social et justifier ses hiérarchies.

Une partition journalistique qui se décline à l'infini en fonction des exigences de l'actualité. Au choix : le couplet estival sur les « pénuries » de salariés (qui ne veulent plus travailler), la rengaine reprise en toute saison sur les cheminots et les fonctionnaires (ces privilégiés), la cantate du « sens de l'effort » (irrémédiablement perdu en France), ou encore le concerto contre les chômeurs (éternels fainéants, profiteurs de l'assistanat). Dans le genre, *Le Point* fait figure d'avant-garde, avec ses unes à répétition fustigeant « ces Français qui n'ont plus envie de travailler », « la France des tire-au-flanc », des « enfants gâtés », des « fainéants », des « paresseux », ou encore « le sport national qui plombe notre économie : la fraude sociale ». Rappelons qu'en 2021 l'hebdomadaire de François Pinault, septième fortune de France, touchait 1,2 million d'euros d'aides publiques à la presse[41].

M6 : comment « divertir »
en humiliant de jeunes chômeurs

En février 2019, M6 diffusait le premier épisode de l'émission « Le sens de l'effort », produite par

Studio 89 Productions[42]. Le concept: vingt-deux jeunes au chômage ou en situation de « décrochage scolaire » participent à un stage sous la houlette d'un ancien militaire instructeur dans les commandos marine. Sous couvert d'analyser un « problème social », M6 endosse le costume des dames patronnesses du XIXe siècle: condescendance, paternalisme et mépris social.

Tout au long de l'émission, la rédaction déploie des cohortes de jugements aussi dévalorisants que peu étayés sur ces jeunes « totalement oisifs », « habitués à ne plus faire le moindre effort », qui ne « sont nulle part », « ne font plus rien de leur vie » et « baissent les bras facilement ».

« Quand on veut, on peut. » Répété plusieurs fois, le proverbe est le mantra de l'émission, dont l'objectif est clair: cibler les défaillances individuelles et imposer un « redressement » à la dure. « Pour ces jeunes qui ont toujours tout abandonné, tenir jusqu'au bout va être difficile », décrète la voix off dès la deuxième minute. « Je suis ici pour dispenser une formation. Mais attention ! Venez pas me chier dans les bottes ! », hurle l'instructeur en réponse. Parcours du combattant, discipline et dépassement de soi: l'ordre militaire est télévisé et le domptage fascine M6. Séquences de soumission et rituels d'humiliation sont mis en scène, rythmés par les brimades du « rééducateur », qualifiées par la chaîne de « langage cru et direct »: « On m'appelle "Patron" ! Partout où je suis, c'est "Patron" ! Efface ton sourire ! C'est pas en glandant toute la journée ou en se levant à 11 heures le matin en n'ayant aucun objectif qu'on peut avancer dans la vie ! » ; « Si vous n'êtes pas prête, [...] vous repartez avec votre mère [...] et vous continuez votre train-train de vie de larve ! »

Fascination ostensible pour les valeurs martiales et virilistes, autoritarisme et méthodes vexatoires érigés en vertus pédagogiques et morales, le tout mis en forme comme n'importe quel programme de « téléréalité » et diffusé à une heure de grande écoute. Aux jeunes qui auraient l'insolence de se rebeller, la voix off rétorque : « Ils ont en commun un problème avec l'autorité, et ce depuis longtemps ». N'est-ce pas plutôt M6 qui aurait besoin d'être sérieusement rappelée à l'ordre ?

« Au fond, résumait le journaliste indépendant Julien Brygo au micro d'Acrimed, ce qui intéresse les journalistes, c'est ce vers quoi ils sont poussés à écrire : valoriser le travail et valoriser une société dans laquelle il faut accepter la subordination inconditionnelle du salarié vis-à-vis du patron. Le travail des journalistes permet de normaliser tout ça. Il y a bien sûr des "périodes de parenthèse" : pendant les crises, on va avoir des papiers sur l'exploitation et les méchants patrons, leurs salaires mirobolants. Mais dès le lendemain, on en revient au discours habituel : on ne peut pas faire sans eux. Ce sont des "évidences" qui modèlent l'opinion et fabriquent le consentement. Il s'agit de rendre désirable une société profondément indésirable[43]. »

Médias des riches, pauvreté du journalisme social

« À Madère, la possibilité d'une île pour les télétravailleurs » (*M le Mag*, 26/03/21) ; « La Thaïlande, paradis tropical du travail à distance » (France 24, 05/02/21) ; « L'essor des *digital nomads* avec le Covid : "Quand je fais une pause, je vais sur la plage" » (Europe 1, 13/11/20) ; « Les îles Caïmans proposent un télétravail de rêve mais il faut gagner au moins 85 000 euros par an » (*Le Progrès*, 29/10/20) ; « Télétravailler au bout du monde : pourquoi pas vous ? » (*Les Échos*, 21/07/21) ; « Courchevel, Maurice, la Barbade... Ces paradis qui tentent d'attirer les télétravailleurs » (*Madame Figaro*, 22/01/21) ; « Vous êtes en télétravail et avez toujours rêvé de vivre sur une île paradisiaque ? La Barbade a pensé à vous » (CNews, 22/07/20) ; « Pratique. Quelques conseils pour travailler depuis un paradis sur terre » (*Courrier international*, 03/09/20) ; « Sur la plage abandonnée, coquillages et télétravail » (*L'Express*, 26/02/21) ; etc.

Parues dès le début de la crise sanitaire, ces productions (provocations ?) publicitaires n'étaient – contre toute attente – pas totalement dénuées d'information : à la fois révélatrices du type de lectorat ciblé par les médias en question et significatives quant au milieu social de leurs auteurs, dont l'entourage comptait de toute évidence davantage de *digital nomads* que de télé-opérateurs. À ce début d'année 2020, les charmes (peu) discrets de la petite bourgeoisie confinée ont immédiatement intrigué les rédactions, qui en ont même fait un genre nouveau : les « journaux de confinement ». Exilés en résidence secondaire, cloîtrés dans de vastes appartements parisiens… les médias furent à leur écoute : « Nous sommes confinés. J'écris cette phrase mais elle ne veut rien dire. Il est 6 heures du matin, le jour pointe à peine, le printemps est déjà là. Sur le mur qui me fait face, le camélia a fleuri » (Leïla Slimani, *Le Monde*, 18/03/20). « Nous planquons au garage notre voiture immatriculée à Paris », confie Marie Darrieussecq au *Point* (20/03). « Comme le hamster, nous faisons du surplace », philosophe Raphaël Enthoven dans *L'Express* (23/03). Tout proche des damnés de la terre, *Le Parisien* s'enquiert lui aussi du « programme antistress » de l'actrice Rebecca Hampton : « Nous ne mettons plus le nez dehors… Sauf ce matin, où j'ai dû aller acheter de la salade pour nourrir les escargots que ma fille a adoptés dans le jardin » (24/03/20). Et de *Gala* à *Femme actuelle*, on veille sur Brigitte Macron, qui, « éprouvée par le confinement, […] vit mal au quotidien » (27/03/20) ; le mois suivant, *Paris Match* tient néanmoins à saluer son action en une : « Brigitte Macron confinée et engagée. À l'Élysée, elle se bat pour les hôpitaux » (30/04/20). Journalisme de crise ou crise du journalisme ?

Que les médias se soient spontanément postés au chevet des nantis n'était pas une surprise. De la « météo des neiges » aux publicités du *Figaro* et de France Inter pour les Rolls-Royce en passant par les éditions spéciales envoûtées sur les familles royales, les entretiens flagorneurs avec Bernard Tapie, la réception obséquieuse par France 5 du « très cultivé » fils Sarkozy, les conseils de luxe de la presse pour la Saint-Valentin, les reportages sur les destinations estivales les plus flamboyantes, les rubriques d'optimisation patrimoniale de France Info, ou encore la consternante passion des magazines pour les palmarès (à la une) des meilleurs (et des plus mauvais) hôpitaux, établissements scolaires et lieux de résidence… force est de constater que les médias de grande audience ont un tropisme pour les classes dominantes et leurs préoccupations[44].

À cet égard, le baromètre de l'Arcom, qui analyse la manière dont la société française est représentée dans l'audiovisuel, fait chaque année le même constat. En 2021, tous programmes confondus (fiction, information, documentaire, divertissement, etc.), les catégories socioprofessionnelles supérieures ont représenté 75 % des personnes indexées à la télévision et à la radio alors qu'elles ne constituent que 28 % de la population française ; pis, les cadres, professions libérales et chefs d'entreprise, qui ne pèsent que 10 % de la population, ont été représentés à hauteur de 65 %. Dans les programmes d'information, le déséquilibre est plus flagrant encore puisque les classes dominantes y constituent 90 % des personnes mentionnées ou s'exprimant. Dans ce paysage médiatique, les catégories socioprofessionnelles les plus modestes sont mécaniquement sous-représentées : indexées à hauteur de 10 % dans l'ensemble des programmes, elles représentent pourtant 27 % de la population. Parmi elles, les ouvriers sont particulièrement laissés dans l'ombre, ne comptant que pour 2 % des personnes représentées alors qu'ils constituent 12 % de la population. La défiguration du réel est permanente. D'autres indicateurs permettent, par exemple, de constater que les médias désertent l'outre-mer et les banlieues populaires au profit des centres-villes historiques des grandes métropoles : les habitants des premiers représentent respectivement 3 % et 4 % des personnes indexées, contre 65 % pour les seconds.

La classe ouvrière « invisible ». C'est précisément l'adjectif – et même le nom – qu'accolèrent les grands médias aux travailleurs « en première ligne » pendant la crise sanitaire. « Invisibles » pour qui ? Et à cause de qui ? Les femmes des classes populaires avaient beau constituer le gros des troupes de la « première ligne », elles passèrent sous les radars des rédactions des magazines féminins, tout occupées à dégainer des injonctions à la « productivité » (au travail) et à « l'efficacité » (à la maison) à destination des télétravailleuses[45]. Si des reportages de bonne facture ont vu le jour, sur l'hôpital notamment, les tranches d'information rassemblant le plus grand nombre ont systématiquement ignoré un très large éventail des professions de santé. Dans les matinales radiophoniques, les médecins ont représenté 92 % des invités « santé » aux mois de mars et avril 2020[46]. Au détriment d'autres catégories professionnelles pourtant essentielles à l'hôpital (aides-soignantes, infirmières, agents de nettoyage), d'autres structures de soin (professions libérales du soin et de l'aide à la personne, Ehpad, psychiatrie, etc.), mais également des collectifs syndicaux les plus revendicatifs (inter-urgences et inter-hôpitaux notamment), qui furent totalement absents de ces créneaux au contraire des dirigeants de fédérations privées. Surexposant partout le haut de la hiérarchie médicale hospitalière, les matinales ont ainsi livré une vision particulièrement étriquée du « monde de la santé » et de ses problématiques face à la crise : la focalisation sur l'état des connaissances scientifiques – particulièrement tâtonnantes durant la période étudiée – a totalement recouvert d'autres enjeux, notamment celui des conditions de travail dans l'ensemble des structures de soin. Si la question fut abordée, les premières concernées – au féminin, puisque ce personnel l'est majoritairement – ont vu leurs paroles une nouvelle fois confisquées. Un phénomène que certaines émissions ont d'ailleurs poussé à l'extrême : le 1er mai 2020, l'émission « Grand bien vous fasse » (France Inter) réussissait l'exploit d'invisibiliser les travailleurs du nettoyage dans une émission consacrée à leur... invisibilisation[47].

C'est le quotidien des classes populaires qui disparaît. Rien de moins qu'un pan entier du monde social : habitat, écoles, loisirs, modes de vie, travail, associations, réseaux d'entraide, etc. Leurs vies n'existent pas dans les médias nationaux. Et la presse régionale ne comble que partiellement le vide. À l'image des innombrables grèves ne bénéficiant pas du moindre écho médiatique, de nombreuses réalités illustrant certains des aspects les plus conflictuels et les plus significatifs du monde du travail sont laissées pour compte.

Ce fut le cas, par exemple, de la condamnation définitive du groupe Bouygues, en janvier 2021, pour recours à du travail dissimulé sur le chantier de l'EPR de Flamanville : un article dans Mediapart, un autre dans *Le Canard enchaîné*, trois lignes dans *Ouest-France*[48]. Rien d'autre. Le jugement aurait pourtant justifié une couverture de grande ampleur à de nombreux égards. Ne serait-ce que celui des faits incriminés : une centaine d'accidents du travail non déclarés et l'embauche illégale, entre 2008 et 2012, de 460 travailleurs roumains et polonais, qui, rappelle Mediapart, « ne disposaient d'aucune protection sociale, [...] d'aucun congé payé [...] pour une majorité d'entre eux [... et], pour certains, d'aucun bulletin de paie[49] ». On comprend bien que le portrait d'un PDG du CAC40 et propriétaire de médias usant de méthodes esclavagistes sur un chantier pharaonique pour la construction d'un ouvrage aussi anodin qu'une centrale nucléaire ne correspond guère à la vision irénique du monde du travail que diffusent la plupart des médias.

Les accidents du travail leur sont, du reste, totalement étrangers. Sur le compte Twitter « Silence, des ouvriers meurent », le professeur d'histoire-géographie Matthieu Lépine recense les articles de la presse locale (essentiellement) traitant de cette question. Leur existence n'est pas le gage d'un traitement à la hauteur du sujet : le terme « accident du travail » y est souvent tabou, les reportages sur les familles des blessés ou des défunts inexistants et les enquêtes sur les politiques patronales ou les conditions de travail résiduelles. Ce qui favorise le récit d'un « grand malheur sans cause ». Ou, suivant la formule journalistique traditionnelle : « Un ouvrier est mort. »

La fait-diversion est permanente. Et la situation des médias nationaux pire encore. Dans un entretien à Acrimed, Matthieu Lépine observe que les accidents du travail n'y « sont pas pris au sérieux. Le fait qu'on s'intéresse à eux ne se justifie que parce qu'ils vont venir illustrer ou se greffer à une autre actualité », occupant, quant à elle, le premier plan de l'agenda[50]. Tout juste offrent-ils la matière d'un marronnier lors de la parution annuelle du rapport de l'Assurance maladie. « Il faudrait pourtant pouvoir considérer [les accidents du travail] comme un fait social, revendique Matthieu Lépine, dans la mesure où ça arrive tous les jours, partout en France, dans tous les corps de métier : selon les chiffres "officiels" dont on dispose, on parle de [...] 650 000 victimes reconnues, 600 morts, voire bien au-delà des 1 000 morts si l'on ajoute les suicides liés au travail, les maladies professionnelles, etc. Je ne trouve pas que ce soit un petit sujet ni qu'il mérite d'être traité une fois par an. » Si *L'Humanité* et de nombreux médias indépendants rehaussent le niveau en ce domaine, leurs enquêtes ne circulent que marginalement dans le paysage mainstream : en janvier 2021, par exemple, le dossier de *L'Humanité* faisant état de plus de mille accidents du travail par an chez Amazon France Logistique (soit plus de trois par jour) n'a fait nulle part l'effet d'une bombe[51]. « Le sujet n'est pas vendeur » et « Il n'y a pas d'actualité sur le sujet » font partie des justifications avancées auprès de Matthieu Lépine par les journalistes – ou par les rédactions en chef auprès de ces derniers. Et pourtant, s'indigne-t-il, « tous les jours, quelqu'un est mutilé par une machine. Tous les jours, quelqu'un meurt au travail. "L'actualité", il faut être aveugle pour ne pas la voir. »

Le journalisme social est de fait une espèce en voie de disparition. La sociologie des journalistes – profession structurée, malgré de fortes disparités internes, par « une tendance forte à l'embourgeoisement, [...] en particulier dans ses franges dominantes ou intermédiaires »[52] – est un facteur à même d'expliquer le désintérêt, la méconnaissance voire le mépris des professionnels des médias (et notamment des chefferies éditoriales) vis-à-vis des classes populaires et des métiers qu'elles exercent, relégués au bas de l'échelle sociale. L'évolution spécifique du profil professionnel des journalistes sociaux en est un autre. Dans l'étude qu'elle leur consacre, la politiste Sandrine Lévêque montre comment, au début du XXe siècle, l'engagement militant (politique et syndical) était un principe intrinsèquement lié à leur légitimation en tant que groupe professionnel[53]. Puis, à mesure que « militantisme » et « référence au monde ouvrier » apparurent comme une « ressource dévaluée » et en écho aux « profonds changements » que connut la profession – notamment l'arrivée de professionnels « dotés d'un capital scolaire plus important que celui de leurs prédécesseurs » –, ce profil revendiqué s'est dilué au début des années 1970 au profit d'un autre, plus « technicien », jusqu'à être « remis en cause et même dénoncé ». Un processus qui s'achèvera dans les décennies 1980 et 1990. Dans les médias, avance encore Julien Brygo auprès d'Acrimed, « beaucoup de choses ont commencé à flancher quand l'économie et le social ont été dissociés, quand l'économie a pris le pas sur le social, en étant traitée de manière déconnectée, comme si ces deux champs étaient imperméables. C'est l'héritage de l'époque où l'on disait : “Il n'y a plus de classe sociale[54].” » Un ancien président de l'Ajis (Association des journalistes de l'information sociale) et rédacteur « social » dans un quotidien économique témoignait ainsi dans l'enquête de Sandrine Lévêque : « On a beaucoup travaillé [dans les années 1980] pour ouvrir les journalistes sociaux à l'économie. [...] On était tous formés à ça, parce qu'on venait de l'économie, de sciences po ou des facs de droit. [...] Alors on a essayé de faire comprendre aux journalistes sociaux qu'il fallait traiter les problèmes sociaux autrement qu'en termes de rapport de forces syndicat/patronat. Donc il fallait prendre en compte de nouvelles notions, la rentabilité, la productivité, etc. Ils l'ont très bien compris, tellement bien que le résultat a été que les journalistes sociaux ou dits sociaux ont très vite dérapé et n'ont plus traité que le caractère économique des conflits[55]. » Un recadrage de l'information sociale allant de pair avec la financiarisation des médias eux-mêmes, dans lesquels tout concourt à la sape du travail d'enquête et d'investigation.

Une tendance qui, de toute évidence, n'a pas fini de faire des dégâts. En décembre 2020, le syndicat Sud AFP alertait sur le projet de démantèlement pur et simple du service d'informations sociales de l'AFP, soit la plus grande agence de presse française[56]. « Il s'agit de saupoudrer les huit nouveaux "pôles thématiques" de la rédaction d'une vague référence à la "vie sociale" des secteurs concernés, par petites touches et de manière éclatée. À titre d'exemple, les actualités sociales d'entreprises aussi importantes qu'Air France, Peugeot-Citroën ou la SNCF seront en théorie couvertes par le pôle "Planète" », résumait le syndicat.

En 2022, le service fut finalement dilué dans une entité « Société et social ». L'opération se faisait sur des ruines : en 2021, le pôle d'informations sociales n'était plus composé que de quinze journalistes, couvrant des thématiques aussi anecdotiques que la vie des confédérations syndicales, l'emploi, les actualités du ministère du Travail, le système social et les « réformes » qui lui sont liées (assurance chômage, retraites, fonction publique, etc.), ainsi que de multiples secteurs d'activité allant de l'hôpital aux banques en passant par les télécoms, l'industrie, l'hôtellerie, les transports (aériens, ferroviaires, interurbains, etc.). Ainsi subordonnée, l'information sociale ne peut être qu'une variable d'ajustement. « C'est une évidence qu'il convient de rappeler, poursuivait le syndicat Sud AFP dans son communiqué. À l'annonce d'un "plan social" [par exemple], il est plus facile de faire parler le porte-parole d'une entreprise, dont c'est le métier et pour lequel il est formé. » En d'autres termes, la précarisation des journalistes favorise leur dépendance aux sources « institutionnelles », patronales et gouvernementales, et l'enquête, en tant que pratique coûteuse et chronophage, est réduite à peau de chagrin.

« L'enquête sociale, ce n'est pas seulement d'aller faire des micros-trottoirs dans les manifs, tempête Julien Brygo. Les médias font ça très bien en général : montrer le désarroi des victimes, ça, ils adorent. "Est-ce que vous êtes triste d'avoir perdu votre travail ?" "Est-ce que vous êtes triste d'être en *burn-out* ?" "Qu'est-ce que ça vous fait d'avoir perdu votre maison ?" On ne peut pas se contenter de ça. L'enquête sociale, c'est essayer de relier les dominants et les dominés, essayer de tisser un lien, parce qu'il y a un lien direct. Si les riches sont plus riches, c'est parce que les pauvres sont plus pauvres. La part de valeur ajoutée qui va aux salaires a diminué de 10 à 15 points tandis que la part de valeur ajoutée qui va aux actionnaires a augmenté de 10 à 15 points. C'est mathématique. »

Dans la presse, certains îlots parviennent encore à tirer leur épingle du jeu. Mais peut-on se satisfaire de quelques oasis dans le désert ? Notamment dans l'audiovisuel, où le reportage et l'enquête sociale finissent toujours par disparaître des grilles traditionnelles. Sur France Inter, l'émission « Comme un bruit qui court », qui avait succédé à « Là-bas si j'y suis » – enterrée par Laurence Bloch en 2014 –, a été à son tour éjectée de l'antenne en 2019 par la même directrice, et ce malgré de bons chiffres d'audience[I]. La direction invoquait alors la nécessité de « renouveler l'antenne » avant de se trahir pour de bon : l'émission était « trop militante »[57]. « Quand les ouvriers s'expriment, c'est trop militant. Mais quand les patrons parlent, on appelle ça de l'économie », résumait la réalisatrice Jocelyne Lemaire-Darnaud après que son documentaire sur des ouvriers de Michelin, *Paroles de Bibs* (2001), a été refusé par Canal+, le CNC, la Scam et Arte sous le même prétexte[58].

Les petits chefs médiatiques mènent la danse avec d'autant plus d'entrain que la résistance collective s'amenuise dans des rédactions éclatées et comptant un taux de syndicalisation extrêmement faible[59]. Au cours du dernier quinquennat, une grève historique à Europe 1 fut brisée par Bolloré. Mais la violence a cours partout. À l'été 2019, les salariés de Radio France affrontaient le « plan stratégique » de Sibyle Veil, prévoyant des économies chiffrées à 60 millions d'euros[60]. Entre 2012 et 2020, 1 469 équivalents temps plein furent supprimés à France Télévisions. À France Bleu, la précarité structurelle (et organisée) est alarmante, faisant l'objet de dénonciations incessantes de la part des travailleurs et des syndicats, dont la grève en avril 2022 n'eut guère plus de répercussions que les multiples

I. En 2019, les deux animateurs, Antoine Chao et Charlotte Perry, se sont vu gracieusement confier deux émissions, respectivement « C'est bientôt demain » (quinze minutes le dimanche à 14 h 40) et « Des vies françaises » (dix minutes le samedi à 6 heures 11). Vous avez dit déclassement ?

signaux de détresse (re)mis en lumière par une expertise « risques graves », présentée à la direction de Radio France début décembre 2021[61]. À France Culture encore, des professionnels prirent la parole auprès de *Libération* en septembre 2022 pour dénoncer un « système de violence et de soumission » instauré par leur directrice, Sandrine Treiner[62]. Dans ce paysage capitalistique ultraconcentré, financiarisé et si durement hiérarchisé, les conditions d'un véritable journalisme d'enquête sont sapées. Le cercle est vicieux car vicié.

Gilets jaunes : court portrait d'une haine de classe

Dame patronnesse qui toléra en son temps la « convivialité extraordinaire » des ronds-points, où les gens « retrouvent le même malaise, la même désespérance chez les autres », Ruth Elkrief assommera ces derniers quand ils feront un pas de trop vers l'Élysée : « Là, c'est vrai qu'on se dit "Mais ouh là là, qu'est-ce qui est en train de se passer ?!" [...] Il y a quelque chose qui disjoncte ! Qui disjoncte ! Où tout le monde dit un peu n'importe quoi ! » (BFM-TV, 04/11/19).

« Ce n'est pas du Zola, mais pas tellement au-dessous, écrivait encore Jean Daniel. Il m'arrive souvent, en entendant le récit de certaines victimes de la situation actuelle, d'avoir honte de la vie qui est la mienne. » (*L'Obs*, 06/12/18) Deux mois plus tard, l'heure n'est plus au frisson littéraire : « Ils préfèrent la haine à la révolution », clamait le patron de presse dans son hebdomadaire, décrivant les Gilets jaunes comme un « retour de l'infamie » (*L'Obs*, 18/02/2019).

Aussi les élites journalistiques ont-elles suivi un cap similaire, que dessinait en quelques mots l'écrivain Édouard Louis : « Empêcher l'émergence d'une parole des classes populaires sur les classes populaires. Tant pis s'il faut se contredire du jour au lendemain, pourvu qu'ils se taisent » (Twitter, 04/12/18). La haine de classe fut à la hauteur de l'enjeu : « France moisie » (Jean Quatremer) ; « Troupeau d'abrutis » (Xavier Gorce) ; « Vermine » (Renaud Dély) ; « Écurie de branquignols » (Roselyne Febvre) ; etc. Un mouvement « abject » résumait encore l'éditorialiste de France Inter Thomas Legrand : « Quand on ne peut pas exprimer ce qu'on veut dire, on finit par taper. Les enfants, c'est comme ça... » (LCI, 11/02/19).

La violence des plumes gracieuses était, quant à elle, toujours légitime. Le 3 décembre 2018, Bernard-Henri Lévy : « [Les Gilets jaunes] préfèrent casser que réformer, semer la désolation et le chaos qu'améliorer la vie des humbles et des vulnérables ; et alors, laissant le noir des cagoules assombrir le jaune des gilets, n'acceptant que la haine, [...] ils tomberont du côté obscur de la nuit – ces limbes, ou ces poubelles de l'Histoire. » Où ils retrouveront, comble de la malchance, les éditoriaux du *Point*.

IV. Un journalisme de préfecture

> Les journalistes doivent se rappeler qu'ils ne sont pas de simples observateurs mais qu'ils font partie des élites dont le rôle est aussi de préserver le pays du chaos.
>
> Élie Cohen et Gérard Grunberg, « Les Gilets jaunes : une double régression » (7 décembre 2018)

Des quartiers populaires aux Zad, des camps de réfugiés aux centres de rétention, des manifestations syndicales aux marches populaires, des universités aux parvis des lycées, des tarmacs aux sièges de grandes entreprises, des ronds-points aux places parisiennes, la contestation de l'ordre établi s'est déclinée en de multiples lieux et sous de multiples formes tout au long du premier quinquennat d'Emmanuel Macron. Et de coups de force en déploiements autoritaires, la réponse de l'État fut aussi méthodique qu'invariable : réprimer. Très régulièrement, des événements impliquant les « forces de l'ordre » et leurs agissements ont ainsi été médiatisés. Constamment, la communication du gouvernement et des institutions coercitives est entrée en concurrence avec des récits venus « de l'autre côté de la matraque », portés par des victimes, leurs familles ou des témoins. Et quasi systématiquement, le discours « officiel » a reçu les faveurs des médias dominants : un « journalisme de préfecture ».

Si l'on considère que l'éthique journalistique élémentaire suppose d'enquêter, de recouper les sources et de ne pas prendre pour acquise la communication des institutions, alors le « journalisme de préfecture » est un oxymore. Il recouvre pourtant un ensemble de réflexes professionnels qui, de manière structurelle, biaisent le traitement médiatique des opérations de police ou de toute autre action par laquelle se manifeste l'autorité coercitive de l'État. Plusieurs facteurs peuvent expliquer la prégnance de ce journalisme qui abdique pour relayer la communication institutionnelle : le premier concerne les conditions de production de l'information, les pratiques des journalistes et leur dépendance vis-à-vis de leurs sources ; le second, une certaine conception du métier comme partie prenante du maintien de l'ordre social[1].

Des médias de maintien de l'ordre

Observant le travail des « faits-diversiers » de la presse quotidienne régionale, les sociologues Jérôme Berthaut, Éric Darras et Sylvain Laurens ont montré comment la proximité entre les journalistes et les sources policières se construit par la pratique même du métier : parce qu'ils se doivent d'alimenter en continu le flux éditorial de leur rubrique, les journalistes ont besoin de tisser, dans le corps policier, des relations avec des interlocuteurs réguliers à même de leur fournir des informations[2]. Construire ces liens passe par une vigilance quant aux articles parus – dont les retombées négatives sont logiquement à proscrire pour ne pas nuire aux « bonnes relations ». Une situation qui, *in fine*, cristallise, bien au-delà de la presse quotidienne régionale, des routines réflexes dans la fabrique de l'information.

Le 30 janvier 2021 sur France Info, alors que la médiatrice des antennes publiques interroge la cheffe du service « police-justice » sur la couverture des faits divers, cette dernière fait état d'un travail, « toujours un peu le même », auprès de sources dites « différentes ». Lesquelles ? « Le parquet », « la préfecture de police », des « sources policières syndicales » et « d'autres sources plus institutionnelles [...] que nous allons ensuite corroborer avec le procureur ou la préfecture de police de Paris »[3]. Que de telles pratiques soient verbalisées sans la moindre retenue dans une émission dite « réflexive » – et sans imaginer qu'elles puissent poser un problème déontologique – en dit long sur leur intériorisation par les professionnels. En 2013, Jérôme Berthaut relevait que la chefferie des « informations générales » (l'autre nom des faits divers) de France 2 avait donné, dans la deuxième moitié des années 1990, « une impulsion décisive au renforcement des contacts avec les autorités de la police, de la gendarmerie, de la justice et des secours »[4]. France 2 s'est notamment distinguée pour avoir inscrit le plus grand nombre de journalistes aux formations de l'Institut des hautes études de la sécurité intérieure (IHESI), placé sous l'autorité du ministre de l'Intérieur puis du Premier ministre, dans le but de créer des « liens de familiarité avec de futurs responsables de la sécurité ».

Au cœur de ces relations incestueuses, les spécialistes et chefs de service « police-justice » sont des rouages centraux. Ayant pour beaucoup débuté dans la profession comme « fait-diversier » – à l'instar de Georges Brenier (TF1), Audrey Goutard (France 2) ou encore William Molinié (LCI) –, ils appartiennent désormais à l'un des pôles dominants des rédactions, où se jouent les carrières les plus prestigieuses : ancien journaliste pour *La Gazette du Val-d'Oise*, Stéphane Albouy a été simple rédacteur pendant huit ans au *Parisien*, y a été nommé rédacteur en chef adjoint du service d'« informations générales » (2007), rédacteur en chef (2009) puis directeur des rédactions (2015-2020), avant de prendre la tête de celle du *JDD* en 2022. La trajectoire de Dominique Rizet est tout aussi linéaire. « Spécialiste police/justice » de BFM-TV, il y coanime l'émission de faits divers « Affaire suivante », réplique de « Faites entrer l'accusé », qu'il présente également en duo sur RMC Story depuis 2020, après avoir été le chroniqueur régulier de ce programme initialement diffusé sur France 2. Mais c'est en tant que « fait-diversier » au *Parisien* qu'il s'est constitué son vaste réseau d'informateurs : « Je faisais la tournée de la police et des pompiers. Et comme je suis fan de photo, [...] je leur offrais des tirages papier de leurs interventions. Après, forcément, quand ils avaient une affaire intéressante, ils m'appelaient[5]. » Lors d'un passage à « C à vous » (France 5, 01/04/16),

Dominique Rizet donnait un aperçu plus parlant encore de son immersion constante dans le monde policier : « Je passe ma vie avec eux. Les gens du Raid, je les connais bien. Je vais tirer là-bas. Les gens du GIGN, je les connais bien. [...] C'est mon univers de travail. [...] J'ai des potes magistrats qui viennent à la maison, des copains avocats, des flics, des gendarmes, des voyous. Et tout ça vient à la maison, c'est vrai que ouais... la maison, elle est ouverte. » Pilier des plateaux de BFM-TV pour commenter les mobilisations sociales, le journaliste est un porte-parole inconditionnel de la police. Mais le 29 décembre 2019, alors qu'un Gilet jaune critique le traitement partial et belliqueux des manifestations par la chaîne, il garde la tête haute : « Je pense qu'on est d'une objectivité et d'une impartialité totales. »

Mort de Steve Maia Caniço : BFM-TV au secours de l'IGPN

Le 21 juin 2019, au soir de la Fête de la musique, la police réprimait des fêtards réunis sur l'île de Nantes, provoquant la chute de plusieurs d'entre eux dans la Loire. Le corps de Steve Maia Caniço, animateur périscolaire de 24 ans, est repêché dans le fleuve le 29 juillet 2019. Dès le lendemain, Édouard Philippe communique les conclusions d'un rapport de l'Inspection générale de la police nationale (IGPN) daté du 16 juillet : « Aucun élément ne permet d'établir un lien direct entre l'intervention des forces de l'ordre et la disparition de M. Steve Maia Caniço ».

Les vidéos et les contre-enquêtes accablantes pour la police ont beau exister dans la presse, la mobilisation de BFM-TV est instantanée : « Vous savez, l'IGPN ne rend jamais des rapports de complaisance », déclare Dominique Rizet à trois reprises (30/07/19).

À la suite de Dominique Rizet, Alain Marschall et la cheffe du service police/justice dispensaient une autre leçon de pureté journalistique (option linguistique) : doit-on parler d'« intervention » ou de « charge » de la police ? s'interrogeait le premier. « Si on veut être neutre, répondait Sarah-Lou Cohen, on dit "intervention". Sinon, on dit "charge". Mais la police conteste le terme de "charge". »

« Steve : "Faire toute la lumière" », affichait le bandeau au bas de l'écran : la rédaction de BFM-TV était très bien partie... La preuve ? Près de deux ans et demi plus tard, l'ex-préfet de Loire-Atlantique, son directeur de cabinet et le commissaire chargé des opérations étaient tous trois mis en examen pour homicide involontaire[6].

Contre toutes les règles déontologiques (et logiques), les rubricards police-justice accordent une présomption d'objectivité et une confiance souvent aveugle à leurs informateurs venus des commissariats, des préfectures ou du ministère de l'Intérieur. Exemple exemplaire : c'est à partir d'une communication du procureur – qui allait se révéler émaillée d'erreurs – exonérant la police de toute responsabilité que les médias locaux et nationaux ont relaté l'accident mortel de deux jeunes Grenoblois – Adam et Fatih, 17 et 19 ans – poursuivis par la brigade anticriminalité en mars 2019. Interrogé par Arrêt sur images, le journaliste du *Dauphiné libéré* ayant couvert la tragédie expliquait sa méthode de travail[7] : « Ce que pensent les gens ne m'intéresse pas sur le plan factuel. Pour le moment, les seuls éléments concrets m'ont été apportés par le procureur ». De son côté, le correspondant local de *Libération* reconnaissait « n'avoir pas mené une investigation plus poussée avant de relayer » la version du procureur.

Dans les quartiers populaires, les exemples de cette désinformation sont légion : les affaires Adama Traoré[8] et Théo (Aulnay-sous-Bois, 02/17), la mort de Steven (Villeneuve-Saint-Georges, 07/17), celles de Selom et Matisse (Lille, 12/17), d'Ibrahima Bah (Villiers-le-Bel, 10/19), de Sabri Choubi (Argenteuil, 05/20) et de tant d'autres… Presque systématiquement, les versions des institutions coercitives – à la fois plus réactives, accessibles et symboliquement plus puissantes – sont les premières à paraître dans les médias et celles qui y occupent le plus de place[9]. Y compris lorsqu'elles sont mises à mal – parfois tout aussi rapidement – par des témoignages vidéo postés sur les réseaux sociaux ou par des contre-enquêtes de médias indépendants.

Du reste, c'est sur les plateaux de télévision que l'institution policière trouve ses meilleurs avocats. Le 6 décembre 2018, alors que la répression d'un mouvement national lycéen bat son plein – 700 arrestations à travers toute la France et de nombreux blessés –, la police procède à l'interpellation collective de 148 élèves à Mantes-la-Jolie, les fait s'agenouiller en ligne contre un mur, au milieu d'une cour, mains derrière la tête [10]. L'un des agents tourne une vidéo de cette humiliation collective et commente : « Voilà une classe qui se tient sage. » Sur LCI le lendemain, face à un lycéen qui s'en indigne, Franz-Olivier Giesbert explose : « Arrêtez ! Il n'y a pas de blessés là, il n'y a pas de blessés ! Ils auraient pu être massacrés ! » Pour le chroniqueur tout terrain Thierry Moreau, « ça a pacifié la situation, c'est une façon de sécuriser ». Autre chaîne, même satisfecit : « On interpelle, on neutralise tout de suite, on ne laisse pas les lycées trop occupés, on ne laisse pas les mouvements lycéens se zadifier », expose l'adjudant Christophe Barbier sur BFM-TV, qui poursuit : « Ce qui s'est passé, c'est tout à fait normal, et c'est même pour protéger les lycéens qu'il faut comme ça les traiter. » Renchérissant jusqu'à la provocation – ainsi les élèves n'étaient « pas exposés aux intempéries » –, l'éditorialiste conclut : « Il faut vraiment être cœur d'artichaut et bien-pensant pour s'offusquer de ce qui s'est passé à Mantes-la-Jolie. »

Présentés depuis plusieurs décennies comme l'épicentre de « l'insécurité », les quartiers populaires font les frais d'un traitement stigmatisant, pétri de lieux communs, de raccourcis, de simplifications et d'amalgames constitutifs d'une production *low cost* de l'information.

La sociologue Annie Collovald a montré comment la catégorie des « violences urbaines » s'est construite et imposée comme un « schème de perception » dominant dans le débat public au tournant des années 1980, jusqu'au triomphe d'une « vision “policière” des désordres urbains »[11]. Tandis que le champ politique s’est mis à véhiculer « en contrebande le lexique policier des combats contre les infractions des “immigrés” », dans les médias, « la dramatisation comme mode de commentaire » s’est normalisée, autant que s’est intensifié un traitement techniciste de « l’insécurité » (reprise des statistiques des institutions coercitives et des rapports ministériels, sondages, etc.) sur fond de « clôture du pensable et des argumentaires », monopolisés par une poignée d’experts (conseillers en sûreté urbaine, sociologues de la délinquance et de la sécurité, commissaires de police, etc.). Tant et si bien que, dans le discours ambiant, le prisme sécuritaire est devenu hégémonique, balayant le cadrage socio-économique du « malaise des banlieues » : à la fin des années 1990, « la sanction [...] n’est plus simplement répressive : elle devient “la” mesure sociale préventive de tout désordre public », conclut Annie Collovald. En 2001, les travaux de Laurent Mucchielli se sont eux aussi attachés à déconstruire les « fantasmes » du débat sur « l’insécurité » et à pointer le rôle des médias. De même qu’en 2008 Laurent Bonelli a démontré le poids écrasant qu’occupent les approches coercitives, spectaculaires et alarmistes dans les reportages de télévision traitant de cette question[12].

Vingt ans et des kilomètres de lois sécuritaires plus tard, les constats se sont aggravés et le journalisme de préfecture a élargi son champ d’action. Alors que les *cop shows*[13], « journaux des faits divers » et autres magazines de l’insécurité se fabriquent à la chaîne pour meubler certaines chaînes de la TNT aux allures de canal de communication préfectorale, les chefferies éditoriales décuplent le poids du « maintien de l'ordre » à chaque période de tension sociale. Au troisième jour du confinement, *Le Parisien* affichait d'emblée la couleur de sa ligne éditoriale (18/03/20). Tandis qu'un contrôle de police était mis en scène à la une, la matraque remplaçait la plume dans le dossier intérieur : on y trouvait l'interview d'une sociologue dissertant sur une « indiscipline » quasi congénitale chez « les Français », un article titré « Bientôt le recours aux forces Sentinelle ? », un modèle d'« attestation de déplacement dérogatoire » à découper et, pour finir, une série de reportages « embarqués » avec la police, regroupés sous une citation (de la police) dans un titre en forme de rappel à l'ordre : « "Les explications vaseuses pour sortir, c'est terminé !" » Au même moment, à propos de la production éditoriale du *Phare dunkerquois*, Julien Brygo synthétise : « Journalistes ou auxiliaires de police ? Il est souvent difficile de faire la différence. Le journaliste fait partie du dispositif d'interrogatoire policier. Il vérifie que les gens obéissent. Il se confond totalement avec le policier[14]. »

« La préfecture vous informe » pourrait en effet être un logo apposé par les rédactions sur nombre de leurs productions, télévisuelles comme écrites, tant la coproduction des récits y est manifeste. Lors de la répression de la manifestation antinucléaire sur la Zad de Bure, le 3 mars 2018, de très nombreux médias – dont le « 20h » de France 2 – ont diffusé des images filmées par la gendarmerie elle-même, siglées comme telles à l'écran. Loin d'être inédite, la pratique s'est routinisée ces dernières années : pour couvrir la marche du climat de novembre 2019, des reporters de LCI et BFM-TV ont tourné leurs images assis à l'arrière de motos de police ; le 1er décembre 2018, *Le Parisien* s'est procuré auprès de la police « des images filmées en caméra embarquée » de la manifestation des Gilets jaunes, dont les chaînes de télévision se sont allègrement saisies pour alimenter, en continu, le grand film du « chaos parisien » ; en avril 2018, le directeur départemental (Loire-Atlantique) du quotidien *Ouest-France* embarquait dans un fourgon des « forces de l'ordre » en direction de Notre-Dame-des-Landes et, sur Twitter, Arnaud Wajdzik ne cachait pas son enthousiasme : « Un groupe de journalistes embarque pour suivre en direct une opération de destruction dans la ZAD ! » (11/04/18).

Jusqu'à l'apothéose. Le 19 mai 2021, les syndicats de police organisent une manifestation devant l'Assemblée nationale pour commémorer leurs collègues morts en service, mais surtout réclamer un énième durcissement du droit pénal. « Le problème de la police, c'est la justice ! », clame un responsable du syndicat Alliance sous les applaudissements de la foule. Largement inspirée et soutenue par l'extrême droite, rejointe par le ministre de l'Intérieur et des figures issues de « partis de gouvernement », y compris à gauche (PCF, EELV, PS), la manifestation fera l'objet d'une coécriture entre journalistes et syndicalistes policiers sur les chaînes d'information en continu : aux reportages embarqués dans les cars des manifestants ont succédé des contenus fournis par les syndicats de police eux-mêmes. « Voilà, c'est la première vidéo de ce rassemblement policier qui illustre l'importance de la police en France aujourd'hui », enchaîne le présentateur de BFM-TV à la fin de la diffusion d'un clip de propagande qui précédait la retransmission des prises de parole syndicales avec la mention « Images fournies par l'organisation », pendant près d'une demi-heure, sans commentaire ni interruption. Il en sera de même sur LCI et CNews. Un phénomène médiatique sans aucun équivalent s'agissant de manifestations du mouvement ouvrier. Cerise sur le gâteau : le lendemain, BFM-TV diffuse un « happening » que ses fins limiers avaient raté le jour J. « C'est Alliance qui nous a transmis cette vidéo », se félicite Philippe Corbé, chef du service politique, en introduction du spectacle : la simulation d'une justice de mèche avec un terroriste au cours de laquelle deux participants déguisés en magistrats font mine de balayer des cadavres de policiers abattus pour terminer bras dessus, bras dessous, avec le criminel.

Les vedettes des chaînes d'info en continu n'ont rien trouvé à redire à cette petite mise en scène. Ils l'ont au contraire accompagnée de leurs lamentations en faveur des mal-aimés de la police : « Je veux entendre précisément les chants de revendication des policiers » (Éric Brunet, LCI) ; « À ces femmes et ces hommes, il faut leur dire merci de se lever » (Sonia Mabrouk, CNews). Pendant que les chroniqueurs laissaient libre cours à leurs élans martiaux et racistes: «Je crois qu'il est temps de démanteler les banlieues, de les rendre pénétrables et citoyennes» (Marc Menant, CNews). À côté de ces éditocrates déchaînés, les « consultants sécurité », en l'occurrence certains ex-patrons du Raid ou de la Police nationale, faisaient (presque) pâle figure...

Il y a pire. Car ce journalisme de préfecture – nourri d'un amour inconditionnel pour l'ordre qu'imposent l'État et les patrons – produit régulièrement des épisodes de désinformation et de manipulation massives. Le traitement de la Zad de Notre-Dame-des-Landes en décembre 2017 est particulièrement exemplaire[15]. Dès qu'un rapport remis au Premier ministre évoque les conditions d'une évacuation à venir de la Zad, le *JDD* se met au garde-à-vous. Le 10 décembre, sur la base d'une source – un « haut gradé de la gendarmerie » –, l'hebdomadaire évoque des « clichés » qui circulent « dans les états-majors » à propos d'un arsenal qu'auraient réuni les « zadistes-saboteurs » : « On peut y voir des herses plantées de clous géants, des boules de pétanque hérissées de lames de rasoir, des pièges dissimulant des pieux. » De quoi hystériser les confrères : le « 20h » de France 2 reprend l'hebdomadaire mot à mot ; *Le Parisien* évoque « des photos inquiétantes » et « des armes de chasse, de l'acide ». Les plateaux de CNews se constituent en escadrons. Sur Canal+, Christophe Barbier porte son képi pour parler d'une « guérilla type Vietnam des pauvres ». *Libération* relaie une « source sécuritaire » qui mentionne « des types prêts à faire couler le sang ». Sur LCI un débat est intitulé « Zadistes : des terroristes comme les autres ? ». *Le Figaro* dégaine un édito pour appeler à « expulser les zadistes et les mettre hors d'état de nuire ». L'animatrice de « C dans l'air » fait monter les enchères en propageant des rumeurs : les occupants de la Zad auraient « piégé cette zone de 1 200 hectares »... La sauce monte partout jusqu'au 17 décembre, lorsque le *JDD* publie en pleine page les clichés de la discorde, accompagnés d'un article à glacer le sang : « Miradors, barricades piégées, stockage de projectiles, tunnels, moyens de communication renforcés... Les images dont disposent les services de gendarmerie ne laissent guère de doute : les zadistes de Notre-Dame-des-Landes ont transformé le territoire qu'ils occupent en camp retranché. » Malheureusement, l'exclusivité et le sensationnalisme tournent court : les photos – dites « prises en secret » – s'avèrent être une collection de clichés volés à des photographes indépendants, récupérés par la gendarmerie sur les réseaux sociaux, publiés plus d'un an auparavant pour certains, et, *last but not least*, interprétés de manière totalement fantaisiste voire tout simplement mensongère. Démonté pierre par pierre, le scoop tombe à l'eau. Place au bouquet final : l'auteur de l'article reconnaît auprès du *Monde* ne jamais s'être rendu sur la Zad[16]. Et le directeur du *JDD*, Hervé Gattegno, présente ses excuses pour avoir présenté comme « secrètes » des photos non créditées... Mais il assume pleinement l'interprétation qui leur fut donnée : « Ces photos montrent l'organisation et les moyens dont disposent les occupants de la zone. » Phase 1 : désinformation massive. Phase 2 : rétropédalage et demi *mea culpa*. Phase 3 : maintien des informations bidonnées.

En dehors de la dernière phase, le même processus fut à l'œuvre lors de la manifestation du 1er mai 2019, lorsque les médias ont piétiné l'information en affirmant que des manifestants – qualifiés de « crétins » sur France Inter – ont « attaqué » l'hôpital de la Pitié-Salpêtrière à Paris, relayant ainsi les mensonges du ministre de l'Intérieur et du directeur général de l'AP-HP [17]. Bien qu'il fût très rapidement établi que, loin d'avoir attaqué l'hôpital, les manifestants s'y étaient au contraire réfugiés pour fuir la violence des charges policières – nombre de médias rétablirent d'ailleurs ces faits –, aucune autocritique substantielle ne vit jamais le jour sur aucune antenne [18].

Rien ne semble pouvoir enrayer la machine journalistico-policière. Au contraire : si chaque manifestation fait l'objet d'un traitement sécuritaire, le maintien de l'ordre médiatique devance souvent les événements eux-mêmes. Trois jours avant la grève du 5 décembre 2019, France 2 optait pour un exercice de futurologie : « Doit-on craindre des dérapages lors des manifestations contre la réforme des retraites ? », interrogeait Anne-Sophie Lapix au « 20h ». À défaut de disposer d'images fraîches – et pour cause –, la rédaction recyclait son stock de plans tournés pendant la mobilisation du 1er mai 2019 pour prophétiser d'hypothétiques violences à venir six mois plus tard. Une édition spéciale « préfecture », mention « futurologie rétrospective », qui se poursuivit le lendemain avec de nouvelles images d'affrontements entre « forces de l'ordre » et manifestants, datées cette fois du 8 décembre 2018 et commentées par la même journaliste en tenue de porte-parole du ministère de l'Intérieur : « Le gouvernement prend très au sérieux de voir la manifestation [...] dégénérer jeudi. Il s'apprête à déployer un dispositif de sécurité exceptionnel : 5 000 hommes seront mobilisés. Autant qu'il y a un an après le chaos du 1er décembre. La préfecture appelle les commerces qui se trouvent sur le trajet de la manifestation à baisser le rideau. » Anne-Sophie Lapix, nostalgique de l'ORTF ?

Routinière depuis les manifestations en 2016 contre la loi Travail, cette coconstruction anticipée de la peur est devenue un cadrage structurant du traitement médiatique des mobilisations sociales. Il s'agit là d'un stade avancé du journalisme de préfecture, dont la surenchère s'effectue selon une trajectoire parallèle à celle des autorités : ainsi que le rappelle la chercheuse Vanessa Codaccioni, on assiste à « l'affaiblissement de la logique punitive réactive au profit d'une répression de plus en plus préventive[19] ». Le résultat ? Une diffusion telle quelle, sans prise de distance ni considération critique, des narrations alarmistes tricotées depuis l'Élysée jusque dans la moindre des préfectures ; ainsi qu'un accompagnement médiatique de la militarisation du maintien de l'ordre, oscillant entre la pseudo-expertise platement descriptive et la fascination pure et simple. Le tout enchâssé dans une mise en scène de « désordres » passés, sélectionnés quasi exclusivement dans le répertoire des « violences » des manifestants, pour commenter... ce qui n'a pas encore eu lieu. La fonction symbolique de telles productions ? Démobiliser, normaliser les politiques sécuritaires et légitimer, par avance, la répression. Aux ordres, ce type de couverture journalistique va donner toute la mesure de sa nuisance pendant le mouvement des Gilets jaunes.

Gilets jaunes et violences policières : un carnage médiatique

« Ne parlez pas de "répression" ou de "violences policières" ! Ces mots sont inacceptables dans un État de droit ! », clamait Emmanuel Macron en mars 2019. « Moi, je ne connais aucun policier, aucun gendarme qui ait attaqué des Gilets jaunes », avait affirmé deux mois plus tôt le ministre de l'Intérieur Christophe Castaner. « Nous n'avons pas de regret sur la façon dont nous avons mené l'ordre public », continuait le secrétaire d'État à l'Intérieur, Laurent Nuñez, en juin 2019. « Je réfute totalement le terme de violences policières », ajoutait au même moment la directrice de l'IGPN, Brigitte Jullien. Un an plus tard, Castaner persistait : « Il n'y a pas de police violente, il n'y a pas de police raciste. » Et en juillet 2020, face à la commission des Lois de l'Assemblée nationale, Gérald Darmanin ironisait : « Quand j'entends le mot "violences policières", personnellement, je m'étouffe. »

Du sommet de l'État à celui de l'institution policière, déni et mensonges ont été une composante à part entière de la politique répressive qui s'est abattue sur le mouvement social pendant le premier quinquennat. S'ils ont pu se déployer avec autant de « sérénité », ce fut en partie grâce à la démission complice des médias dominants sur les violences systémiques de la police : une débâcle totale du « quatrième pouvoir ».

Le 10 décembre 2018, après quatre semaines de mobilisation, Basta en publie un premier (et glaçant) état des lieux[20] : 3 300 arrestations, 865 blessés – dont plusieurs éborgnés, des mains arrachées, des visages défigurés à vie, des « chairs ensanglantées et incrustées de billes noires en caoutchouc contenues dans les [grenades] de désencerclement » –, un coma et la mort de Zineb Redouane des suites de ses blessures, percutée par une grenade lacrymogène tirée par la police, un samedi de manifestation, alors qu'elle fermait les volets de son appartement du quatrième étage à Marseille. Le 10 janvier 2019, soit un mois plus tard jour pour jour, au « 20h » de TF1, le chef du service « police-justice » Georges Brenier est interrogé par Gilles Bouleau sur les enquêtes de l'IGPN. Devant plusieurs millions de téléspectateurs, il déclare : « Vu la violence inouïe des casseurs, il n'y a pas eu, à première vue en tout cas, de bavure, pas de mort, pas de blessé grave. Et de l'avis de tous les experts, c'est la preuve de beaucoup de sang-froid et de maîtrise. » Le 18 mars 2019 sur CNews on pouvait encore entendre un journaliste déclarer en écho: «Jusque-là dans la retenue, les forces de l'ordre seront désormais autorisées à aller au contact.»

Spectaculaire, le mensonge se déploie à cette période à travers une désinformation par omission systémique dans les médias. « Aux JT, les violences policières n'existent pas», titre Arrêt sur images le 14 janvier 2019, relevant que les «20h» de TF1 et France 2 n'ont dédié chacun, depuis le début du mouvement social (17/11/18), que deux sujets à part entière à la question[21]. Pourtant, les sources pleuvent. Le 17 décembre 2018 par exemple, Amnesty International publie une enquête sur «le recours excessif à la force par des policiers», s'appuyant sur de très nombreux témoignages (victimes, secouristes, photographes, journalistes) et s'inquiétant du mutisme des autorités[22].

Que dire de celui des médias? En dix jours, le rapport d'Amnesty International n'a fait l'objet que de trois brèves dans la presse mainstream – *Libération*, France Info, LCI[23]. La chaîne du groupe Bouygues a en outre accompagné son articulet d'une vidéo pleine d'à-propos, «Comment la police a gagné en efficacité», tirée du «20h» de TF1... Le journalisme a largué les amarres: à ce stade, la couverture des violences policières par *Le Monde* et *Le Parisien* est famélique, pour ne pas dire inexistante; et si *Libération* se distingue par un traitement légèrement plus fourni, il est principalement le fait de son équipe web de *fact-checking*, soumettant des vidéos de violences policières à des examens de véracité. Un travail sans comparaison, par exemple, avec celui que fournit le quotidien *L'Humanité* dès le début du mouvement. Exception notable : un numéro d'« Envoyé spécial » (France 2) dans lequel sont diffusés des témoignages de manifestants blessés [24]. Mais en tout état de cause, l'émission résonne comme une note de triangle dans un concert tonitruant autour des actes de « casse » des Gilets jaunes dans les manifestations parisiennes, qui focalisent partout l'attention médiatique.

Deux mois. C'est le temps qu'il aura fallu pour que la question des violences policières soit mise au-devant de l'agenda médiatique. Le principal symptôme de ce basculement ? La médiatisation, mi-janvier 2019, du travail réalisé par le journaliste indépendant David Dufresne, qui s'est appliqué dès les premiers jours du mouvement à vérifier, répertorier et signaler sur Twitter des faits de violences policières. Cité à de nombreuses reprises, son « Allô Place Beauvau » résonne enfin, des journaux d'information aux matinales, venant pallier l'absence d'enquête spécialisée des « grandes » rédactions.

Ce revirement (relatif) ne tombe pas du ciel. Il est le résultat d'un rapport de forces et d'une « capitulation » des chefferies éditoriales face à des semaines de pressions conjointes, exercées d'abord hors des médias dominants : auto-défense des manifestants, qui n'ont de cesse de montrer les violences policières en postant vidéos et témoignages sur les réseaux sociaux ; travail de documentation continu des rédactions indépendantes (Basta, Le Média, Reporterre, Mediapart, Arrêt sur images, etc.) ; mobilisation des collectifs contre les violences policières et de nombreuses organisations politiques et associatives, qui tentent de « faire percer » le sujet au travers de rapports, communiqués et réunions publiques[I]. À ces pressions s'ajoutent celles venues de l'intérieur des médias dominants : en direct des plateaux, des Gilets jaunes témoignent et, en coulisses, des journalistes de terrain rapportent des cas de violences exercées par la police… dont ils sont eux-mêmes victimes[25]. Pendant des semaines, cette « bataille des récits » travaille le milieu journalistique, contrariant chaque jour un peu plus l'impasse éditoriale (volontaire) des rédactions en chef.

Une médiatisation plus que tardive, donc, qui n'aura, en outre, jamais exercé un contrepoids de taille au journalisme de préfecture qui imprègne les productions ordinaires traitant des manifestations[26]. Un grand classique : la narration impersonnelle. « Dans la capitale, les violences dans le sillage des Gilets jaunes ont fait 133 blessés et conduit au placement en garde à vue de 412 personnes » (AFP, 01/12/18) ; « La manifestation a fait trois blessés samedi soir à Albi » (*La Dépêche*, 02/12/18) ; « Un incident suite auquel un manifestant a perdu ses

I. Citons le communiqué de la Ligue des droits de l'homme sur l'usage des grenades lacrymogènes instantanées et des LBD (7 décembre 2018) ; le rapport de Human Rights Watch sur le même thème (14 décembre 2018) ; l'enquête d'Amnesty International (17 décembre 2018) ou encore la conférence de presse du Défenseur des droits demandant l'interdiction du LBD (16 janvier 2019).

doigts » (BFM-TV, 11/02/19) ; « Les LBD sont accusés d'avoir fait de nombreux blessés » (France Info, 16/01/19). Une variante : « Les LBD sont suspectés de faire de nombreux blessés lors des opérations de maintien de l'ordre » (*Le Républicain lorrain*, 17/01/19). Omniprésentes sous couvert d'« objectivité », ces formules automatiques véhiculent bel et bien un point de vue : elles neutralisent le déséquilibre des rapports de force (en effaçant notamment le surarmement de la police[27]), dépolitisent les politiques répressives (en oblitérant les chaînes de commandements) et contribuent, *in fine*, à faire disparaître la responsabilité des « forces de l'ordre » dans les violences, les blessures et les mutilations.

Les mots (et les maux) de l'euphémisation sont systématiques : si les médias se montrent prompts à regrouper sans graduation tout agissement de Gilets jaunes sous le terme de « violence », le matraquage de manifestants plaqués au sol peut être rebaptisé « intervention musclée » (France Info, 17/04/19) ; lorsqu'ils chargent, les policiers ne font qu'« aller au contact [...] pour disperser » (AFP, 23/03/19) ; leur surdéploiement anxiogène est baptisé « maintien de l'ordre mieux maîtrisé » (*Le Parisien*, 23/03/19). Quant aux tirs de LBD, de grenades lacrymogènes et de désencerclement ou l'usage de camions à eau, non seulement ils ne sont jamais décrits comme un acte de violence, mais ils sont quasi systématiquement présentés comme des « répliques ».

Même en disposant de tous les éléments nécessaires à la caractérisation de violences policières, les rédactions en chef serrent les rangs. Le 6 janvier 2019, au lendemain du passage à tabac, par un commandant de police, de deux manifestants, dont un était menotté, la formule « violences policières » est placée sous la forme interrogative dans les titres du « 20h » de France 2. Et elle n'est pas reprise en plateau par Laurent Delahousse, qui préfère parler d'« images qui font débat » avant de donner la parole à une reporter pour exposer les « réponses » du... commandant de police – également mises en avant par *Var Matin* et *Nice Matin* (07/01/19). « Enquête contre un commandant soupçonné de violences policières », tempère encore le service public, faisant valoir la présomption d'innocence du gradé en utilisant une tournure dont ne bénéficient jamais les manifestants (France 2, 07/01/19)[28].

Le déni à son paroxysme ? Le 7 avril 2019 sur BFM-TV, le Gilet jaune Jérôme Rodrigues, éborgné par la police lors de l'acte XI, réclame que cette dernière « arrête de [leur] tirer dessus ». Ce propos lui vaut un recadrage immédiat de la part de l'éditorialiste Nicolas Domenach : « N'employez pas des mots comme "tirer dessus". Au Venezuela, on "tire dessus". » Jérôme Rodrigues a beau soulever ses lunettes et pointer son œil mutilé, l'éditorialiste persiste : « Ne dites pas ça. » La violence symbolique a beau désarçonner, elle n'en reste pas moins ordinaire : le lendemain, c'est au tour d'Olivier Béziade de subir le mépris des journalistes. Pompier volontaire, le Gilet jaune manifestait à Bordeaux le 12 janvier 2019. Isolé dans une rue, dos à la police, il

OPINIONS P.16 ET 17
« Johnny Hallyday, intact inatteignable »
Le Parisien DIMANCHE
Bardot : « Je vais finir par devenir communiste » L'ENTRETIEN P.10 ET 11
Lellouche, chef de bande du cinéma français PORTRAIT P.18 ET 19
GILETS JAUNES PAGES 2 À 6
LA DANGEREUSE ESCALADE
A Paris, plus de 250 personnes ont été arrêtées et 110 blessées.
Pourquoi les forces de l'ordre ont été débordées.
Interview de Stanislas Guerini, nouveau patron de LREM.

Le Parisien
GILETS JAUNES À PARIS
UN SAMEDI À TRÈS HAUTS RISQUES
Les rassemblements prévus inquiètent les autorités qui craignent des drames entre forces de l'ordre et manifestants.
PAGES 2 À 11
La … de ceux … prôn… le dialog…
FRA… APPE…

Le Parisien
Gilets jaunes
LE GOUVERNEMENT DURCIT LE TON
ORDRE RÉPUBLICAIN
Evacuation des ronds-points, menace de PV pour occupation illicite de la voie publique… L'exécutif a décidé de montrer sa fermeté face aux manifestants.
PAGES 2 ET 3

Le Parisien
MANIFS
Le défi du maintien DE L'ORDRE
GILETS JAUNES
Face aux manifestants les plus violents, comment les forces de l'ordre peuvent réagir ? Les réponses de l'IGPN (la police des polices) et les témoignages de blessés.
PAGES 2 À 5
POLICE

Le Parisien
Radars vandalisés
Attention danger
SÉCURITÉ ROUTIÈRE
Depuis le début du mouvement des Gilets jaunes, plus de la moitié des radars routiers ont été mis hors service. Un phénomène inquiétant.
PAGES 2 ET 3

OPINIONS P.17
« Se déplacer en préservant l'environnement »
Le Parisien DIMANCHE
La bataille planétaire de l'eau potable BUSINESS P.10 ET 11
Nicola Sirkis, chanteur à l'épreuve du temps PORTRAIT P.18 ET 19
LE RAPPEL À L'ORDRE
GILETS JAUNES
Près de 1 400 personnes interpellées, moins de blessés et de dégâts que la semaine dernière… En adoptant une stratégie offensive, la police a stoppé l'escalade de la violence.
PAGES 2 À 8

essuya (entre autres) deux tirs de LBD, dont le second l'atteignit en pleine tête. À terre, inconscient et en sang, les « forces de l'ordre » ne lui portèrent aucun secours. Il écopera d'un traumatisme crânien doublé d'une hémorragie cérébrale, de multiples fractures du crâne et d'une hémiplégie. Mais sur le plateau de BFM-TV, l'animateur Bruce Toussaint, sourire condescendant aux lèvres, ne trouva qu'une seule chose à lui dire : « Vous vous trouviez au mauvais endroit au mauvais moment. »

Cette faillite persistante des médias dominants a pu compter sur la rareté des investigations, l'indigence du suivi et l'absence de mises en perspective des violences policières. À quelques exceptions notables dans la presse[29], ce sont une nouvelle fois les rédactions indépendantes – disposant pour beaucoup de moyens humains et financiers bien moindres – qui ont publié la majorité des contre-enquêtes, dont certaines furent déterminantes. Ainsi le travail de Disclose sur Zineb Redouane, grande oubliée des médias dominants, a permis d'établir la responsabilité de la police dans sa mort mais aussi le « sabotage » de l'enquête judiciaire et les mensonges du gouvernement[30]. Dans la même veine, les investigations de Mediapart dans l'« affaire Geneviève Legay », militante d'Attac hospitalisée après avoir été gravement blessée par des policiers à Nice, ont révélé des scandales en cascade, impliquant toute la chaîne de commandement, du commissaire en charge de l'opération à Emmanuel Macron, en passant par le procureur de la République de Nice. « Affaire Legay :

OPINION P. 15
« N'oublions pas les plus pauvres »
Le Parisien
DIMANCHE
Plongée dans la folie des soldes BUSINESS P. 6 ET 7
Migrants : traverser la Manche à tout prix REPORTAGE P. 10
GILETS JAUNES
LE POINT DE RUPTURE
ACTE VIII
Quelque 50 000 manifestants ont défilé hier en France contre le gouvernement. Une mobilisation encore émaillée de violences inacceptables (dont l'attaque d'un ministère), ce qui incite une partie des contestataires à chercher une porte de sortie politique.
PAGES 2 À 4
Le Parisien
POURQUOI TANT DE VIOLENCE
OPINION P. 18 ET 19
« Supprimer le périphérique n'apportera aucune solution »
Le Parisien
DIMANCHE
PSG : un clasico à ne surtout pas perdre LIGUE 1 P. 26 À 28
Une marée pacifique pour le climat ENVIRONNEMENT P. 10
Le Parisien
Gilets jaunes sur l'autoroute
QUI VA PAYER LA FACTURE ?
ENQUÊTE
Depuis un mois, les autoroutes françaises se sont transformées en lieux de contestations et de violences. Un phénomène qui devient très préoccupant, tant sur le plan économique que sur celui de la sécurité.
PAGES 2 ET 3
CHAMPS-ÉLYSÉES
LE SACCAGE DE TROP
PAGES 2 À 5
Le Parisien
COMMENT ARRÊTER ÇA?
VIOLENCES Après les saccages de samedi, le président de la République promet des « décisions fortes ». Jusqu'à des interdictions possibles de manifester sur les Champs-Elysées. PAGES 2 À 5
Le Parisien
FACE AUX MANIFS DU SAMEDI
LE RAS-LE-BOL GRANDIT
GILETS JAUNES Y aura-t-il demain un quatorzième samedi de mobilisation ? De plus en plus de Français expriment leur lassitude.
PAGES 2 À 4

un mensonge d'État », titre Mediapart dans un dossier qui résonne comme une leçon journalistique pour *Nice Matin*. Le quotidien ne révéla quant à lui qu'une seule chose dans cette affaire : son insondable servilité[31]. Citons enfin la plateforme numérique « Allô Place Beauvau ? Depuis novembre 2018 : une répression française », co-réalisée par David Dufresne, Mediapart et plusieurs collectifs d'analystes des données, cartographes, designers et développeurs : à ce jour, il s'agit sans doute du travail journalistique le plus consistant réalisé sur la répression des mouvements sociaux et le rôle de l'IGPN depuis 2018.

Ailleurs, samedi après samedi, la chienlit éditoriale battait son plein à la une. « La méthode forte peut-elle mettre un terme au mouvement des "Gilets jaunes" ? » ; « Violence : le gouvernement durcit le ton » ; « "Gilets jaunes" : quelles réponses aux violences du week-end ? » ; « Paris se barricade » ; « Gilets jaunes : "Face à l'ultraviolence, l'ultrasévérité" » ; « Quel dispositif prévoir pour éviter les violences ? » ; « Casseurs : la chienlit, jusqu'à quand ? » ; « Gilets jaunes : "complice du pire", Macron dénonce les violences ». Et comme ça, *ad libitum*. Sous les foudres des éditorialistes, le tonnerre de « l'ordre public » grondait partout.

À l'uniformité des cadrages éditoriaux ont répondu les injonctions à davantage de répression. S'il est difficile de restituer le torrent réactionnaire qui s'est déversé, jour après jour et pendant plusieurs mois, des plateaux de l'audiovisuel aux colonnes de la presse, certaines éclaboussures méritent d'être immortalisées : de l'appel de Luc Ferry à ce que les policiers « se servent de leurs armes une bonne fois » (Radio Classique, 07/01/19), aux éructations continues du journaliste de France Culture Brice Couturier – « Mais bon sang ! Foutez-les tous en taule ! Rétablissez l'ordre ! » (Twitter, 01/12/18) –, en passant par les saillies de Dominique Rizet – « On ne peut pas laisser brûler les villes ! On ne peut pas construire une société à la Mad Max ! » (BFM-TV, 08/12/18) – et les litanies de Pascal Praud, regrettant que « l'État [n'ait] pas montré sa force depuis trente ans » (CNews, 03/12/18).

La semaine ayant précédé la manifestation du 8 décembre 2018 aura donné d'alarmants échos de la communication de l'Élysée, qui annonçait une « tentative putschiste » et des manifestants venant « pour casser et pour tuer ». Le samedi soir (1 723 interpellations préventives, 286 manifestants blessés), un PDG de cabinet de conseil en « gestion de crise » applaudissait le carnage sur BFM-TV : « J'ai tendance à dire que l'image de la force publique et de la police aujourd'hui était belle, parce qu'on leur a donné les moyens de s'exprimer professionnellement[32]. »

La violence médiatique n'est jamais retombée. En témoigne la suite de l'acte XVIII (16/03/19), qui marqua un jalon déterminant dans la surenchère autoritaire des directions éditoriales – et vit la nomination de Didier Lallement à la tête de la préfecture de police de Paris. « Champs-Élysées : le saccage » titre *La Dépêche* le lendemain ; « Le saccage de trop » corrige la une du *Parisien* ; « Jusqu'où iront-ils ? », tremble *La Voix du Nord* tandis que, du *Républicain lorrain* à *L'Union*, on s'inquiète de la « poussée de fièvre jaune » et des « champs du chaos ». N'ayant de toute évidence pas digéré l'incendie du Fouquet's, les grands médias surexposent en continu les dégradations commises sur la grande avenue parisienne du luxe. Le 18 mars, sur fond d'appréciation des stratégies répressives – dont les donneurs d'ordre sont qualifiés au choix de « défaillants » ou « laxistes » –, ils réclament une reprise en main à grands cris. « L'exécutif contraint de répondre aux violences », dicte *Le Monde* ; « Comment arrêter ça ? », s'indigne *Le Parisien* sur fond de Fouquet's en flammes ; « Insupportable ! », se fâche encore *Le Figaro*, dont l'un des rédacteurs en chef, Vincent Trémolet de Villers, perd patience : « La rage décomplexée et son cortège de tags, de flammes, de pillages, de chasse aux flics étend sa fumée noire. L'attaque en meute, la destruction gratuite deviennent des pratiques sociales ordinaires. » Une caricature pour mieux préconiser la répression générale : Emmanuel Macron doit « faire la preuve implacable, dès samedi prochain, de l'autorité de l'État. Dans les centres-villes, d'abord, sur tout le territoire ensuite. La bataille sera longue et difficile : c'est la plus urgente du quinquennat. »

Cette tonalité excède de loin les frontières de la presse écrite et constitue la « petite musique » des lignes éditoriales dans l'audiovisuel. Le 18 mars toujours, onze matinales (télé et radio) distribuent la parole entre la majorité gouvernementale – incluant le Modem – et la droite (LR ou apparentés). Il en va de même le soir, où 85 % des interviews sont confiées aux mêmes tendances et à l'extrême droite[33]. Loin de tempérer l'escalade, les journalistes l'encouragent. Alba Ventura, sur RTL : « L'autorité c'est pour quand ? À quel moment les pilotes montent dans l'avion ? Si on est dans un État de droit, il doit y avoir des réponses de fermeté. » La police ? « Pas au niveau ». La répression judiciaire ? « Visiblement pas suffisante. » Avant de prêcher les bonnes solutions : « On le sait maintenant, les Gilets jaunes ne sont plus un mouvement démocratique, ils ne manifestent pas pour leurs droits. Ils appellent à la casse ou en sont complices. C'est tout. Et ça fait des semaines qu'on tolère ça ! [...] Donc ces manifs, pardon, mais elles devraient être désormais interdites. » Dans la matinale de France Inter, face à Sébastien Chenu (RN), d'abord, et à Christophe Castaner, ensuite, Léa Salamé verse dans la surenchère : « Quand vous avez vu ce qui s'est passé samedi, est-ce que vous avez regretté de ne pas avoir voté la semaine dernière la loi "anticasseurs" ? » ; « Faut-il que les policiers utilisent [les LBD] plus massivement et avec moins de scrupules ? » ; « On a vu samedi des policiers armes au pied, qui ne sont pas intervenus contre les Gilets jaunes ou contre les casseurs. Est-ce que là, vous leur dites : il faut intervenir plus massivement ? » Sur France Info, plutôt que de « nuancer » l'hystérie de Frédéric Péchenard – ancien directeur général de la Police nationale et désormais vice-président LR du conseil régional d'Île-de-France –, Marc Fauvelle lui donne la réplique :

FRÉDÉRIC PÉCHENARD : On considère que les gens qui viennent dans Paris sont des manifestants pacifistes. Ce n'est pas vrai. Ce sont des émeutiers. Ce sont des délinquants. Tous.

MARC FAUVELLE : Il y avait 10 000 personnes à Paris. Vous mettez tout le monde en garde à vue ?

FRÉDÉRIC PÉCHENARD : S'il le faut, oui.

Quatre jours plus tard, la même matinale monte d'un cran en ouvrant le micro à Bruno Le Ray, gouverneur militaire de Paris et responsable des forces anti terroristes « Sentinelle ». Alors que le général affirme que des « consignes extrêmement précises » autorisent « jusqu'à l'ouverture du feu » sur les manifestants, Marc Fauvelle ne s'inquiète que d'une chose : « Est-ce que vous ne craignez pas que certains casseurs en fassent carrément un défi et qu'ils viennent, passez-moi l'expression, casser du militaire demain ? » Sur la déclinaison télé de la radio publique, ce genre de discours est la norme. Toujours le 18 mars, aux « Informés », Saveria Rojek, journaliste à Public Sénat, encourage l'usage de drones et un durcissement de la doctrine du maintien de l'ordre – « Ça paraît une évidence, une nécessité même » –, avant de légitimer des raccourcis dans les circuits législatifs : « Mais comment est-ce possible [...] que la loi "anticasseurs" ne soit toujours pas appliquée ? Puisque cette loi permet des fouilles, une interdiction de manifester ! [...] Ils ont besoin d'encore un peu de temps avant de la valider [au Conseil constitutionnel], c'est vrai que

Haziza Frédéric
@frhaz

Le @mdiplo s'amuse à indiquer aux casseurs déguisés en #GiletsJaunes les lieux de pouvoir(avec hôtels, ambassades, sièges de sociétés, « hauts lieux de l'élite intellectuelle »)Un encouragement à les attaquer ce #8Décembre. #irresponsable #CerveauxMalades monde-diplomatique.fr/carnet /2

Caroline Fourest
@CarolineFourest

En 2018, il y a une presse qui tente de résister aux fake news, aux appels à la haine sur les réseaux sociaux... Et puis il y a des torchons, qui se comportent comme des blogs de caniveau, en publiant des cartes qui incitent aux lynchages. #MondeDiplomatique #TorchonDogmatique

Mohamed Sifaoui
@Sifaoui

Si je puis me permettre, il manque évidemment outre votre adresse, vous être aussi des gens importants : mais c'est une faute professionnelle (et peut-être idéologique) de ne pas avoir donné les adresses personnelles des élus, des policiers et gendarmes etc etc Bande d'abrutis !

Alex Sulzer
@Alexsulzer

Merci pour ce travail. Pourriez-vous également publier les adresses personnelles des fonctionnaires dans les administrations centrales, des banquiers, des journalistes et des policiers?

Raphaël Enthoven
@Enthoven_R

C'est vrai, ça !
@mdiplo, vous avez oublié de donner VOTRE adresse, au cas où certains gilets jaunes auraient le mauvais goût de vous prendre, vous aussi, pour des révolutionnaires en fauteuils. #démagogie

Géraldine Woessner
@GeWoessner

Je reste sans voix devant la carte hallucinante des "lieux de pouvoir" que publie le #MondeDiplomatique, dans ce contexte de violence débridée. A noter que leur propre adresse manque dans les "hauts lieux de l'élite intellectuelle" (à aller ravager)...

Sylvie Pinatel
@sylviepinatel

En réponse à @mdiplo et @odilon72

Vous avez réfléchi avant de publier cela ? Non ? Ah ! Me voilà rassurée.

c'est un problème. » Il s'agit véritablement là d'un consensus en plateau. « Interdire [les manifestations] tout court ? », demande le présentateur Jean-François Achilli : « Interdire tout court », communie François d'Orcival pour *Valeurs actuelles*, adoubé par Stéphane Vernay, directeur de la rédaction parisienne d'*Ouest-France* : « À partir du moment où vous interdisez la manifestation, [...] vous pouvez aussi prendre des mesures juridiques contre les organisateurs. »

De l'extrême droite au « cercle de la raison », les éditorialistes ont ainsi fait cause commune : torpiller tout ce qui leur paraissait sortir du rang. En décembre 2018, alors que les Gilets jaunes mettaient un point d'honneur politique à défiler dans les beaux quartiers de l'Ouest parisien, *Le Monde diplomatique* comparait le parcours des manifestations à la localisation des « lieux de pouvoir », dont la rédaction actualisait, au moyen de données publiques, une carte initialement parue en 2012[34]. De quoi attiser la panique des commentateurs. Si la publication fut qualifiée de « véritable guide pour les incendiaires » et de « pousse-au-crime » à l'antenne d'Europe 1 le 8 décembre, c'est sur Twitter qu'ont été poussés les plus beaux cris d'orfraie[35].

LBD : le débat n'aura pas lieu

Le 6 mars 2019, dans les pas du Conseil de l'Europe et du Défenseur des droits, la haut-commissaire aux Droits de l'homme de l'ONU, Michelle Bachelet, demande « une enquête approfondie sur tous les cas rapportés d'usage excessif de la force ». « Sous-secrétaire désœuvrée qui s'est exprimée un jour où elle s'ennuyait », tweete frénétiquement Jean-Michel Aphatie. Sur LCI, David Pujadas n'en revient pas non plus : « La France sermonnée, admonestée par l'ONU ! C'est dans l'ordre des choses, c'est le rôle de l'ONU ou c'est irréel ?! », demande-t-il à ses convives (06/03/19)[36]. « Tout ce qui est excessif est insignifiant », répond doctement Sophie Coignard du *Point*, avant d'ajouter : « Là, [Michelle Bachelet] a fumé la moquette. Et donc ben voilà, on ne l'écoute pas, ce n'est pas grave ! » « On marche sur la tête avec un truc aussi fou », confirme Serge Raffy, rédacteur en chef à *L'Obs*, avant que l'ensemble du plateau bascule dans une théorie hallucinée du complot, pointant des « jeux d'influence au niveau international » et une « manipulation politique ». Ourdie par qui ? LFI, pardi ! « Peut-être que [...] ça s'explique aussi par la proximité de Mme Bachelet à une époque avec le gouvernement chaviste au Venezuela. Connaissant les rapports de La France insoumise avec le Venezuela, il y a une espèce d'axe, si je puis dire, qui est quand même assez troublant », imagine Sophie Coignard. Il fallait y penser...

Sur le plateau de « C dans l'air » (France 5, 18/03/19), le secrétaire général du syndicat policier SCSI-CFDT regrette « une diminution des LBD, avec des balles Chamallow ». Décrétée nulle et non avenue sur les chaînes d'information en continu, la question portée par la haut-commissaire aux Droits de l'homme a été supplantée au fil des manifestations par des « plaidoyers pour la liberté de mutiler » mis en lumière par Samuel Gontier[37]. « Quand on voit ces images, on se dit : comment se fait-il qu'il y ait encore un débat sur les policiers qui en font trop, qu'il y ait un supposé Défenseur des droits qui se répande en jérémiades sur les plateaux de télévision ? » (Guillaume Roquette, directeur du *Figaro Magazine* sur LCI, 17/03/19). « Le fait d'avoir retiré le LBD, c'est une défaite politique », résume sur BFM-TV Driss Aït Youssef, l'un des « experts sécurité » les plus médiatisés. Au même moment, il est corroboré par Jean-Michel Aphatie dans « C à vous » : « La pression ignoble qu'ont fait peser tout un tas de gens, du Défenseur des droits à la commissaire de l'ONU, sur les policiers, tous les relais qui ont dit que la police était répressive ont conduit la police à une espèce d'inhibition. » (France 5, 18/03/19)

Restaurer « l'autorité » : un crédo éditorial

Normalisée, l'approche médiatique autoritaire de « l'ordre public » donne lieu, depuis, à de vastes séquences d'hystérie sécuritaire. Fin août 2020, Samuel Gontier faisait patiemment le portrait d'une « rentrée des incendiaires » sur les chaînes d'information en continu[38]. Et en octobre, Acrimed revenait sur deux mois d'« ensauvagement de l'agenda médiatique[39] ».

L'hypertrophie de ces chaînes de télévision n'a fait que prolonger un été particulièrement fructueux pour le « théâtre de l'autorité » sur fond d'« insécurité » dans de nombreux médias. Lunettes déformantes sur le nez, les rédactions se livrent alors à l'un des exercices qu'elles affectionnent le plus : monter en épingle des faits divers. En juillet 2020, quatre d'entre eux cristallisent l'emballement : la mort d'une gendarme percutée par un véhicule en fuite dans le Lot-et-Garonne et l'agression mortelle d'un chauffeur de bus à Bayonne (05/07/20), la blessure par balle d'un pompier à Étampes (14/07/20) et le décès d'une aide-soignante renversée à Lyon (19/07/20). Tandis que les chaînes d'info en font leurs choux gras, les « 20h » s'activent : l'Ina enregistre 128 sujets « faits divers » pour le seul mois de juillet sur TF1, France 2, France 3 et M6 [40]. Sur cette dernière chaîne, c'est même la catégorie d'information la plus traitée derrière les questions de santé dans la semaine du 20 au 26 juillet : environ trois par JT. Le 21 juillet, alors qu'Emmanuel Macron s'invite au « 20h » de TF1 pour promouvoir son « plan de relance européen », le présentateur Julien Arnaud pousse « le sujet de la sécurité » en toute fin d'interview : « On vous a assez peu entendu là-dessus. Or, il y a eu des drames. [...] Que comptez-vous faire pour en finir avec ça ? » Dégainant le slogan politico-médiatique éculé de la « tolérance zéro [41] », le président de la République affirme que le gouvernement prendra « toutes les dispositions utiles pour que la réponse judiciaire soit rapide et au rendez-vous de ces incivilités ». De quoi enflammer la fachosphère... qui s'indigne du dernier terme employé tandis qu'à l'Assemblée nationale, un peu plus tôt dans la journée, le maire RN de Perpignan, Louis Aliot, interpellait le Premier ministre sur « l'ensauvagement de nos rues ». Très au fait de ces réseaux, le FigaroVox s'entretient dès le lendemain avec l'avocat et « expert » médiatique Thibault de Montbrial, parachutiste de réserve et lieutenant-colonel dans la réserve des spécialistes de la Gendarmerie depuis 2019[42]. Pointant « une foule d'agressions qui hantent les colonnes des faits divers dans la presse régionale », son plaidoyer cible « l'immigration clandestine, [...] pour partie responsable ». Le titre de l'interview ? « Montée des violences : "Ce ne sont pas des incivilités, mais le symptôme d'un ensauvagement." » Trois jours plus tard, le ministre de l'Intérieur réutilise ce terme dans un « entretien exclusif » mis à la une... du *Figaro* : « Gérald Darmanin : "Il faut stopper l'ensauvagement d'une partie de la société." »

Pendant plusieurs semaines, une partie de « l'actualité » sera ainsi polarisée par « l'ensauvagement » et la « crise de l'autorité » sur fond de « polémique » lorsque la totalité des chefferies éditoriales choisit de mettre en scène une (fausse) bataille de coqs entre Gérald Darmanin et le ministre de la Justice, Éric Dupond-Moretti, qui confie ne pas apprécier le mot mais partager « le véritable constat, qui est la perte des repères, [...] une perte des valeurs » (BFM-TV, 31/07/20). Deux sondages indigents réalisés coup sur coup par l'Ifop – « Les Français, la montée de l'insécurité et "l'ensauvagement de la

"ENSAUVAGEMENT" : UN MOT TABOU ?

"ENSAUVAGEMENT" : DARMANIN CRÉE LA POLÉMIQUE

"ENSAUVAGEMENT" : LA GÊNE DE POMPILI

VIOLENCES : LA FRANCE EST-ELLE "MALADE" ?

"ENSAUVAGEMENT": DUPONT-MORETTI DANS LE DÉNI?

"ENSAUVAGEMENT" : UNE RÉALITÉ?

ENSAUVAGEMENT, 1ER COUAC POUR LE GOUVERNEMENT

"ENSAUVAGEMENT" : DARMANIN NE RENIE RIEN

LUTTER CONTRE L'ENSAUVAGEMENT DES JEUNES

Y A-T-IL VRAIMENT UN ENSAUVAGEMENT DE LA SOCIÉTÉ ?

"ENSAUVAGEMENT" : DARMANIN PERSISTE ET SIGNE

VIOLENCE, "ENSAUVAGEMENT"... VRAIMENT ?

"ENSAUVAGEMENT" : DUPOND-MORETTI VS DARMANIN

"ENSAUVAGEMENT" OU INCIVILITÉS ?

DUPOND-MORETTI/DARMANIN : LA BATAILLE DES MOTS

DARMANIN / DUPOND-MORETTI : L'ESCALADE

UN "ENSAUVAGEMENT" DE LA SOCIÉTÉ ?

"ENSAUVAGEMENT" : DUPOND-MORETTI VS DARMANIN

société" » suivi de « Le regard des Français sur l'évolution de la délinquance » (7 et 20/09/20) – tombent alors à point nommé pour alimenter la machine à commentaires. Pendant ce temps, *Le Figaro* continue d'incarner son rôle d'avant-garde sur la question : le « défi de l'autorité », le « principe d'autorité » et la « banalité de la barbarie » titrent les éditos en une les 5, 9 et 13 juillet. Auxquels s'ajoute un bon gros titre tapageur sur l'agitation frénétique du ministre de l'Intérieur – « Police : comment Darmanin veut rétablir la confiance » (09/07/20). Après quoi le quotidien se fend d'une « chronique de 72 heures de violence ordinaire en France » (06/09/20) en annonçant « un document choc » : « EXCLUSIF : *Le Figaro* s'est procuré un édifiant état des lieux dressé par les services de police et de gendarmerie. Clinique, il détaille la chronique de trois jours de haine au cœur de l'été. » Polar ou information ? Dans les colonnes d'Arrêt sur images, les chercheurs Sebastian Roché et Laélia Véron déconstruiront cette réécriture performative d'*Orange mécanique*[43] : « Le but [...] n'est pas d'informer mais de proposer un cadre interprétatif : [...] la fin de la civilisation, l'effondrement de la morale. »

Moins d'un an plus tard, le service statistique ministériel de la Sécurité intérieure – dont les données sont pourtant à manier avec prudence – rendra ses comptes pour l'année 2020, comparés au bilan 2019 : nombre d'homicides en baisse, diminution très nette des vols, cambriolages et dégradations (toutes catégories confondues) ; très légère hausse des « coups et blessures volontaires ».

Cette dernière résulte de « la forte augmentation des violences intrafamiliales » pendant le confinement, soit notamment des violences conjugales, touchant majoritairement les femmes et qui sont rarement – pour ne pas dire jamais – comprises dans la catégorie médiatique de « l'insécurité »[44]. Une nouvelle fois, les rues de France ne s'étaient donc « ensauvagées » qu'au prisme déformant des... médias, dont l'agenda fut calqué (volontairement ou non) sur les priorités de l'extrême droite et la communication du gouvernement. Du *Monde* à *Libération*, des journalistes avaient pourtant sollicité les meilleurs spécialistes pour tempérer l'emballement. Mais qu'importe. Comme le résume l'éditorialiste Bruno Jeudy, « ce qui compte, c'est la perception des Français » : « Les Français, ces deux derniers mois, ils ont vu des faits divers qui sont absolument horribles ! Des actes sauvages qui ont choqué ! [...] Qu'on le veuille ou non, c'est comme ça ! » (BFM-TV, 01/09/20) Puisqu'ils l'ont vu à la télé...

À la suite de cette séquence cacophonique, mais somme toute ordinaire, l'assassinat de Samuel Paty, le 16 octobre 2020, transforme le flux médiatique en un vaste torrent réactionnaire. Dans la semaine suivant l'attentat, les matinales de onze médias réservent aux membres du gouvernement, de la droite et du RN pas moins de neuf fauteuils politiques sur dix. Il en va de même sur BFM-TV, où plus des trois quarts des représentants politiques invités sur la chaîne du 17 au 21 octobre 2020 sont des voix de la majorité (et de ses alliés de centre droit), de la droite et de l'extrême droite. La gauche reste partout à la porte, y compris de celle des quotidiens nationaux : du 19 au 25 octobre 2020 dans les pages du *Parisien*, du *Monde*, du *Figaro* et de *Libération*, aucun représentant étiqueté EELV, LFI ou PCF ne figure au compteur des invités politiques interviewés ou sollicités en tribune[45]. En résulte, mécaniquement, ce que Samuel Gontier qualifia de « concours Lépine des idées d'extrême droite » : des discussions sur l'« abandon de l'État de droit, le rétablissement du bagne, la restauration de la Cour de sûreté de l'État, le retour du service militaire, la déchéance de nationalité, le retrait de la Convention européenne des Droits de l'homme, l'obligation de porter des prénoms "français"[46] ». Sans oublier l'opportune cabale islamophobe lancée par François Fillon appelant, depuis les colonnes de *L'Express*, à « bannir le voile de tout l'espace public » (21/10/20). Comble de l'hystérie : une traque politico-médiatique des « islamo-gauchistes » se déchaîne pendant plusieurs mois.

Tout se passe finalement comme si les éditorialistes les plus en vue et les directions éditoriales se livraient à une surenchère de postures martiales avec les responsables politiques, les uns incitant les autres, et réciproquement, à prôner toujours plus d'autoritarisme et de répression. C'est ainsi qu'à la recherche d'un homme à poigne les médias ont dégoté et fait émerger à partir de l'été 2020 une figure à même de les rassurer : l'ex-chef d'État-Major des armées Pierre de Villiers[47]. Prenant prétexte de la parution de son livre consacré à *Réparer la France*, les chefferies éditoriales ont sollicité du militaire sa stratégie, au lendemain de l'assassinat de Samuel Paty, pour « remettre de l'ordre » en France. Désormais campé en potentiel candidat à l'élection présidentielle de 2022, Pierre de Villiers était déjà l'objet d'une véritable saga journalistique depuis sa démission de l'armée en 2017 – avec *Le Parisien* à l'avant-garde de cet engouement collectif, dont le rédacteur en chef adjoint, Henri Vernet, décerna au galonné le titre de « militaire le plus populaire de France » (06/10/20). Les sondages ont pris évidemment toute leur part dans cette promotion médiatique active : en juillet 2020, alors que l'Ifop (pour Europe 1, Public Sénat et *La Tribune*) invitait ses sondés à « indiquer la personnalité en qui ils auraient le plus confiance pour "réinventer la France" », Pierre de Villiers figurait au milieu d'une sélection arbitraire de treize noms : des politiciens membres de LREM ou des Républicains, Arnaud Montebourg et Didier Raoult ! Une farce qu'avait inaugurée l'institut Odoxa un an plus tôt, lorsqu'il décidait tranquillement de sonder « les-Français » sur « l'instauration d'un régime autoritaire » en France, et dont les conclusions furent ventilées du *Point* à *La Voix du Nord*[48]. Déraison des médias : le sondage était commandé par les éditions JC Lattès pour lancer *Article 36*, un roman de politique-fiction signé… Henri Vernet, qui imaginait un putsch militaire dont le personnage central s'inspirait de… Pierre de Villiers. Quand « l'information » se dissout dans la fiction.

Mais c'est véritablement à partir d'octobre 2020 que l'ancien chef d'État-Major monte en grade dans les médias : « C à vous » (France 5), les matinales de RTL puis de Radio Classique, CNews, Sud Radio, France Inter et LCI, « Grand Oral » des « Grandes Gueules » et entretiens-fleuve sur les créneaux politiques les plus importants des chaînes d'information en continu (« Ruth Elkrief, le rendez-vous » sur BFM-TV, « Votre instant politique » sur France Info), sans oublier les kilomètres d'interviews, tribunes et recensions dans la presse quotidienne (nationale et régionale) et hebdomadaire. C'est un carton plein : « La France, la droite en l'occurrence, cherche un homme providentiel, a un besoin d'autorité. Vous pourriez formidablement les incarner ! », résume Laurence Ferrari au comble de l'enthousiasme (CNews, 26/10/20). Dans le reste du PAF, tous courent déjà derrière le scoop et portent le képi étoilé au pinacle : « Vous avez le sens du devoir général de Villiers, [...] est-ce que vous pensez que votre candidature à la présidentielle pourrait avoir un sens aujourd'hui ? », l'interroge Thomas Sotto sur RTL (21/10/20). « Un militaire, un général, ça prend ses responsabilités, non ? Il y a beaucoup de gens qui vous demandent de rentrer dans l'arène politique », insiste Léa Salamé au micro de France Inter (11/11/20). « Je vous écoute attentivement général, [...] toujours très haut gradé dans l'esprit, minaude encore Patrick Cohen sur France 5. J'ai l'impression d'entendre aujourd'hui un homme politique qui se prépare à une campagne et pas à une campagne militaire. Je me trompe ? » (20/10/20). Sur

BFM-TV, Ruth Elkrief est aux anges: « Moi quand je vous entends, je me dis: tiens, il se prépare à répondre à une forme d'appel qui est lancé, de-ci, de-là, par des personnalités qui attendent l'arrivée d'un sauveur. [...] Est-ce que vous allez être cet homme-là ? » (24/10/20).

Les responsables des grands médias se sont-ils seulement interrogés sur ce qu'ils véhiculaient, au lendemain d'un attentat, en orchestrant de la sorte un défilé militaire quotidien sur les écrans et dans les postes de radio? « Pierre de Villiers: "L'islam doit s'intégrer dans notre modèle culturel français" », titre la rédaction du groupe Ebra pour annoncer l'interview diffusée dans une dizaine de titres régionaux de l'Est français. « Comment on fait la guerre, maintenant ? », gronde Thomas Sotto, avant de faire ses propres suggestions: « Changer peut-être nos institutions? [...] Renoncer à certaines de nos libertés chéries ? [...] Remettre de l'autorité ? Beaucoup d'autorité ? »... Dans « C à vous », Anne-Élisabeth Lemoine rapporte les propos d'Élisabeth Badinter, « Ça ne peut plus se régler dans le pacifisme », pour mieux introduire une saillie tout aussi outrancière venue d'un responsable politique: « Hier, Christian Jacob disait qu'il existait un lien entre l'islamisme radical et l'immigration. Vous êtes d'accord avec ce lien ? » De son côté, Ruth Elkrief prend appui sur une proposition de Marine Le Pen pour formuler sa question: « Est-ce que vous, le militaire, vous dites qu'il faut une "législation de guerre" et des lois d'exception ? [...] Est-ce qu'il faut changer les règles du droit d'asile ? » Inquiète de perdre le peloton, Léa Salamé renchérit : « Trouvez-vous la France trop laxiste ? Est-ce que vous trouvez que [le gouvernement] ne va pas assez loin dans l'application des lois pour faire régner la sécurité en France ? » Pendant ce temps, à une heure de grande écoute, Sud Radio disserte sur les « ferments d'une guerre civile » (27/10/20). Et de France 5 à BFM-TV, les intervieweurs accueillent le rétablissement du service militaire comme une panacée.

Avec des éditocrates si bien disposés à l'égard de la chose militaire et des valeurs d'ordre et d'autorité que cette institution est censée incarner, on ne s'étonnera guère que la tribune de militaires d'active, publiée dans *Valeurs actuelles* quelques mois plus tard, prophétisant la « guerre civile » et brandissant la menace d'une intervention face à « l'islamisme et les hordes de banlieue », n'offusque pas outre mesure et occupe une partie de l'agenda médiatique. Notamment LCI, qui a consacré plus d'une journée à promouvoir ces militaires factieux : « Putschistes ou lanceurs d'alerte ? », interrogeait le titre d'un « débat »... qu'animait l'inévitable Éric Brunet (29/04/20)[49].

Un rôle de « contre-pouvoir » ?

Bringuebalés par le flux de l'information instantanée, enlisés dans la droitisation du champ politique, englués dans le bavardage permanent de Twitter – exploité par la plupart des journalistes non pour rechercher de nouveaux interlocuteurs mais pour scruter la communication des « personnalités » qui envahissent (déjà) leurs plateaux et leurs colonnes –, enfermés dans une concurrence favorisant la circulation circulaire des « actualités » tapageuses, les médias dominants semblent bien souvent naviguer à vue. Et démontrent jour après jour leur incapacité à tenir le rôle de contre-pouvoir qui devrait être le leur.

Ainsi, la dérive autoritaire de l'État se renforce sans rencontrer d'autre résistance médiatique qu'une information au rabais et une bienveillance complaisante de la plupart des commentateurs. À cet égard, on ne peut que déplorer la rareté de l'information autour de l'arsenal sécuritaire mis en place pour la lutte antiterroriste depuis les années 2000 et à l'occasion de l'état d'urgence (2015-2017), dont certains dispositifs ont été transposés dans le droit commun à l'aube du premier quinquennat Macron via la loi SILT. Autant de bouleversements juridiques qui durcissent le droit pénal et renforcent les moyens d'action des « forces de l'ordre », traités trop souvent superficiellement (au prétexte d'une technicité rébarbative pour le public), selon le tempo institutionnel, sans mise en perspective ni droit de suite, en reprenant les « éléments de langage » du gouvernement et parfois sans autre éclairage que l'expertise policière[50].

Les médias délivrant une information souvent partielle et partiale sur la multiplication des dispositifs liberticides, leurs conséquences sur les populations en sont plus encore invisibilisées. Qu'il s'agisse des violences policières et judiciaires, des conséquences à court, moyen et long terme des arrestations, gardes à vue, perquisitions, assignations à résidence, comparutions immédiates, interdictions de manifester, etc.[51] Seuls des médias alternatifs assurent les reportages et le travail d'enquête permettant d'en rendre compte[52]. Même lorsque l'autorité de l'État s'exprime dans sa brutalité la plus ordinaire, souvent en bafouant le droit, les médias dominants détournent le regard. Pour ne prendre que cet exemple : les grands reporters et autres vedettes de l'éditocratie ne se bousculent pas sur les dunes de Flandres pour concocter des « éditions » ou des « journées spéciales » sur le harcèlement quotidien des exilés par la police.

« La police tue » : le débat n'aura pas lieu (non plus)

Le 13 octobre 2021, pour la première fois depuis l'annonce de sa candidature à l'élection présidentielle trois mois plus tôt, Philippe Poutou (NPA) était reçu sur un média national (France Info). Si l'interview de ce « petit » candidat n'était guère prédestinée à faire l'agenda des grands médias, une déclaration sur les violences policières a mis le feu aux poudres : « Oui, la police tue. [...] Après, on peut discuter : assassinats, meurtres ou accidents, ou bavures... — Gilles Bornstein : Ou légitime défense. — Ou légitime défense, bien sûr. [...] La police tue oui, mais la police, surtout, mutile. Combien de mains arrachées, combien de visages défigurés, combien de gens en garde à vue alors qu'ils n'ont rien fait ? Donc il y a une véritable violence policière, oui. Il y a une police qui peut tuer, parce qu'en fait elle est armée, surarmée, et elle est dangereuse. »

Quoi qu'on pense de la formulation initiale, le propos repose sur des bases factuelles, par exemple celle de l'IGPN[53]. Mais il suffit qu'un syndicaliste policier s'indigne à grands cris (sur Twitter) pour que naisse une tempête médiatique. Moins d'une heure après l'interview, le porte-parole du syndicat des commissaires de police SICP, Matthieu Valet, tweete frénétiquement en espérant (et en obtenant) que « M. Darmanin dépose plainte pour diffamation », ce qui lui vaut une invitation le lendemain à la première heure sur CNews.

La « polémique » est lancée[54]. Piétinant le pluralisme, les chaînes d'information ferment le débat avant même qu'il ait eu lieu, déclarant ouverte la parade des syndicats de police, reçus par des présentateurs très à l'écoute : « Ça atteint le moral des policiers ? Ou ce qui est excessif est insignifiant ? », s'enquiert un présentateur de CNews rejoint par des chroniqueurs-soldats en guerre contre la « putréfaction antifasciste du gauchisme » et une « extrême gauche [...] qui parle à la racaille à des fins électoralistes ». Sur BFM-TV, Pascale de La Tour du Pin s'offusque à son tour : « Mais comment on en arrive à ce qu'un candidat à la présidentielle, en l'occurrence Philippe Poutou, tienne de tels propos ? » Sur la même chaîne, face à un autre responsable syndical, Olivier Truchot compatit : « On vous a senti ému, hein, face à ces accusations. Trop c'est trop ? », avant d'aller à l'essentiel : « Est-ce que Philippe Poutou, il faut le faire taire ? » Le journalisme de préfecture s'en sera amplement chargé.

Malmenant autant la mission d'informer que le droit à l'information, ce traitement au rabais a caractérisé la loi « sécurité globale » (2020-2021) et la contestation qu'elle a soulevée[55]. Un phénomène paradoxal compte tenu d'un élément peu transposable à d'autres mobilisations sociales : l'engagement public de nombreux journalistes, de leurs principaux syndicats et de nombreuses sociétés de journalistes contre la proposition de loi, jusqu'à devenir, pour certains, partie intégrante de la coordination #StopLoiSécuritéGlobale qui fut à l'origine des principaux appels à manifester.

À la suite de la deuxième grande mobilisation, le 21 novembre 2020, BFM-TV et LCI ont ainsi généreusement omis d'informer leurs téléspectateurs sur les violences policières qui s'y sont déroulées – ce qui est habituel –, mais aussi sur les dizaines de manifestations pour la défense du... droit d'informer[56]. Une désinformation par omission qui fut également pratiquée par deux créneaux d'information rassemblant des millions d'auditeurs et de téléspectateurs sur France Inter (le journal de 8 heures) et France 2 (le « 20h ») au moment de l'examen de la loi à l'Assemblée nationale. Du 15 au 29 novembre 2020, les angles morts de ces deux rédactions furent béants[57]. La focalisation sur l'article 24 notamment, qui prévoyait de sanctionner la « diffusion du visage ou tout autre élément d'identification d'un fonctionnaire de police », a complètement évincé le reste des dispositifs liberticides prévus par la loi : jamais évoqués au « 20h » de France 2 et mentionnés (mais sans la moindre critique) à deux courtes reprises sur France Inter. Pis, aucune contre-argumentation solide à la communication (omniprésente) du pouvoir en place ne fut jamais proposée, alors que, de la Quadrature du Net à la Ligue des droits de l'homme en passant par l'Observatoire des libertés et du numérique ou la Commission nationale consultative des droits de l'homme, de très nombreuses organisations en appelaient au retrait de la loi. Au cours des deux semaines étudiées, le journal de 8 heures et le « 20h » ont privilégié une information sur les coulisses et les « affrontements » politiciens – manœuvres, couacs, imbroglios, tensions et polémiques. Même les deux rappels à l'ordre adressés à l'État français par l'ONU et la Commission européenne furent passés sous silence, selon un principe éditorial valable pour France 2 comme France Inter : ce qui n'est pas abordé (ou ne fait pas l'objet de réactions) dans le camp gouvernemental n'existe pas.

Renonçant à un pluralisme digne de ce nom, escamotant les enjeux, les chefferies médiatiques ont abdiqué leur mission au profit d'une « information-spectacle », répondant sans aucun doute aux exigences commerciales et à celles du maintien de l'ordre, mais certainement pas aux intérêts du public sur des sujets démocratiques pourtant majeurs.

V. Les médias face au « péril rouge »

> Vous avez échoué depuis des années à gauche ! La gauche, [...] elle est hors course !
>
> Jean-Jacques Bourdin à François Ruffin, RMC (15 avril 2021)

ENCENSER L'ÉCONOMIE de marché et « la-réforme », porter aux nues la « culture de gouvernement » et se réjouir de la prospérité des puissants, consentir aux « évidences » sécuritaires, accepter qu'on ne puisse « accueillir toute la misère du monde », psalmodier la grandeur de « la-laïcité-à-la-française », ramener les discriminations à des cas isolés et le racisme à des « dérapages » ponctuels, etc. Autant d'injonctions, dont ce livre décrit les modalités, au-delà desquelles il est presque impossible d'intervenir dans le débat public sans être tancé par les tenanciers des médias, qui veillent à ce que la contestation de l'ordre social ne dépasse jamais les bornes du « raisonnable ». Voilà les jalons du procès médiatique en sérieux, en modération et en légitimité auquel est soumise « la gauche » partout où elle agit et propose un avenir et un savoir politiques (syndical, parlementaire, journalistique, universitaire, associatif, social, etc.). *A fortiori* par temps de manifestations, de crises ou d'élections, où les médias exercent leurs pouvoirs à sens unique, triant le bon grain « réformateur » de l'ivraie « jusqu'au-boutiste », faisant barrage à la gauche « extrême[1] », purgeant la contestation de ses « excès » et excommuniant toutes celles et tous ceux qui remettent en cause les différentes formes de domination qui fondent la société profondément inégalitaire qu'engendre le capitalisme.

Démobiliser : « Il faut casser le front syndical »

Vues à travers le prisme des médias, les mobilisations sociales se ressemblent : inutiles, minoritaires, illégitimes, importunes, inopportunes[2]. Les mobilisations contre les « réformes » d'Emmanuel Macron n'ont évidemment pas dérogé à la règle.

Notons, d'emblée, que de nombreuses grèves (comme celles des soignants ou des enseignants) ont complètement échappé aux médias[3]. Quand elles furent traitées, les mobilisations sociales ont été (comme de coutume) principalement montrées au travers de leurs « victimes » et au prisme des seuls « effets » que reconnaissent les rédactions : « galères » de transport, gardes d'enfants difficiles, Noëls et vacances « gâchés », commerçants « pénalisés », etc. Inlassablement, les journalistes arpentent les quais de gare et traquent les mécontents en direct... de Twitter, quand ils ne lancent pas eux-mêmes des « appels à témoins » pour les mettre en scène[4].

Tous les moyens sont bons pour reléguer les revendications au second plan du paysage de l'information et décrédibiliser les opposants. Quitte à désinformer sans entrave : de la retraite « totémique » des cheminots aux salaires « mirobolants » des enseignants en passant par les allocations « fastueuses » des chômeurs, le grand barnum médiatique ne rougit jamais de ses outrances et se répète à l'envi[5].

Tout au long du mois de décembre 2019, le « pluralisme » sur Europe 1 a pris mille et un visages pour pilonner les opposants à la réforme des retraites[6]. Un sommet a (sans doute) été atteint le 5 janvier 2020, lorsque le journaliste Bernard Poirette convoque un psychiatre dans la matinale pour aborder les conséquences des « galères » de transport : « Vous qui pratiquez au quotidien à l'hôpital Saint-Antoine, est-ce que dans vos consultations, vous avez eu des patients [...] qui sont venus vous voir en disant : “J'en peux plus, je craque, je mets cinq heures aller-retour pour aller bosser, je vais me flinguer” ? » Avant de verser dans la fiction post-apocalyptique : « Docteur Ferreri, vous avez peut-être revu un vieux film américain d'il y a 30 ans, qui racontait un immense embouteillage à Los Angeles, et Michael Douglas, devenant fou furieux parce qu'il est à l'arrêt pendant deux heures, sort un flingue de son coffre et tire dans le tas. Est-ce que vous imaginez qu'on puisse en arriver là en France ? »

Appel à témoins : quelles conséquences pour vous, à la suite de l'annulation de votre train

[redacted] 19 oct. 2019 ···

La grève SNCF est en train de gâcher le mariage de ma sœur.

17 17 72

[redacted] ···

En réponse à [redacted]

Bonjour Monsieur,
Je suis journaliste à @BFMTV. Triste nouvelle pour votre mariage. Je cherche à interviewer des personnes comme-vous, victime de la grève SNCF. Etes-vous disponible pour un appel téléphonique ?
Merci beaucoup.

Grève des transports : pas de train pour Noël, apportez-nous votre témoignage

[redacted] ···

En réponse à [redacted] et 2 autres personnes

bonjour, je suis journaliste à M6 et je prépare un sujet sur la hausse des accidents avec la grève, je ne peux pas vous contacter par MP... pouvez vous me contacter? 06[redacted] merci

A cause des grèves, vous êtes en télétravail, mais cela commence à vous saouler ? Racontez-nous

[redacted] ···

@[redacted] bonjour je suis journaliste à RMC et j'aimerais m'entretenir avec vous au sujet de la grève et des gens qui ne pourront pas fêter Noel en famille. Pourriez vous me contacter en message privé ? merci

[redacted] ···

Bonjour @[redacted] pouvez vous me suivre pour discuter en MP? Je suis journaliste @fbleuhnormandie et je cherche des étudiants comme vous qui cherchent comment ne pas arriver en retard à leurs partiels les jours de grève. Merci!

Appel à témoins - Réforme des retraites : parlez-nous de vos soucis de déplacements

Débordant d'arrogance de classe, les chefferies médiatiques se permettent tout, puisqu'elles considèrent les opposants aux réformes comme des indésirables, qu'elles qualifient de « privilégiés », de « fainéants » et de « grognards », par nature égoïstes et ignorants. C'est le triste constat que dressait à l'unanimité le plateau des « Informés » aux prémices de la mobilisation contre la réforme des retraites (France Info, 09/12/19) : « Le corps social se radicalise, désespère Roselyne Febvre, cheffe du service politique de France 24. Dans le fond, chacun se demande "Et moi, combien je vais avoir ?" et il n'y a plus de solidarité. Alors que ce qu'avait expliqué Emmanuel Macron dans son livre, c'était remettre de la solidarité [et] de la justice. » Henri Vernet, rédacteur en chef adjoint du *Parisien*, abonde : « Aujourd'hui, on a le sentiment que toute réforme, c'est un retour en arrière, c'est avoir moins que plus : c'est quand même absolument fantastique ! » Hochets pour éditorialistes, les grévistes et les manifestants ne sont pour ces grandes personnes que de grands enfants à l'imagination débordante : « Le gouvernement doit rassurer ceux qui se croient perdants », à tort, assure la journaliste Alexandra Bensaid au « 20h » de France 2 (05/12/19) : « Ça, c'est l'exemple des enseignants. Ils ne croient pas, ils doutent des promesses sur leurs rémunérations. [...] Au fond, le souci, c'est que chaque Français s'imagine perdant. » Ce que confirme Catherine Nay : « Les gens ont peur d'être impactés » (Europe 1, 07/12/19). Avec son raffinement légendaire, Alain Duhamel pose un diagnostic, que valide sa consœur :

« Il y a un gilet-jaunisme de l'opinion. C'est-à-dire qu'on est prêt à râler [...] parce que c'est la peur qui dicte leurs réactions. » De là à pathologiser toute une frange du corps social, il n'y a qu'un pas, que s'autorise allègrement François-Guillaume Lorrain dans *Le Point* (12/12/19) : qualifiés tour à tour de « citoyens enfants » et de « patients français », les manifestants sont le symptôme d'une « propension au psychodrame ». « La France dépressive ? », interroge-t-il : « Maniaco-dépressive ! », se répond-il à lui-même avant de passer la société tout entière sur le divan : « Effacement du refoulement, carence du désir, incapacité à supporter l'insatisfaction font le lit d'une société infantilisée où l'envie a pris le pas sur le désir, où la religion égalitariste a triomphé et où le citoyen est devenu un "pervers généralisé." »

Unanimement hostiles aux mouvements d'opposition aux réformes gouvernementales, les éditocrates n'en sont pas moins obligés de laisser leurs représentants et porte-parole s'exprimer de temps à autre. Ces interviews qui ponctuent matinales et magazines d'actualité entretiennent un simulacre de pluralisme et ne permettent jamais aux contestataires d'expliquer leurs positions, bien au contraire. Par dizaines, les guets-apens tendus aux responsables syndicaux en témoignent. En février 2018 sur CNews, un dirigeant de Sud Rail mobilisé contre la réforme de la SNCF s'exprime moins de 8 minutes sur les 24 que durait l'émission ; et il est interrompu 66 fois, soit en moyenne une fois toutes les sept secondes[7]. « La parole circule le matin, c'est ça qui est intéressant ! », plastronnait Pascal Praud avant de rendre son verdict : « Je maintiens quand même que ça ne vaut pas un mois de grève, [surtout] si vous mettez le pays par terre ! »

En réalité, sur toutes les chaînes et quel que soit l'animateur, les mêmes mécanismes sont à l'œuvre – hostilité ostentatoire, mépris non déguisé, déséquilibre du temps de parole, injonctions protéiformes, appels à la démobilisation –, jusqu'aux duplicata les plus soignés : « Un pays paralysé pendant trois semaines comme en 1995, c'est ce que vous envisagez ? » ; « En ce jour de galère et de grève qui dure, votre objectif, quel est-il ? La paralysie ? » Deux « questions » respectivement posées les 5 et 10 décembre 2019 à Bruno Poncet (Sud Rail) et Fabien Roussel (PCF) sur France 5 et Europe 1.

Une semaine plus tard, alors que les syndicats enseignants s'engagent contre la réforme des retraites, Sonia Mabrouk tend la perche à leur ministre, Jean-Michel Blanquer : « Est-ce que vraiment c'est tabou de dire aux enseignants que toute revalorisation s'accompagne d'un effort de productivité ? C'est un gros mot de dire aujourd'hui "productivité", "efficacité" aux enseignants ? » (Europe 1, 17/12/19). Déjà en 2018, la télévision publique était tout aussi prévenante avec le ministre Blanquer, invité pour promouvoir sa réforme du baccalauréat : « Est-ce qu'il n'y a pas un problème d'efficacité, de productivité [dans l'Éducation nationale]? » ; « Est-ce que [votre] popularité ne vous oblige pas à aller encore plus loin pour faire de vraies réformes, quitte à déplaire au corps enseignant ? » (François Lenglet et Jean-Baptiste Marteau, France 2, 15/02/18).

Ainsi les opposants ne sont-ils invités qu'en guise d'alibis, quand ils ne servent pas plus simplement de punching-ball. Florilège de quelques interrogatoires pendant les mobilisations contre les réformes de la SNCF (2018) et des retraites (2019-2020) :

Nicolas Demorand face à Philippe Martinez (CGT), France Inter, 16 février 2018 :

NICOLAS DEMORAND : Vous allez bloquer la France ? Vous allez bloquer la France ? [...] Donc vous allez bloquer la France. [...] Alors, est-ce que vous allez bloquer la France ?

Vous avez perdu, et je ne veux pas vous faire injure, Philippe Martinez, toutes les batailles depuis qu'Emmanuel Macron est au pouvoir. Le rapport de forces vous est défavorable et le restera, non, pour la SNCF ?

Pascal Praud face à Fabien Dumas (Sud Rail), CNews, 20 février 2018 :

PASCAL PRAUD : [La réforme] n'est pas une montagne ! Changement du statut des cheminots, fermer quelques lignes parce qu'il n'y a personne dedans, ouvrir à la concurrence... C'est des choses qui me paraissent légères ! Pourquoi à ce point-là il y a crispation ?! Et c'est là que je dis : est-ce que ce n'est pas un business des syndicats, en l'occurrence de la CGT et Sud Rail, pour conserver un pouvoir ?!

Apolline de Malherbe face à Philippe Martinez, RMC, 26 février 2018 :

APOLLINE DE MALHERBE : Édouard Philippe disait hier « Le monde change, la SNCF doit changer aussi ». [...] Est-ce que [le statut des cheminots] est encore justifié ? [...] Mais en quoi est-ce qu'il est justifié ?! [...] Je vous repose ma question, est-ce qu'il est encore justifié aujourd'hui ?

L'opinion publique n'est pas avec vous. Quand on regarde les derniers sondages, [...] sept sondés sur dix disent qu'il faut de toute façon mettre fin au statut des cheminots.

Est-ce que vous n'allez pas vous mettre cette opinion, qui déjà soutient le gouvernement dans cette réforme, contre vous en bloquant le pays ?

Yves Calvi face à Véronique Descaq (CFDT), RTL, 28 février 2018 :

Yves Calvi : Les Français sont-ils prêts à supporter un mois de grève ?

Vous vous êtes alignés sur le calendrier de la CGT cheminots. Vous le faites sans état d'âme ?

Toutes les grandes mobilisations depuis qu'Emmanuel Macron est président ont été globalement un échec syndical.

Anne-Élisabeth Lemoine et Patrick Cohen face à Laurent Brun (CGT), France 5, 9 décembre 2019 :

Anne-Élisabeth Lemoine : Ça s'appelle « discuter », poser des revendications ?

Patrick Cohen : Vous pensez que votre légitimité est plus forte que celle d'Emmanuel Macron qui avait inscrit cette réforme-là dans son programme ?

Jean-Jacques Bourdin face à Olivier Besancenot (NPA), RMC et BFM-TV, 10 décembre 2019 :

Jean-Jacques Bourdin : Mais qui souffre le plus de la grève et des blocages ? Qui ?! Qui souffre le plus ?! Le CAC 40 ? Il s'en moque ! La Bourse ? Elle monte. Qui souffre le plus ?! La vente en ligne ? Mais Amazon se régale en ce moment, Olivier Besancenot !

> Olivier Besancenot : Moi, je serais plus prudent que...
>
> Jean-Jacques Bourdin : Ah non, vous n'êtes pas d'accord ! Ah bon d'accord ! Bon, bon, bon...
>
> Mais qui galère ?! Le salarié de la RATP galère ? Le salarié de la SNCF galère ? Ou celui ou celle qui fait 20 kilomètres à pied pour aller bosser ?! Qui galère le plus ? Qui ?! Je vous pose la question !
>
> **Pierre de Vilno face à Yves Veyrier (FO), Europe 1, 23 décembre 2019 :**
>
> Pierre de Vilno : Les Français qui voyagent en train et les Franciliens qui prennent les transports en commun vous haïssent. Qu'est-ce que vous dites à la France ce matin ?

« En 1995, tous les médias et les commentateurs encensaient le plan Juppé », confessait Olivier Duhamel sur Europe 1 au deuxième jour de la grève contre la réforme des retraites. Là, c'est exactement l'inverse. [...] On ne dit pas de mal, on est factuel dans la description du mouvement. [...] Je pense que c'est la prise de conscience, dans les élites médiatiques, de la distance révélée entre le haut et le bas, des critiques dont ils étaient l'objet. » Quelle réflexivité ! Quelle lucidité ! Des quotidiens nationaux à « 28 minutes » sur Arte en passant par les émissions spéciales de France 2 et les « Grandes Gueules » de RMC, aucun espace ne tolère d'alternatives à « la-réforme »[8]. En berne, l'information est supplantée par une violence de classe systématique, jusqu'aux embuscades les plus assumées. Sur la matinale de France Inter, le 7 janvier 2020 :

LÉA SALAMÉ : Il y a le droit de manifester et il y a les blocages. Le gouvernement dit que le fait d'appeler à bloquer les raffineries comme vous l'avez fait, ce n'est pas le droit de manifester, ce n'est pas le droit de grève et que c'est illégal. Vous dites quoi ?

PHILIPPE MARTINEZ : Je réponds que la CGT appelle à faire grève. [...]

LÉA SALAMÉ : Vous n'avez pas appelé à bloquer les raffineries ?

PHILIPPE MARTINEZ : Nous appelons à faire grève.

NICOLAS DEMORAND : Mais pas à bloquer donc ?

LÉA SALAMÉ : À bloquer les dépôts peut-être ? Pour être très proche sur la sémantique...

PHILIPPE MARTINEZ : Vous me posez la question « Que fait la CGT ? », vous pouvez faire la réponse, mais la CGT, c'est plutôt moi que vous.

LÉA SALAMÉ : Je vous le confirme. [...] Vous n'appelez pas au blocage ? Juste pour la sémantique ! Je l'ai mal entendu, j'ai mal compris.

PHILIPPE MARTINEZ : Je vous le redis une autre fois, la CGT appelle à faire grève.

NICOLAS DEMORAND : Et est-ce que la CGT appelle à ce qu'il n'y ait pas de blocage ?

Tour à tour procureurs, ministres, ou prophètes de l'essoufflement, les journalistes se font également vigies de l'impérieux « compromis » avec le gouvernement. Dans ce « jeu », ils n'ont de cesse d'infléchir l'autonomie du mouvement social, en particulier syndical (ses stratégies, son tempo, ses processus de décision collectifs, etc.) pour le mouler, coûte que coûte, dans la feuille de route gouvernementale. Syndicalistes et responsables de gauche sont ainsi sommés de passer à la table de la « concertation », dont les studios ne sont d'ailleurs souvent qu'une succursale. À tel point que certains journalistes en viennent à court-circuiter les procédures traditionnelles du « dialogue social », comme lorsqu'ils annoncent des réunions en direct, à la place des ministres. Deux exemples.

Sur LCI le 6 décembre 2019 :

> ÉLIZABETH MARTICHOUX : Agnès Buzyn et Jean-Paul Delevoye veulent recevoir les partenaires sociaux, est-ce que vous êtes d'accord pour y aller ?
>
> PHILIPPE MARTINEZ : Je n'ai pas d'invitation, c'est vous qui me dites ça !
>
> ÉLIZABETH MARTICHOUX : Oui, bah, je l'apprends à l'instant ! Est-ce que vous dites oui ? S'il y a une invitation, la CGT répondra favorablement ? [...] Donc la CGT ira discuter ?
>
> PHILIPPE MARTINEZ : Vingt-trois fois on les a vus, ça fait beaucoup vingt-trois fois !
>
> ÉLIZABETH MARTICHOUX : Donc ça fera une vingt-quatrième.
>
> PHILIPPE MARTINEZ : On verra...
>
> ÉLIZABETH MARTICHOUX : Ah ! Pas sûr d'y aller ?

Et France Inter, le 7 janvier 2020 :

> NICOLAS DEMORAND : Il y a une semaine, vous disiez : « Je ne vois pas comment on n'irait pas », il y a deux jours, vous disiez : « On est en train d'y réfléchir »... Alors avez-vous pris votre décision Philippe Martinez ? Serez-vous à la table des négociations ?[...] Et si oui, dans quel état d'esprit ? [...] Vous y allez dans quel état d'esprit ? Je vous repose

la question. Trouver des compromis ? Avancer ? Ou refuser ? [...]

Léa Salamé : Le Premier ministre se dit prêt à organiser une conférence comme le demande Laurent Berger de la CFDT. [...] Est-ce que vous en serez ? [...] S'il y a une conférence organisée sur le financement des retraites, est-ce que la CGT sera là ? [...]

Nicolas Demorand : Donc vous y serez ? Vous y seriez ? [...]

Nicolas Demorand : Vous ne voulez pas de compromis Philippe Martinez ! Tout le monde est à la recherche d'un compromis, la CFDT, le gouvernement. Vous ne voulez pas faire un pas en direction du gouvernement, vous voulez, on l'a entendu et compris, le retrait pur et simple de la réforme : c'est non à tout !

Ce double portrait – les gentils « négociateurs » contre les méchants « jusqu'au-boutistes » –, on le lit aussi régulièrement à la une des journaux.

Peser de tout son poids sur la scène politique ? Comme l'explique Alain Minc à Yves Calvi, il n'y voit aucun inconvénient : « Il faut casser le front syndical » (RTL, 12/12/19). « Macron doit-il casser le service public ? », interrogeait plus simplement David Pujadas lors de la mobilisation des cheminots, en février 2018... Journalistes ou dynamiteurs ?

Le Journal du Dimanche

UNE JOURNÉE EXTRAORDINAIRE

Laurent Berger : « Je ne veux pas de blocage à Noël »

› RETRAITES
Le leader de la CFDT pose ses conditions pour accepter la réforme

› GRÈVE
Ce que prévoit la SNCF pour le trafic des trains pendant les fêtes

› FERMETÉ
Il refuse l'âge pivot à 64 ans mais aussi le statu quo

› PENSIONS
Les meilleurs systèmes de retraite dans le monde

Pages 2 à 10

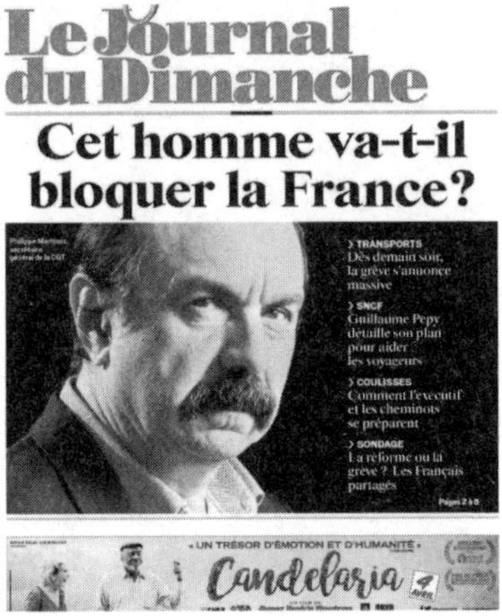
Le Journal du Dimanche

Cet homme va-t-il bloquer la France?

› TRANSPORTS
Dès demain soir, la grève s'annonce massive

› SNCF
Guillaume Pepy détaille son plan pour aider les voyageurs

› COULISSES
Comment l'exécutif et les cheminots se préparent

› SONDAGE
La réforme ou la grève ? Les Français partagés

Pages 2 à 8

« UN TRÉSOR D'ÉMOTION ET D'HUMANITÉ »
Candelaria

LA CROIX

Élu « Meilleur titre de presse de l'année »

Monde
En Albanie, les victimes du séisme réclament justice P. 8

Sciences&éthique
Les Sud-Coréennes ne veulent plus d'enfants Cahier central

Grand format
Aux sources graphiques de l'architecture religieuse P. 24-25

«L'équilibre financier n'est pas un gros mot»

Dans un entretien avec «La Croix», Laurent Berger se dit prêt à négocier avec le gouvernement, à condition que celui-ci revienne sur l'âge d'équilibre de départ à la retraite

éditorial
Guillaume Goubert

Angélisme exterminateur

Le Point

Comment la CGT ruine la France

Enquête, témoignages, petits arrangements… et facture
Les documents que l'on nous cache

L'OBS

LAURENT BERGER
POURQUOI MACRON DOIT L'ÉCOUTER

Portrait total du leader de la CFDT

P. 22

Challenges

Désordres
Jusqu'où ira la CGT
p. 14

La presse habille le diable en cégétiste

« Quand on dit que vous ne négociez jamais et que vous vous contentez de toujours dire “non”, est-ce que là, vous allez me dire “oui” ? », s'amusait le pitre Yann Barthès face à Philippe Martinez (TMC, 01/06/21). « Grâce à la grève, on assiste à la dégradation définitive dans l'opinion publique d'un syndicat totalitaire, la CGT, qui suspend la liberté d'un pays entier (comme la liberté de la presse) à la seule acceptation de ses demandes », n'hésitait pas à tweeter Raphaël Enthoven (17/12/19).

Un portrait valable en toute occasion : en mai 2020, au moment de la reprise « post-confinement », la justice suspend la réouverture de l'usine Renault de Sandouville à la suite d'une procédure en référé du syndicat, considérant que « la reprise ne permet pas d'assurer la santé et la sécurité des travailleurs ». L'indignation rassemble les médias de *Valeurs actuelles* – « Philippe Martinez, patron de la CGT et saboteur n° 1 de l'économie française » (11/05/20) – au *Monde*, qui se fend d'un éditorial contre le « juridisme » de la CGT ayant « joué une carte discutable » en dépit de l'« effort collectif » : « Le risque de déclassement de notre économie, qui a davantage reculé que d'autres en Europe, n'est pas à prendre à la légère et nécessite la mobilisation de tous » (13/05/20).

Illégitime : c'est également le message qu'envoyaient les chiens de garde à la fédération CGT des services publics lorsque cette dernière déposait un préavis de grève pour le mois d'avril 2020 contre

« les attaques au statut et au droit du travail » contenues dans la loi dite d'urgence sanitaire. « Il fallait oser », désespère *Le Figaro* (26/03/20). « À peine croyable », répond *Le Parisien* en écho à son propre titre : « L'incroyable préavis de grève de la CGT » (27/03/20). « Appel à la grève et au mauvais goût », peut-on lire jusque dans les pages de *L'Aisne nouvelle* le même jour. Tandis que la veille, *Valeurs actuelles* accueillait avec stupeur une nouvelle « pour le moins surréaliste », requérant de toute évidence les sirènes du *Point* dans deux éditos successifs le lendemain : « Les forcenés de la CGT » suivi de : « Mais qu'a-t-on fait au Bon Dieu pour mériter la CGT ? »

Décrédibiliser : des « khmers rouges » à « l'inquisition écologiste »

À chaque mobilisation, syndicale ou non, la forme de la contestation polarise l'attention (et les invectives) des médias au détriment d'une information sur les enjeux. Une chose est sûre : quelle que soit la contestation, elle convient rarement.

Recourir au hashtag #BalanceTonPorc sur Twitter pour rompre le tabou des violences sexuelles infligées aux femmes ? « Délation » et « tribunal populaire » (12/17)[9]. Occuper des facultés pour protester contre la réforme de l'accès à l'université ? Pour Yves Calvi et Romain Goupil, il s'agit d'une « zadisation de minorités hyperactives violentes » et de « futurs khmers rouges » donnant à voir « la négation de tous nos principes » (Canal+, 18/04/18)[10]. Dégrader un McDonald's et des vitrines d'agences bancaires lors d'un défilé du 1er mai ? Une « prise en otage de la démocratie » et du « terrorisme urbain » mené par des « anarcho-extrémistes » aux yeux de Dominique Rizet (BFM-TV, 01/05/18)[11]. Défiler près de l'Élysée comme les Gilets jaunes ? « Qu'ils retournent dans les petites villes, dans les villages, sur les ronds-points, dans la proximité avec les gens comme le 17 novembre et qu'ils arrêtent de fantasmer sur la prise de la Bastille ! », synthétise Christophe Barbier (BFM-TV, 03/12/18)[12]. Pointer à la tribune de l'ONU la responsabilité des dirigeants et leur inaction climatique ? De « l'imprécation » qui « n'apporte aucune solution concrète », sermonne le même éditorialiste contre l'activiste Greta Thunberg (BFM-TV, 24/08/19)[1]. Exposer les conditions de travail délétères des soignants sur un plateau de télévision ? De la « pleurniche hospitalière », pour Yves Calvi (Canal+, 12/03/20). Décider, comme le fit Attac en juillet 2021, d'asperger la Samaritaine

1. L'intervention de Greta Thunberg a donné l'occasion aux omnipenseurs de rivaliser d'insultes *ad hominem*. Un best of : « enfant-robot » (Ivan Rioufol, CNews), « visage terriblement angoissant » (Pascal Bruckner, FigaroVox) , « cyborg suédoise » (Michel Onfray sur son blog), « vestale fiévreuse » (Vincent Hervouët, LCI), « enfant hystérique et impérieuse » (Gilles-William Goldnadel, LCI), « gamine barrée » (Xavier Gorce, Twitter), « cancre mondiale » et « doudou des adultes » (Raphaël Enthoven, Twitter)[13].

de gouache pour dénoncer l'enrichissement des milliardaires ? « Un acte de vandalisme insensé » aux yeux du *Parisien* et, sur CNews pour Élisabeth Lévy, une « méthode fasciste » qui, selon Nicolas Baverez, « participe de la dégradation de la République » et impose la seule question qui vaille à l'agenda d'une émission du *Figaro* : « Samaritaine : faut-il dissoudre Attac ? » (05/07/21)[14].

Tirer sur le messager pour mieux discréditer le message. Si les caricatures ne sont pas le fait de tous les médias, elles constituent une « petite musique » suffisamment répandue pour écorcher le débat public. Qu'ils optent pour des actions dites « violentes » – mais recouvrant généralement des « dégradations de biens », comme les caractérise la justice ; ou qu'ils s'engagent dans des confrontations physiques avec la police, des défilés pacifistes ou des actions de désobéissance civile : les contestataires de l'ordre établi seront indifféremment disqualifiés, pour ne pas dire assimilés à des délinquants et même à... des terroristes. Rappelons que le 2 juin 2016, le maître à penser antisyndical Franz-Olivier Giesbert déclarait dans les colonnes du *Point* : « Même si la comparaison peut paraître scabreuse, est-il si illégitime d'oser la formuler ? La France est soumise aujourd'hui à deux menaces qui, pour être différentes, n'en mettent pas moins en péril son intégrité : Daech et la CGT. » Et au lendemain d'une manifestation de Gilets jaunes, pour Frédéric Vézard, dans *Le Parisien* : « En 2017, l'ennemi numéro 1 était le terrorisme islamique. Deux ans plus tard, c'est un autre péril, celui des activistes violents unis dans une même haine de la démocratie républicaine, qui a renvoyé le chef de l'État à son talon d'Achille » (19/03/19). Au même moment, l'expert médiatique Éric Delbecque allait jusqu'à théoriser, à partir de l'exemple de la Zad de Notre-Dame-des-Landes, une « salafisation des esprits » : « Reflet, certes déformé, mais reflet quand même du discours salafiste. [...] Les procédés sont les mêmes dans les deux camps. L'ultragauche fait de l'entrisme dans divers milieux, tente d'évangéliser les plus jeunes et les plus fragiles [15]. »

Aussi, lorsqu'en novembre 2022 le ministre de l'Intérieur Gérald Darmanin accuse les manifestants contre le projet de « méga-bassines » à Sainte-Soline de se livrer à de l'« écoterrorisme », il ne fait qu'ajouter un néologisme à l'arsenal de la presse réactionnaire pour enterrer, cette fois-ci, la question écologique. Dans sa roue, les pires gardiens de l'ordre n'ont d'ailleurs pas hésité à condamner à la une les « violences de l'écolo-gauchisme » (*Le Figaro*) ni à criminaliser des activistes « dogmatiques totalitaires » pratiquant le « terrorisme à basse intensité » (RMC) des écologistes « ultras » (*Paris Match*) et mêmes « ultra-radicaux » (*Le Point*) [16]. Autant d'étiquettes que délaissent les médias dominants pour désigner les multinationales du capitalisme fossile, dont les actions ne sont jamais qualifiées de « radicales » ni *a fortiori* rangées dans le Bescherelle de la « délinquance » ou de la « criminalité » [17].

En matière d'écologie politique comme en d'autres, le paravent des « modalités d'action » sert donc avant tout le verrouillage idéologique en défense du système capitaliste. En juin 2020, lorsque la « Convention citoyenne pour le climat » propose 149 mesures pour réduire les émissions de gaz à effet de serre d'au moins 40 % d'ici à 2030 – mesures démolies par le gouvernement[18] –, journalistes, experts et chroniqueurs réactivent en bande organisée le slogan de « l'écologie punitive » dans un front commun avec les grands industriels. Quitte à ce que certains taisent leurs conflits d'intérêts : « Inquisition écologiste », titrait un article du *Point* (13/10/20) dont l'auteur, « proche de l'industrie automobile, est même allé jusqu'à comparer les propositions sur les SUV à l'obligation de porter l'étoile jaune[19] ». Sur BFM Business (19/06/20), l'économiste Jean-Marc Daniel tonnait contre une « dictature écolo-protectionniste » et, le même jour sur BFM-TV, Emmanuel Lechypre parlait d'une « consécration de l'écologie punitive, anticroissance et dépensière ». Deux jours plus tard sur TF1, François Lenglet ricanait au « 20h » sur un « voyage vers la décroissance » et une « économie du confinement à perpétuité ». Le même jour, sur LCI, le directeur de la rédaction du *Figaro Magazine* affirmait que les cent cinquante citoyens tirés au sort avaient été « évangélisés [...] par des experts, par des hauts fonctionnaires, qui étaient tous du même avis ». Le lendemain sur Canal+, Yves Calvi partait en guerre contre les « khmers verts », les « collectivistes », les « décroissantistes » : tous ceux qui composent plus généralement « le piège vert »[20]. Le même 22 juin sur France Info, l'inénarrable Patrice Romedenne tablait sur la caricature pure et simple : « Alors si demain on roule en 4x4, est-ce que ce sera un crime contre l'écologie ? Si on mange deux steaks par semaine au lieu de trois, est-ce que ce sera un crime contre l'écologie ? » Même tonalité du côté du présentateur d'« E=M6 » : « Tu as une voiture ? Écocide ! Tu fais du feu dans ta cheminée ? Écocide ! Tu respires trop fort ? Écocide ! Le "crime d'écocide", s'il entre dans la loi, fait craindre les pires dérives... » (Twitter, 24/06/20). Bref, on l'aura compris : en dehors de la loi Climat d'Emmanuel Macron, point de salut[21] !

Sans doute les « khmers verts » n'écoutent-ils pas assez France 2 : au « 20h », Laurent Delahousse avait pourtant indiqué la « bonne » marche à suivre dès le 17 décembre 2017, tant sur la forme (discuter avec Emmanuel Macron) que sur le fond : « Depuis quelques jours, vous êtes le leveur de fonds pour la planète, vous avez mis en place un nouveau leadership et, en même temps, la volonté d'un capitalisme écologique nouveau », virevoltait le présentateur aux pieds du président. Puis il concluait son dithyrambe : « Vous êtes en train de révolutionner quelque chose. Un écologiste pur et dur depuis des années, un peu à gauche, il se dit : "Emmanuel Macron, il est en train de substituer notre combat par du capitalisme." Pour eux, c'est terrible à entendre, vous imaginez ! [...] Il y a un chemin à faire, pour un certain nombre d'écologistes historiques, de se dire que c'est la finance qui va venir régénérer les espoirs de notre planète ? » Facétie passagère ou profession de foi à même d'expliquer la pauvreté et la dépolitisation de l'information dédiée aux questions climatiques et environnementales dans les médias audiovisuels ?

Gilets jaunes : du péril jaune au péril rouge ?

Deux semaines après son appel solennel sur RTL à porter le gilet jaune, alors que la mobilisation débutait à peine, Éric Brunet changeait de ton vis-à-vis d'un mouvement qui avait, à ses yeux, « perdu son âme » : « Je ne comprends plus rien aux Gilets jaunes. Cette profonde grogne anti-taxes est devenue au fil des jours un mouvement pour l'augmentation du Smic et des minimas sociaux... J'ai lu avec attention leur plateforme revendicative : elle est plus à gauche que le programme de Mélenchon » (Twitter, 02/12/18).

Ceci expliquant cela, certaines revendications seront disqualifiées : contre l'augmentation du Smic, par exemple, les médias ont fait front. De Jean-Claude Dassier sur CNews : « Ce n'est pas le pays des mille et une nuits ! On le souhaite tous d'avoir des augmentations ! » (03/12/18) ; à la rédaction du « 20h » de France 2 : « Assez improbable » selon Justine Weyl et « chiffon rouge pour les employeurs » aux yeux d'Alexandra Bensaid (01/12/18).

Plus largement, des chercheurs en sciences sociales ont montré qu'aucun titre de presse n'avait rendu compte « de manière centrale » de ce qu'étaient ou voulaient les Gilets jaunes[22].

« Chasse gardée de la presse quotidienne régionale », les ronds-points passèrent d'ailleurs sous les radars des médias au bout de seulement cinq semaines, qui ne regardèrent rapidement qu'en direction des grandes métropoles, informant au rythme des manifestations parisiennes du samedi, des déplacements présidentiels... et du « grand débat ».

Stigmatiser : les « islamo-gauchistes », « complices intellectuels » du terrorisme

Les emballements des chiens de garde viennent, s'en vont et reviennent en fonction des conjonctures. Au cours du premier quinquennat d'Emmanuel Macron, le concept d'« islamo-gauchisme » a (re)surgi dans le débat public, et ses supposés promoteurs furent, à plusieurs reprises, la cible de véritables cabales médiatiques.

Si le concept fut forgé au début des années 2000 par les intellectuels réactionnaires, on le retrouve au lendemain des attentats de novembre 2015[23]. Dans la presse et le champ politique se déploie alors une violente campagne ciblant principalement Lutte ouvrière et le Nouveau parti anticapitaliste : « Ils excusent les tueurs » et « légitim[ent] le bain de sang », écrivait par exemple *Ouest-France* (15/11/15). Quelle était la ligne politique de LO et du NPA ? Condamner les attentats avec la plus grande fermeté mais refuser de se joindre au concert de « l'union nationale » et dénoncer les interventions militaires françaises au Moyen-Orient[24]. Le « parti collabo », le « parti de la soumission », vociférait Jacques Julliard un an plus tard dans les colonnes de *Marianne*, fustigeant pêle-mêle « les intellectuels », « l'extrême gauche », « quelques Marie-Chantal du féminisme » et « les matamores de la révolte en chambre ». En incluant notamment les militants de LFI, accusés d'« excuser l'islamisme », Julliard synthétisait peu ou prou le type d'argumentation en vogue dans les médias : « Ce n'est pas ma faute à moi si, dans le langage populaire, intello rime avec collabo[25]. » Interloquant, à tout le moins, de la part d'une figure emblématique des intellectuels venus de la gauche, passés avec armes et bagages dans le camp patronal aux cours des années 1980...

Quatre ans plus tard, la tendance ne s'est pas inversée. Le traitement médiatique qui accompagne l'assassinat de Samuel Paty marque au contraire un tournant majeur dans la suspension du débat démocratique au profit d'une cabale en règle (et en deux temps) contre les « islamo-gauchistes ». Deux évolutions très nettes ont alors vu le jour. D'une part, l'extension du spectre des personnalités et des organisations exclues du champ « républicain » au nom d'une prétendue « complaisance avec l'islamisme » – dont dérivera rapidement l'accusation de « complicité intellectuelle » avec le terrorisme. La liste comprend : la Ligue des droits de l'homme, la Ligue de l'enseignement, l'Observatoire de la laïcité (à travers Jean-Louis Bianco), Mediapart (à travers Edwy Plenel), La France insoumise (notamment à travers Jean-Luc Mélenchon), l'Université et de nombreuses structures associatives et syndicales (étudiantes, enseignantes et de parents d'élèves y compris). D'autre part, la circulation de ces accusations dans un panel élargi de médias écrits et audiovisuels – *Le Figaro* était jusqu'alors le journal à compter le plus grand nombre d'occurrences du terme « islamo-gauchisme » dans ses pages –, devenus la courroie de transmission d'une véritable chasse aux sorcières, laquelle semblait autoriser l'abandon des fondamentaux déontologiques : éléments factuels, contradictoires, pluralisme.

Le 19 octobre 2020 sur Europe 1, l'essayiste médiatique Pascal Bruckner déroulait ainsi un discours halluciné, dénonçant une « hydre islamiste » qui aurait « pénétré tous les secteurs de la France : l'université, l'administration, peut-être la police, peut-être les services de renseignement, le monde du sport et le monde de l'école. » Un diagnostic qu'il avait entamé dans les colonnes du FigaroVox quelques heures seulement après l'assassinat de l'enseignant et qu'il poursuivait sur Arte (« 28 Minutes », 21/10/20), où il cibla nommément la journaliste féministe et antiraciste Rokhaya Diallo, accusée d'avoir « armé le bras des tueurs » de l'attentat contre *Charlie Hebdo* – sans la moindre réaction de l'animatrice, Élisabeth Quin[26]. Bruckner ne faisait alors que mettre en pratique son propre appel (au micro d'Europe 1) à « désigne[r] les complices », en particulier LFI, coupable d'avoir participé à la manifestation contre l'islamophobie avec le CCIF en novembre 2019. Edwy Plenel serait également à compter parmi « les complices de gauche et d'extrême gauche» qui ont «du sang sur les mains et devraient rendre des comptes». Une série d'accusations reçues avec la plus grande complaisance par Patrick Cohen, qui prolongea le procès pour «lâchetés» et «compromissions avec l'islam politique» quelques heures plus tard dans «C à vous» (France 5), incluant à sa liste le syndicat Sud Éducation, dont un communiqué fut honteusement tronqué[27]. Pendant plus de deux semaines, des grandes matinales radiophoniques aux talk-shows télévisés en passant par les colonnes de la presse, les noms de prétendus «complices» de gauche ont fusé au gré d'anathèmes et d'invectives, donnant à voir l'une des séquences médiatiques les plus préoccupantes du premier quinquennat d'Emmanuel Macron[28]. Le 23 octobre dans *Marianne*, Jacques Julliard lançait: «Pour la première fois depuis l'Occupation, la France n'est plus libre» – encourageant ainsi un discours d'exception qui prit ses aises...

Dans ce type de séquence hystérisée, la circulation circulaire de la calomnie peut courir d'une grande matinale du service public à un hebdomadaire d'extrême droite en passant par un titre majeur de la presse quotidienne régionale: les trois échelonnent leurs différences sur le seul nuancier des outrances. Le 18 octobre dans *Causeur*, Céline Pina tonne par exemple contre «ceux qui tiennent la porte à l'idéologie des assassins», incluant les «syndicats enseignants» et de parents d'élèves comme le Snes et la FCPE, mais également «SOS Racisme, dont le discours victimaire et racialiste a contribué à légitimer la sauvagerie que nous constatons ». Autant de « traître[s] » dits « comptables » de l'assassinat de Samuel Paty. Le lendemain sur France Inter, l'ancien ministre de l'Intérieur Bernard Cazeneuve jette en pâture les « groupes gauchistes » et « les parlementaires », accusés d'« instiller dans la République les ferments de la dislocation » : ils « ne se comportent pas de façon républicaine et sont grandement responsables du climat qui existe dans notre pays ». Relancé par Nicolas Demorand : « Vous parlez des insoumis ? De La France insoumise ? », Bernard Cazeneuve répond par un semi-flou : « Ils se reconnaîtront. Je parle bien entendu d'un certain nombre de députés insoumis, mais pas seulement. » La veille, *Le Parisien* confiait lui aussi un entretien – ou plutôt une tribune – au même ex-ministre, le laissant dérouler sans aucune contradiction son pamphlet contre « l'islamo-gauchisme » : « Cette mouvance [qui] cherche à accréditer l'idée que la République est une machine à exclure et à discriminer certains citoyens, que la police est raciste par essence. »

Si les habituels chroniqueurs réactionnaires mènent la danse, la galaxie du « Printemps républicain » (et affidés) eut à cette période un rôle déterminant dans la stigmatisation des « complices intellectuels » du terrorisme, très vite secondés par les membres du gouvernement[29]. Car un agenda médiatique, ça se travaille. Quelques exemples. Entre le 17 et le 27 octobre, Caroline Fourest, Manuel Valls, Céline Pina, Pascal Bruckner et Richard Malka ont cumulé à eux seuls une cinquantaine de passages médiatiques. Sur France 5, la première nous apprenait que des syndicats de gauche étaient « noyautés par des militants obscurantistes » (18/10/20). À l'antenne de BFM-TV, le second pointait la responsabilité de « la gauche journalistique » et de « la gauche syndicale ». Et sur Europe 1, Sonia Mabrouk encourageait les outrances de Gérald Darmanin : « Vous avez dit à l'Assemblée qu'il y a un islamo-gauchisme lié à La France insoumise qui détruit la République ! » (19/10/20) puis remettait encore une pièce dans la machine infernale trois jours plus tard face à Jean-Michel Blanquer :

> JEAN-MICHEL BLANQUER : Moi, je pense surtout aux complicités intellectuelles du terrorisme. C'est ce point que je souhaite souligner en ce moment. [...]
>
> SONIA MABROUK : Qui par exemple ? Des milieux intellectuels, universitaires ? Citons-les !
>
> JEAN-MICHEL BLANQUER : Oui, on peut les citer, ce qu'on appelle communément l'islamo-gauchisme fait des ravages.

Et le ministre de citer « l'Université », « les rangs de La France insoumise » ou « l'Unef » comme « complices intellectuels de crimes ». Le jour même, l'AFP reproduisit cet extrait dans une dépêche qui a circulé dans la quasi-totalité des médias et fournit la matière à de très nombreux talk-shows sur les quatre chaînes d'information en continu, France 5 et RMC. Le 23 octobre sur CNews, Ivan Rioufol se sentait pousser des ailes contre « l'extrême gauche » : « Ce sont des fascistes, ce sont des islamo-fascistes, des nazislamistes, des totalitaristes ! ». Deux jours plus tard sur France Culture, Brice Couturier fustigeait « tout un écosystème intellectuel et médiatique qui a légitimé en essayant de comprendre. [...] On a été très, très loin quand même dans la légitimation de ces actes de guerre. [...] Il faut que ça cesse ! » Si l'éditocratie est allée très loin dans la fantasmagorie, on pouvait aller plus loin encore : le 26 octobre sur LCI, le très imaginatif Alain Finkielkraut s'en est pris à « l'islamo-humanisme »...

Tandis que le journal aux avant-postes du combat contre « l'islamo-gauchisme » fait mine de s'inquiéter du « glissement sémantique – sinon idéologique – d'une part de la classe politique sur les positions [du RN] » (*Le Figaro*, 22/10/20), l'un de ses salariés sabre le champagne sur CNews : « Ça fait très longtemps que nous sommes quelques-uns à dénoncer l'islamo-gauchisme, confie Ivan Rioufol. Et jusqu'alors, nos paroles ne passaient pas. [...] Aujourd'hui, les murs s'effondrent. Tant mieux » (23/10/20). C'est dans les colonnes de *Marianne* que se réjouit également François-Bernard Huyghe : « Qui parle d'islamo-gauchisme, d'années d'aveuglement et de laxisme n'est plus à la droite d'Attila » ; puis il décrit la reddition des médias : « En quelques jours, l'effroi [...] a balayé les codes des débats médiatico-politiques. [...] Une certaine hégémonie – c'est-à-dire un pouvoir d'imposer certains mots et de faire apparaître certaines idées comme naturelles et d'autres comme suspectes – est peut-être en train de basculer. [...] Les luttes idéologiques se commencent en prenant la parole, mais se terminent en rendant celle de l'autre inaudible, choquante ou grotesque » (22/10/20). Ou comment célébrer, d'un trait de plume, la mise au tapis de l'information... et du pluralisme.

Par la suite, cette entreprise de stigmatisation a encore prospéré, les chiens de garde déplaçant progressivement leur viseur sur les sciences humaines et sociales.

Le 1er février 2021 sur France Inter, Léa Salamé face à Gérald Darmanin : « Si on parle de ce qui se passe dans nos universités françaises, ces idées racialistes, indigénistes, qui viennent des campus américains, cette idéologie... idée différentialiste. Aujourd'hui, elle n'a pas gagné selon vous dans les universités françaises ? » Sans doute inspirés par la clairvoyance de leur éminente collègue, les limiers de CNews remettent au cœur de l'agenda politico-médiatique la brûlante question de l'« université en proie à l'islamo-gauchisme » dix jours plus tard, la soumettant cette fois à la ministre de l'Enseignement supérieur et de la Recherche Frédérique Vidal, qui n'en demandait pas tant. Éblouie par les lumières de Jean-Pierre Elkabbach évoquant des « indigénistes qui disent la race, le genre, la classe sociale », symboles d'une « alliance entre Mao Tsé-toung et l'ayatollah Khomeini », la ministre annonce une enquête « sur l'ensemble des courants de recherche ». Si cette idée, qui a provoqué une levée de boucliers de la communauté scientifique (CNRS et Conférence des présidents d'université compris)[30], n'a finalement jamais vu le jour, les instituts de sondage, eux, ont flairé la bonne affaire : l'Ifop (pour CNews et Sud Radio), qui demandait à ses interviewés de se prononcer sur le poids des « idées ou [du] courant de pensée islamo-gauchiste » au sein de « l'Université » et de « l'Éducation nationale » (19/02/21) ; et Odoxa (pour France Info et *Le Figaro*), cherchant notamment à savoir auprès « des-Français » si la ministre « [avait] raison de vouloir lutter contre l'islamo-gauchisme et les recherches propageant cette idéologie » (24/02/21)... *Le Figaro*, qui se doit d'être toujours en pointe dans le traitement de ces emballements (extrême) droitiers, a fait figurer trois fois en deux semaines le sujet en une : « Comment l'islamo-gauchisme gangrène les universités » ; « Universités : polémique sur une dérive militante » et « Théorie du genre, décolonialisme, racialisme... Ces nouveaux dogmes qui veulent s'imposer en France » (12, 21 et 26/02/21). Comme de droit, la « peste intersectionnelle qui ronge les facs » – selon les mots de Raphaël Enthoven – occupait les discussions d'une grande partie des médias[31].

Après une telle séquence, on ne peut s'empêcher de noter que la situation d'appauvrissement et de pénurie généralisés que connaissent les universités françaises, leurs personnels et leurs étudiants, n'a jamais, toutes ces années-là, bénéficié d'une telle mobilisation des médias, qu'on compare en termes de hiérarchisation de l'information, de volume éditorial ou de tonalité (alarmiste). Rappelons pourtant qu'à la même époque des centaines d'universités, écoles, de laboratoires, collectifs de précaires, revues, séminaires, etc. continuaient de

Marianne
Comment les obsédés de la race colonisent
LA CULTURE
Enquête sur la fabrique des débats télé
Les vendeurs de malbouffe adorent
VALEURS
Ils intimident, ils censurent, ils appellent au boycott...
Ceux qui veulent nous faire taire
Le Point
Les délires « woke », de l'Amérique à la France...
Jusqu'où iront les racialistes ?
VALEURS
Ces racialistes qui veulent mettre la France à genoux
De l'antiracisme à la guerre des races, le récit ahurissant d'une bascule française
VALEURS
Cabales, censures, délires progressistes, idéologie décoloniale, féminisme radical, racialisme...
UNIVERSITÉS
Le laboratoire des fous
L'EXPRESS
L'université, nouvelle place forte de la censure
VALEURS
Politiquement correct, menaces, hystérie
Le monde terrible des nouveaux censeurs
2015-2020 : quand la liberté d'expression déserte la France
L'EXPRESS
Sciences Po
L'école des élites déraille
ENTRE-SOI, IDÉOLOGIE WOKE, AMÉRICANISATION DES ÉTUDES... NOTRE ENQUÊTE
EXPRESS
DÉCOLONIAUX, OBSÉDÉS DE LA RACE, WOKE...
Les nouveaux sectaires
VALEURS
La surenchère indigéniste
Enquête sur les nouveaux racialistes et les anti-"Charlie"
Quand les États-Unis exportent le pire
France insoumise : la fracture communautaire
Le Point
Indigénistes, déboulonneurs, gauche racialiste, écriture inclusive...
Les nouveaux fanatiques
LE FIGARO MAGAZINE
CENSURÉ
L'ANTIRACISME EN FOLIE
EXPRESS
CANCEL CULTURE : LA NOUVELLE CENSURE
« Tais-toi ou disparais ! »
Marianne
Il n'y a pas que la menace islamiste
CES AUTRES SÉPARATISMES
qui nous mènent à la guerre civile
Comment on fait taire les victimes des médicaments
L'EXPRESS
« PRIVILÈGE BLANC », « RACISÉS », STATUES DÉBOULONNÉES...
« C'est la naissance d'un nouveau racisme »
Élisabeth Badinter, philosophe
LE FIGARO MAGAZINE
"ARRÊTONS DE NOUS EXCUSER"

lutter contre la loi de programmation pluriannuelle de la recherche (LPPR) engagée par le gouvernement. Las, les rédactions préféraient patauger dans la pensée jetable des épigones de Bernard-Henri Lévy, lequel ne pouvait que pontifier à son tour dans les colonnes du *Point* : « Un spectre hante les universités, et que ce soit celui de l'islamo-gauchisme n'est pas douteux. Que les universités [...] ne puissent elles-mêmes s'y dérober et devenir je ne sais quels territoires perdus de la pensée critique me semble également l'évidence » (25/02/21).

Disproportionnées et outrancières par leur ampleur, ne reposant sur aucune base factuelle sérieuse, grossièrement orientées politiquement, ces « polémiques » n'en nourrissent pas moins le fonds de commerce d'une certaine presse d'opinion et de la plupart des chaînes d'information en continu, lesquelles entraînent derrière elles, dans un processus de concurrence mimétique incontrôlable, une large partie du paysage médiatique. Aussi, à ces cabales médiatiques contre « l'islamo-gauchisme » succéderont les croisades contre le « wokisme » et « les nouveaux intolérants » (*Le Figaro Magazine*, février 2022)[32]. La presse hebdomadaire, en particulier, est aux avant-postes.

Participant de fait à une agressive contre-révolution autoritaire, antiégalitaire et anti-intellectualiste, de nombreuses chefferies médiatiques réactivèrent jusqu'à l'abrutissement ce combat contre LFI lors de la campagne des législatives au printemps 2022. « Islamo-gauchistes »,

« islamistes », « coalition de la gauche et des mosquées », « crash républicain », « parti qui porte l'islamisme aujourd'hui », « sixième pilier de l'islamisme en France », « jumeler Caracas à Clichy-sous-Bois », « wokistes », « gauche antilaïque et antiuniversaliste », « leaders d'une gauche en loques venus baiser la babouche de leur nouveau roi insoumis », « le soleil bolivarien sur une piscine municipale envahie de burkinis », parti de la « cancel culture », etc., etc.[33]. Des estafiers de Vincent Bolloré au rédacteur en chef du *Monde* en passant par les éditorialistes radio ou de la presse quotidienne régionale, les chiens de garde ont déployé à nouveau leur violence symbolique dans un front commun contre l'union de la gauche.

Diaboliser : les médias contre la Nupes

Le 24 avril 2022, au lendemain de la réélection d'Emmanuel Macron, le scénario rêvé (et prémâché) des directions éditoriales subissait quelques accrocs. Après cinq années passées à décocher leurs flèches contre La France insoumise, à égrener les sujets satisfaits sur « la gauche en miettes », à se repaître des querelles politiciennes entre les différents chefs de partis[34], et surtout à rabâcher l'injonction d'une « union » de la gauche (pourvu que ce soit sous l'égide d'un Parti socialiste raisonnable), les gardiens de l'ordre ont été pris de court : non seulement les principales forces de la gauche parlementaire (LFI, PCF, Générations, EELV et PS) décident de nouer une alliance électorale en vue des élections législatives, mais elles construisent la « Nouvelle union populaire écologique et sociale » sur un socle politique commun qui emprunte beaucoup à la pire source qui soit : le programme de La France insoumise. Le branle-bas de combat des rédactions fut à la hauteur de leur cauchemar éveillé.

La couverture de la campagne présidentielle avait déjà largement donné le ton des arbitrages médiatiques. Parti pris en faveur de Yannick Jadot lors de la primaire écologiste : « choix de la raison » (pour BFM-TV) contre Sandrine Rousseau enfermée dans le « camp de la déraison » (pour *L'Express*) – celle-ci étant clouée au pilori pour « wokisme » et « discours victimaire »[35]. Surmédiatisation de la « Primaire populaire » et de la candidature (avortée) de Christiane Taubira, leur effet « nouveauté » obnubilant tous les journalistes politiques de France[36]. Promotion de Fabien Roussel (PCF), dont les « bons mots » ont fait le bonheur à répétition de la droite médiatique décomplexée[37] et les choux gras de la presse : « Il a le sens de la formule, c'est un ancien journaliste. Il sait faire des punchlines, comme l'histoire de la bonne bouffe française récemment », le félicite Yaël Goosz, chef du service politique de France Inter (06/02/22). Division du personnel politique entre « petits » et « grands » dans la grande tradition démocratique des médias dominants – quitte à passer les premiers à la moulinette du mépris[38]. Enfin, banderilles usuelles contre La France insoumise. Au gré de cette campagne-spectacle, les médias réussirent à reléguer aux confins de l'agenda les conditions de travail et les salaires, la répartition des richesses, la santé, l'écologie et tous les thèmes propres à la gauche (comme leurs propositions de transformation sociale)[39]. Ce n'était là qu'un début…

Léa Salamé, militante auto-intoxiquée

Le 24 mai 2021, au matin d'une réunion des différents partis de gauche visant à discuter de l'élection présidentielle, Léa Salamé et Nicolas Demorand reçoivent Benoît Hamon, candidat PS en 2017.

Alors que ce dernier en appelle à « un grand projet pour l'égalité », Léa Salamé lui vole littéralement le micro : « Mais est-ce que les Français demandent plus d'égalité aujourd'hui ?! Quand vous regardez […] l'état des sondages et des mouvements de l'opinion, est-ce qu'ils demandent plus d'égalité ou est-ce qu'au fond, ils demandent plus de sécurité ? […] Quel que soit ce que vous allez proposer ou pas [*sic*], quand vous voyez que, pour 86 % des Français, la lutte contre l'insécurité sera essentielle dans leur choix de 2022, quand six Français sur dix disent ne plus vouloir accueillir de migrants aujourd'hui, quand six Français sur dix disent qu'il y a un problème avec l'islam aujourd'hui dans la République et que c'est une menace, est-ce que vous n'avez pas l'impression tout simplement que la gauche a perdu la bataille des idées et de l'époque ? Et que vous pourriez parler d'égalité ou d'autre chose, ça n'imprime plus ! Ils veulent autre chose ! »

Information, ou verrouillage idéologique ?

Dès le lendemain de l'élection présidentielle et jusqu'à la veille du second tour des élections législatives, le processus qui mènera à la création de la Nupes a littéralement déchaîné les rédactions. Pour comprendre la panique des chefferies éditoriales, rien de tel qu'un détour par le quotidien (et l'éditorialiste) de référence. Le 10 mai 2022 dans *Le Monde*, Françoise Fressoz : « Avant le premier tour, il y avait deux France, celle d'Emmanuel Macron et celle de Marine Le Pen. Le soir du 10 avril, une troisième a surgi, celle de Jean-Luc Mélenchon. Depuis, le vaincu s'emploie à la faire survivre et prospérer. » Véritable parasite dans le paysage politique (traficoté) de la journaliste, Jean-Luc Mélenchon essuie conséquemment une pluie d'invectives : « trublion », « prestidigitateur », « séduisant bonimenteur. À 70 ans, il joue la partition de sa vie, fait croire que la gauche radicale peut gouverner le pays. » Le retour du péril rouge, en somme…

C'est précisement sur cette base que les médias dominants vont couvrir (et participer à) cette campagne, dramatisant et hystérisant le débat comme jamais depuis la signature d'un programme commun de gouvernement entre le PS et le PCF en 1972.

Un premier mouvement se concentre sur LFI, accusée d'être un « danger pour la République » (Ivan Rioufol, *Le Figaro*, 06/05/22) et de proposer un programme qui « nous conduirait à la catastrophe » (Jacques Julliard, *Marianne*, 04/05/22)[40]. De concert avec l'extrême droite, le « cercle de la raison » questionne ainsi l'« attachement à la démocratie » de La France insoumise (Jean-Michel

Aphatie, LCI, 29/04/22). Sur Europe 1, Catherine Nay entrevoit le « fascisme à visage humain » (à propos de la députée Clémentine Autain) ; Philippe Val évoque une « secte » gouvernée par « des irresponsables [qui] jouent la violence sociale contre le suffrage universel » ; et Alain Finkielkraut tance leur « radicalité monstrueuse » (30/04/22, 06 et 10/05/22). « Totalitarisme qui vient » et « tentation totalitaire », renchérissent Ivan Rioufol et Bernard-Henri Lévy (*Le Figaro*, 06/05/22, et Twitter, 04/05/22). « Un parti factieux, séditieux ? », interroge de son côté Frédéric Haziza (Radio J, 08/05/22). « La haine est en marche et rien ne semble pouvoir l'arrêter », anticipait Franz-Olivier Giesbert, fustigeant la « violence verbale peu ordinaire »... des « chefs à plume de la France insoumise » (*Le Point*, 05/05/22). Quand il ne pilonne pas les Insoumis chez Sonia Mabrouk, dans les pages de *Franc-Tireur* ou ailleurs en les qualifiant d'« aussi dangereux que Donald Trump » (*L'Express*, 10/05/22), Raphaël Enthoven déverse ses frustrations politiques sur Twitter : « L'avenir de LFI est dans l'alliance avec le RN, plutôt que dans une OPA sur la gauche » (02/05/22). Dans les pages de *Challenges*, on s'indigne que Jean-Luc Mélenchon arrive à « caler la gauche sur les extrêmes » (05/05/22) ; de même sur France 2, où Thomas Sotto parle d'une gauche qui « se radicalise » (06/05/22), et sur France 5, où Denis Olivennes sonne lui aussi l'alarme : « Ce que je vois, c'est un leader qui a attaqué l'indépendance des juges, attaqué les journalistes, dont les amis c'est Poutine et Maduro, des gens qui n'acceptent pas la démocratie ! C'est ça

Mélenchon ! » (05/05/22). Sur RTL encore, Alba Ventura encourage l'ancien ministre Stéphane Le Foll : « Il y a une dérive chez Jean-Luc Mélenchon ? C'est ce que vous êtes en train de nous dire ? [...] Quand vous dites "autoritaire", quand vous dites "radicalité" ? » (02/05/22). La rédaction des *Échos* fait directement campagne via son directeur adjoint, Daniel Fortin : « Mélenchon ou la défaite de la raison », titre-t-il son édito du 2 mai avant d'égrener des mots d'amour : « Amoureux transi des dirigeants d'un Venezuela en ruine », un « insoumis sauf avec les dictateurs », la « gauche régressive », bref : « la folie Mélenchon ». Le rédacteur en chef de *L'Est républicain* s'était déjà étendu sur ce registre : « Jean-Luc Mélenchon incarne à merveille le Polichinelle hâbleur d'une gauche désorbitée, entraînée vers les abîmes d'une tragique bouffonnerie » (28/04/22). D'une rare brutalité contre « Méluche, le Magnifique », l'article se conclut par un irrépressible accès de mépris : « Il est, nous dit-on, l'idole des jeunes. Même diplômés. C'est dire l'incurie de l'époque. » Dans l'art du portrait à charge, *Paris Match* se défend bien : « Comme un interrupteur, [Jean-Luc Mélenchon] ne possède que deux positions : allumé ou disjoncté. [...] Le sexisme, le racisme, le nucléaire, les OGM, le capitalisme, la chasse aux bébés phoques, la pluie en été, tout lui tourne les sangs. Malheureusement pour lui, si élevé soit l'arbre, ses feuilles tombent toujours par terre » (05/05/22). De la hargne à l'insulte, il n'y a qu'un pas, que franchit sans trébucher le dessinateur du *Point* Xavier Gorce au moment de commenter l'affiche de campagne « Jean-Luc Mélenchon, Premier ministre » : « Connaissez-vous cette vieille comptine ? "Ce petit animal a la peau si tendue / Que quand il ferme un œil / Il ouvre le trou du cul." Pourquoi le sourire de Mélenchon me la rappelle ? » (Twitter, 27/04/22).

Ciblée comme aucun autre parti dans le champ politique, et de loin, La France insoumise voit également son programme disqualifié de A à Z. Ses positions sur le nucléaire ? « Mentalité anti-scientifique », assène Mathieu Bock-Côté (Europe 1, 05/05/22). Jean-Luc Mélenchon évoque-t-il sur France Inter « une politique de la radicalité concrète sur le plan écologique » ? Une journaliste traduit par « une forme de brutalité » (08/05/22). Au *Figaro*, on n'hésite pas à dénoncer « une "soviétisation" de l'économie française à plus de 300 milliards par an » (06/05/22). Le programme de LFI selon Christophe Barbier : « Impraticable et infinançable » (RMC, 03/05/22). « Dangereux pour l'économie française », répètent en boucle les éditorialistes de BFM-TV[41]. « Ça serait la faillite si c'était appliqué ! », radote Jean-François Kahn sur LCI (06/05/22). Retour « quarante ans en arrière », prédit aussi *Challenges* (05/05/22), corroboré le même jour par Denis Olivennes, qui démonte sur France 5 un programme « complètement dingue ». Pour sortir de la dinguerie, rien de tel qu'un peu de recul historique avec un François Lenglet rancunier et revanchard, qui expose aux auditeurs le « bilan économique désastreux de l'expérience du Front populaire » (RTL, 02/05). Autres références, même tonalité sur Europe 1, où Nicolas Bouzou prévient ses contemporains : « La vérité, c'est que les programmes révolutionnaires du type La France insoumise n'ont jamais apporté rien d'autre que de la misère économique et sociale ! C'est toute l'histoire de l'Amérique latine dans les années 1980 et 1990, c'est parfaitement documenté historiquement » (04/05/22). « Le blocage des prix ? s'interroge Jean-Michel Aphatie sur LCI. C'est archaïque ! » La retraite à 60 ans ? « C'est l'un des plus gros bobards de la scène politique actuellement » (06/05/22). Quant à l'inénarrable Renaud Dély, en promotion pour son essai *Anatomie d'une trahison. La gauche contre le progrès*, il est convié trois fois entre le 2 et le 5 mai sur France Inter et France 5, où l'on attend qu'il « règle son compte à la gauche française », selon le titre de la rédaction de « C à vous » (05/05/22)…

Incapables d'exercer leur métier en rendant compte du paysage politique tel qu'il est, les journalistes prescrivent ce qu'il devrait être. Aussi les Verts et le PS font-ils très vite les frais de cette exigence : signataires de l'accord qui créera la Nupes les 2 et 6 mai 2022, ils sont accusés de « se soumettre » et… de « trahir »[42]. Partout, le champ lexical mobilisé pour décrire le processus d'alliance est celui de la contrainte : la une du *Figaro* annonce que « Mélenchon soumet les Verts et le PS à la gauche extrême », tandis qu'Apolline de Malherbe préfère parler d'un « coup d'État » au PS (BFM-TV, 06/05/22). Alors que la quasi-totalité des éditorialistes s'époumone contre une union qu'ils considèrent comme factice – « un mirage, une escroquerie » (RMC, 03/05) –, les médias font la chronique de son échec annoncé : cet accord n'est « pas un programme de gouvernement » et ne permet « pas [...] d'exercer les responsabilités », certifie *Le Monde* par voie d'éditorial (06/06/22). L'attitude du PS polarise toutes les craintes. Tourner le dos au virage libéral de 1983 ? Une erreur tragique pour toute la presse. « Est-ce que le PS vit son moment populiste ? », questionne sur France 5 Thomas Snégaroff (05/05/22). Le 4 mai sur France Info, deux hauts gradés d'*Ouest-France* et de *L'Obs* pleurent conjointement « la disparition programmée du PS » et « la fin du grand parti de Jaurès et Blum ». Olivier Faure « entraîne le radeau socialiste vers la chute finale sur la rivière insoumise », se désole *Sud Ouest* (29/04/22) ; suivi le lendemain par *L'Union* – « Après Solférino, ce sera donc Canossa » – et *Le Parisien* – où le directeur des rédactions prédit une « descente aux enfers » d'un PS en train de « perdre son âme » (02/05/22). Du côté de LCI, tous les éditorialistes sont en rang : Jean-Michel Aphatie affirme que, « comme dans les corridas, la lame a traversé le cerveau : là, il est cuit le Parti socialiste » (04/05/22) ; Jean-François Kahn enrage que des « sociaux-démocrates se livrent à des néobolcheviques » (06/05/22) et Caroline Fourest tempête contre un PS en passe de rallier « une gauche [qui] se radicalise par antisionisme, par anti-impérialisme et s'allie avec des islamistes ou avec des antisémites » (07/05/22). Grand télégraphiste de la bourgeoisie triomphante, le directeur adjoint du *Figaro*, Vincent Trémolet de Villers, frise l'apoplexie devant « le spectacle avilissant donné par les socialistes et écologistes », qui « extirperait tout optimisme du cœur du citoyen le plus exemplaire » (04/05/22). Le journalisme de bac à sable s'en donne à cœur joie. *Le Canard enchaîné* notamment, qui qualifie Olivier Faure d'« Olivier Faible » (18/05/22). Les cadres du PS ? Une « bande de bras cassés » pour Franz-Olivier Giesbert (CNews, 27/04/22) ; des « lapins face au cobra » pour Christophe Barbier (BFM-TV, 01/05/22) ; des « caniches » appâtés par une « gamelle » sur laquelle Mélenchon inscrit « Union populaire à la place de Médor » pour *L'Est républicain* (28/04/22). « Le bulletin Nupes, là, c'est un danger pour la France ! », s'écrie Daniel Riolo sur RMC le 3 mai, où l'on atteint des sommets dans le registre ordurier :

> CATHERINE RAMBERT : J'ai une pensée et beaucoup de compassion pour les communistes, pour le PS et pour les Verts, qui sont en train d'avaler d'énormes couleuvres pour rentrer dans cette union au forceps. Et quand je dis « avaler des couleuvres », je ne suis pas certaine que ça passe par là, mais enfin bon, on ne va pas faire un cours d'anatomie aujourd'hui !
>
> DANIEL RIOLO : On ne sait même pas si c'est des couleuvres, hein Catherine !

Commentaires en roue libre, prescriptions permanentes pour définir ce que doit être et ne doit pas être la gauche. Injonctions partout, information nulle part ! Tellement « curieux » de l'accord de la Nupes, au point de massivement le commenter, les grands médias ont recouvré leurs œillères lors de la sortie de son « programme partagé », dont 650 mesures étaient présentées en conférence de presse le 19 mai : « Un traitement *a minima* avec seulement un maigre article perdu dans une page intérieure pour *Le Figaro*, *Le Parisien* et *Les Échos*. Ni le "20h" de Julien Arnaud sur TF1, ni celui de France 2 n'ont jugé digne de lui consacrer le moindre titre », notait le journaliste Amaury de Rochegonde[43]. Et si les médias convoquent bel et bien des responsables socialistes ou écologistes, ils le font en redresseurs de torts. Les matinales radiophoniques et les « face-à-face » télé ont été les lieux les plus propices à cette rééducation des « dissidents » de la social-démocratie – voire de la République tout court. Dans l'émission « Questions politiques » (*Le Monde*–France Info–France Inter, 01/05/22), Olivier Faure est interrompu pas moins de 164 fois, systématiquement recadré par Nathalie Saint-Cricq et Françoise Fressoz qui prônent une alliance « sans les LFI », pour l'une, « sans Mélenchon », pour l'autre. Même traitement infligé à Julien Bayou, qui doit faire face à la hargne du duo Martichoux-Thréard dans une autre interview à trois têtes (LCP–Public Sénat–*Le Figaro*, 02/05/22). Fabien Roussel, quant à lui, s'attire les foudres de Léa Salamé et Nicolas Demorand (04/05/22) : « L'affiche de campagne, ce sera "Élisez-moi Premier ministre" avec la tête de Jean-Luc Mélenchon ? Ça sera ça que vous distribuerez ?! » ; « Que dites-vous aux figures historiques du PS […] qui parlent de reddition, de disparition, de soumission du PS à la gauche radicale ? »

Mobiliser et promouvoir les « éléphants » du PS fut l'ultime tentative des chefferies éditoriales pour tenter d'inverser le cours du drame. Peu importe que l'accord scellant la naissance de la Nupes ait été adopté à 62 % par le PS et à 95 % par le conseil fédéral d'EELV : puisqu'il le fallait, on surmédiatiserait les voix minoritaires, ne représentant souvent plus qu'elles-mêmes. Qui de mieux pour disqualifier la Nupes, en effet, qu'une poignée de briscards pétris de « culture de gouvernement », acquis à l'économie de marché et au néomaccarthysme du « Printemps républicain » ? Ainsi a-t-on vu défiler, à la chaîne, des cadres du PS s'opposant à l'alliance avec La France insoumise, d'anciens membres du gouvernement Hollande, mais aussi d'anciens cadres des Verts, auxquels *Le Monde* offrit une tribune qui fit le tour des médias : « José Bové, Daniel Cohn-Bendit et Jean-Paul Besset : "L'accord des Verts avec la FI est une escroquerie" » (07/05/22). Entre le 26 avril et le 8 mai – soit les deux semaines au cours desquelles se sont noués les accords –, Julien Dray, Jean-Christophe Cambadélis, Stéphane Le Foll, François Hollande, Bernard Cazeneuve et Gérard Collomb ont cumulé à eux seuls vingt et une invitations dans les grands médias, sans compter celles des anciens ministres Michel Sapin et Jean-Marie Le Guen, tous deux invités de la matinale de France Info les 28 avril et 13 mai...

Tonitruant, le procès médiatique redoubla dans la semaine d'entre-deux-tours pour marteler les

« trois chefs d'inculpation contre la gauche : sa victoire rendrait la France "ingouvernable", la ruinerait économiquement et anéantirait ses "valeurs républicaines"[44] ».

Conclusion.
La gauche face aux médias

UNE ENTREPRISE DE « RADICALISATION du projet néolibéral en France » : c'est ainsi que le journaliste Romaric Godin analyse la politique d'Emmanuel Macron[1]. Les grands médias ont pris toute leur part dans ce processus : service après-vente zélé des politiques gouvernementales et consécration enthousiaste du grand « réformateur » ; banalisation des thèses de l'extrême droite et légitimation de ses représentants ; mutilation permanente du débat socio-économique ; journalisme de préfecture applaudissant la répression des mouvements sociaux et promouvant le durcissement de l'autorité de l'État ; tirs de barrage constants contre la gauche dans toutes ses composantes et, en particulier, contre ses franges les moins solubles dans le réformisme.

En 1993, Pierre Bourdieu accusait les médias d'être « au service objectif de la révolution conservatrice[2] ». Trente ans plus tard, ce constat reste toujours aussi pertinent : par suivisme, routine, dépendance, aveuglement ou activisme politique, les médias participent toujours aussi massivement à l'avènement d'une démocratie minée par l'autoritarisme et le néolibéralisme.

Crise médiatique dans un système capitaliste en crise ? Si le mode de propriété et d'organisation des médias est loin de tout expliquer, il reste néanmoins un élément indispensable à la compréhension de la fonction exercée par leurs tenanciers : maintenir l'ordre.

Depuis le milieu des années 2010, l'accélération de la concentration capitalistique des moyens d'information a continué de favoriser l'influence sur le champ politique d'une poignée d'industriels milliardaires, tout en sapant les conditions matérielles indispensables à la mission première des journalistes : informer, enquêter. Encourageant les formats à bas coût, reconfigurant le débat public sur le modèle d'un *talk-show* permanent, les contraintes commerciales, les rapports de concurrence et les politiques d'austérité budgétaire ravagent les conditions de production de l'information et renforcent la structuration verticale du champ journalistique : une poignée de vedettes médiatiques aux rémunérations faramineuses captent la parole publique, démultiplient leurs apparitions et concentrent le pouvoir éditorial au détriment des contingents de professionnels du « bas de l'échelle », précarisés et soumis, de surcroît, à des politiques managériales autoritaires qui limitent toute résistance interne[3].

Une information sous contrainte… et sous pression : sous le premier quinquennat d'Emmanuel Macron, les attaques du pouvoir politique contre le droit d'informer ont été constantes, que ces dernières se soient traduites dans la loi – notamment celle dite du « secret des affaires » –, dans les baisses de dotations infligées à l'audiovisuel public (jusqu'à la suppression de la redevance en août 2022), dans des pressions directes (plaintes de ministres contre des enquêtes de presse, convocations de journalistes par les services de renseignement, etc.), enfin dans les violences policières exercées à l'encontre de journalistes couvrant des manifestations [4]. Les hiérarchies médiatiques ne s'en alarment pas outre mesure.

Loin d'encourager un débat réflexif et critique avec les étudiants sur les pratiques des métiers du journalisme, de valoriser l'enquête, l'investigation et les apports de la critique sociale, les écoles les plus prestigieuses préparent en amont le terrain d'un moins-disant journalistique. D'une part, elles concourent à une « homogénéisation sociale par le haut de la profession journalistique » à la faveur d'un recrutement des futurs diplômés parmi les classes favorisées. D'autre part, les formations suivent des « logiques de formatage des futurs journalistes dans un contexte de routinisation du journalisme "assis", *low cost* et à distance des faits d'actualité pourtant couverts » [5]. Au détriment d'enseignements de fond, elles privilégient une formation techniciste qui favorise la « déréalisation » et la dépolitisation de l'information [6]. Dispensant un mode d'emploi pour s'adapter au mieux aux « réalités du marché du travail », les grandes écoles de journalisme semblent, à bien des égards, encourager la soumission aux contraintes présidant à la fabrique de la « mal-information ».

Malgré l'omnipotence de la frange journalistique la plus dominante (chefs de service, éditorialistes, présentateurs, animateurs et intervieweurs, etc.), les médias ne sont pas tout-puissants. Ils ne le sont pas plus en temps ordinaire qu'en période d'élections ou de mobilisations sociales : les estocades réactionnaires depuis les débuts du mouvement #MeToo n'ont pas empêché la montée en puissance des mobilisations féministes – qui ont d'ailleurs contribué à de nettes avancées, quoique fragiles, dans le traitement médiatique des violences sexistes et sexuelles. De même, le mouvement écologiste n'a pas attendu une couverture extensive et aiguë de la question environnementale et climatique par les médias pour se renforcer et politiser les enjeux écologiques sur des bases anticapitalistes. Reste que les partis pris éditocratiques permanents, l'anémie du pluralisme et les biais systématiques dans le traitement de l'information nuisent au droit d'être informé et aux mouvements d'émancipation. Champ de bataille politique, les médias jouent structurellement en défaveur de la gauche, quand ils ne mènent pas directement campagne contre son existence.

Front médiatique contre la gauche ; front de gauche face aux médias ? Pour provocatrice qu'elle soit, la question appelle à la nécessaire politisation de la question médiatique. Une politisation qui devrait porter sur trois versants complémentaires : la construction et le renforcement de médias indépendants ou « alternatifs » ; l'élaboration de propositions visant la transformation radicale des médias dominants ; la médiatisation et le rapport de la gauche aux médias[1].

Dans le dernier cas, la gauche semble la plupart du temps démissionnaire, quand elle ne théorise pas un interventionnisme médiatique inconditionnel, quitte à valider les dispositifs les plus réactionnaires et défavorables – comme les plateaux de CNews et de Cyril Hanouna sur C8, où se succèdent les guets-apens les plus grossiers, où les responsables politiques continuent d'huiler la machine alors qu'ils y essuient des invectives à la chaîne. Après l'embauche d'Éric Zemmour sur CNews, en octobre 2019, une grande partie de la gauche sociale et politique avait proclamé publiquement un boycott de la chaîne. Une mobilisation suffisamment rare pour être soulignée. Elle fut hélas rapidement abandonnée par les principales organisations partisanes, qui aurait pourtant pu constituer un levier d'action collective (parmi d'autres) pour politiser la question médiatique en général, et s'opposer à la prédation de l'extrême droite sur le paysage de l'information.

1. Le NPA se distingue en la matière. Dans *Un « petit » candidat face aux « grands » médias*, le parti revient sur la médiatisation de Philippe Poutou en 2022 et appelle à « penser [la] médiatisation comme un combat, et non comme un donné, passant par la constitution de nos propres médias mais aussi par de nécessaires conflits avec les "grands" médias qu'il ne s'agit pas de déserter[7] ».

À défaut de tels mouvements collectifs, le rapport aux médias semble voué à n'être questionné que de façon trop ponctuelle, isolée et dispersée pour espérer peser dans le rapport de forces engageant les stratégies – nécessairement faites de contradictions – de tel parti ou de tel syndicat. Pire, la question de la médiatisation est parfois classée sans suite, notamment au nom d'une « bataille pour l'hégémonie culturelle », certes nécessaire mais qui ne peut dispenser d'une réflexion sur les conditions d'intervention et d'expression dans les grands médias capitalistes[8]. Ce combat justifie-t-il d'investir massivement les médias ? d'installer des éditorialistes ou des bons clients « de gauche » identifiables dans le paysage ? de consentir aux règles d'un débat n'ayant de « démocratique » que le nom ? et de se soumettre à des dispositifs qu'il ne serait plus temps – ou qu'il serait vain – de subvertir ? Ces démarches répondent-elles de manière satisfaisante à l'anémie structurelle du pluralisme ? Mais le pluralisme ne se réduit pas à l'expression et à la représentation médiatique de la diversité des seuls courants politiques et partisans[9]. Ces démarches dessinent-elles un horizon souhaitable pour l'information, en partie minée par l'éditorialisation croissante du débat public ? Si les solutions « clé en main » n'existent pas, le débat gagnerait à être mené de manière large et collective à gauche.

Poser ces questions ne revient ni à prôner que la gauche déserte les espaces dominants de l'information politique, ni à distribuer les bons et les mauvais points, mais à questionner la portée que souhaite donner la gauche à la question médiatique, tout en pointant les risques à cultiver un rapport dépolitisé, ou de moins en moins conflictuel, aux médias : s'enfermer dans leur fonctionnement autophage, se rendre prisonniers de cadrages indigents et subir le rythme de leur instantanéité perpétuelle, imposant des réactions successives aux clashs et le commentaire permanent du tout au n'importe quoi, *a fortiori* à l'heure où se sont démultipliés les créneaux d'« interview politique ». Jusqu'à s'engluer dans cette machine infernale... et à perdre de vue la nécessité d'une réflexion et d'un travail collectif plus larges, dans le but de proposer un projet de transformation radicale des médias.

Un combat pour débarrasser l'information de l'emprise capitaliste et marchande : tel fut celui de la gauche pendant plusieurs décennies jusqu'à ce que le PS au pouvoir l'abandonne dès le début des années 1980[10].

Si certains programmes politiques renouent aujourd'hui avec des propositions radicales, force est de constater que la question médiatique est délaissée et sous-investie. Évidemment, les médias se montrent plus prompts à enterrer le débat qu'à l'encourager en leur sein. Campagne électorale après campagne électorale, la question des médias est un non-sujet, quand elle n'est pas indexée sur les propositions réactionnaires. Ainsi, en 2022, le devenir du service public a bien occupé le débat le temps d'une poignée d'émissions, mais sur la base des programmes de candidats de droite et d'extrême droite, Marine Le Pen et Éric Zemmour préconisant la privatisation de tout ou partie de l'audiovisuel public – projet que le gouvernement macroniste a d'ailleurs commencé à satisfaire dès sa réélection en supprimant la redevance.

Ailleurs, il ne se trouve personne pour mettre au programme la question médiatique. De nombreux commentateurs se sont bien sûr offusqués des insultes que le député LFI Louis Boyard a reçues lorsqu'il a critiqué le propriétaire de C8 sur sa chaîne. Ce qui est la moindre des choses et ne change rien au fait que porter une critique radicale des médias dans les médias dominants relève, partout, d'une mission impossible. En dehors de débats entre journalistes sur l'éthique, la déontologie ou le *fact-checking* et de quelques personnalités revendiquant une correction à la marge des « dérives » du système médiatique ou des mesures pour octroyer quelques bribes d'indépendance aux journalistes à l'égard des actionnaires, aucune réelle critique des médias n'est autorisée dans les médias dominants. Son actualité relève pourtant de l'urgence au terme de plusieurs décennies de dérégulation du paysage de l'information et d'un quinquennat au cours duquel se sont aggravées l'emprise des Gafam sur les contenus (information, création audiovisuelle, événements sportifs, etc.), la dégradation de l'audiovisuel public et la concentration capitalistique des médias privés et des moyens de communication.

La question de la propriété privée des médias – aux mains de milliardaires dont les activités industrielles (BTP, télécoms, armement, etc.) dépendent de commandes publiques – devrait constituer la colonne vertébrale de tout projet de transformation du système médiatique actuel, qu'on réclame son abolition ou sa limitation drastique à travers la redéfinition de seuils de concentration.

De même, le statut juridique des rédactions, la refonte du système d'aides publiques à la presse, la question de la publicité – qui finance presque intégralement les télévisions privées au grand bénéfice des groupes TF1 et M6 – devraient être des problématiques embrassées de manière globale et gagneraient pour le moins à revenir au cœur du débat. Pilier d'un système médiatique financiarisé, la publicité est une question d'autant plus brûlante que des formes toujours plus élaborées de publireportages et des moyens toujours plus sophistiqués de monétisation des audiences (et des données des utilisateurs) ne cessent de contaminer l'information. À la télévision, si les pages de publicité classiques restent le modèle prédominant, « le parrainage a pris, selon les données de l'Arcom, une place croissante dans le total des recettes publicitaires nettes » au cours de la décennie 2010 [11]. Un mélange des genres qui s'épanouit sur les sites d'« infotainment » (type Melty, Konbini, Vice, Brut, etc. [12]), mais qui est également en plein essor dans les déclinaisons web des médias traditionnels. Quand bien même les groupes de presse plaident-ils la transparence et l'indépendance des rédactions à l'égard des pôles commerciaux, l'information n'en demeure pas moins, sinon de plus en plus, parasitée par les ingérences marchandes [13].

La réappropriation démocratique des médias devra s'appuyer sur les médias du « tiers secteur », dont la défense et le renforcement devraient être le troisième pilier de la politisation de la question médiatique. Si leurs audiences et lectorats ne parviennent pas à concurrencer numériquement celles des médias dominants, de nombreux titres indépendants et/ou associatifs, qui constituent les vrais visages du pluralisme de l'information, luttent pour imposer leur existence, souvent précaire. À contre-courant des médias dominants comme de l'ordre établi, ils renouvellent les agendas, proposent d'autres choix éditoriaux, octroient une plus grande place aux travaux universitaires et accordent une importance fondamentale aux reportages et aux enquêtes sociales.

Face aux attaques permanentes du pouvoir politique, la défense de l'audiovisuel public, enfin, ne mobilise pas la gauche autant qu'elle le devrait. Loin d'être un obstacle, la critique radicale de ses productions et de son organisation actuelle dessine au contraire les transformations nécessaires à son émancipation [14].

Si un autre monde est possible, d'autres médias le sont aussi.

Notes de référence

Introduction

1. Serge Halimi, *Quand la gauche essayait. Les leçons du pouvoir (1924, 1936, 1944, 1981)*, Agone, 2018.

2. Pierre Rimbert, « Il y a quinze ans, "Vive la crise !" », *Le Monde diplomatique*, février 1999.

3. Serge Halimi, *Le Grand Bond en arrière. Comment l'ordre libéral s'est imposé au monde*, Agone, 2012.

4. Serge Halimi, *Les Nouveaux Chiens de garde*, Raisons d'agir, 2022.

5. Michael Christofferson, *Les Intellectuels contre la gauche. L'idéologie antitotalitaire en France (1968-1981)*, Agone, 2014.

6. Mathias Reymond et Grégory Rzepski, *Tous les médias sont-ils de droite ?*, Acrimed & Syllepse, 2008.

1. Un journalisme de cour

1. « Montebourg à Macron : "Bonne chance Manu !" », *Le Parisien*, 27 août 2014.

2. Pierre Leroux et Philippe Riutort, « Accumuler du capital médiatique en un temps record : Emmanuel Macron, ministre de l'Économie (août 2014-août 2016) », *in* Clément Desrumaux et Jérémie Nollet (dir.), *Un capital médiatique ?* Presses universitaires de Rennes, 2021, p. 28.

3. *Paris Match*, juillet 2016 – cité *ibid.*, p. 29.

4. Pierre Leroux et Philippe Riutort, « Emmanuel Macron, une increvable bulle médiatique et sondagière ? », *in* Bernard Dolez, Julien Fretel et Rémi Lefebvre (dir.), *L'Entreprise Macron*, Presses universitaires de Grenoble, 2019, p. 53-63.

5. Mathias Reymond, *Au nom de la démocratie, votez bien !*, Acrimed & Agone, 2019.

6. Pierre Leroux et Philippe Riutort, « Emmanuel Macron, une increvable bulle médiatique et sondagière ? », art. cité.

7. Lire Marc Endeweld, *Le Grand Manipulateur*, Stock, 2019.
8. Marie Bénilde, « Le candidat des médias », *Le Monde diplomatique*, mai 2017.
9. AFP, 30 janvier 2017.
10. Bernard Arnault, « Pourquoi je vote Emmanuel Macron », *Les Échos*, 5 mai 2017.
11. *L'Express*, 26 avril 2017.
12. Pauline Perrenot, « Macron candidat : journalisme de révérence à la Une », Acrimed, 11 mars 2022.
13. Julie Marie-Leconte, « Les Informés », France Info, 3 mars 2022.
14. Lire Pauline Perrenot, « Macron, candidat imbattable pour France info » et « Macron "chef de guerre" et lieutenants médiatiques », Acrimed, 15 et 23 mars 2022.
15. Jean Daniel, « Macron président : laissons-lui ses chances », *L'Obs*, 16 mai 2017 et Sylvain Courage, « Allocution sur la guerre en Ukraine : Macron renforce sa stature de "père de la Nation" », *L'Obs*, 3 mars 2022.
16. Sélection effectuée entre le 16 et le 18 mars 2022 sur le site du *Monde*.
17. Alexandre Lemarié, « Emmanuel Macron rend hommage à "la solidarité très concrète des Français" envers les réfugiés ukrainiens », *Le Monde*, 15 mars 2022.
18. Lire notamment Thibault Roques, « La comm' de Macron : information ou… communication ? » ; Jean Pérès et Pauline Perrenot, « Quand la "mondialisation heureuse" de Macron fait le bonheur de Raphaël Kahane (France 24) » et Paul S, « *Le Monde* et le "président épidémiologiste" : les récidives d'un communicant-journaliste », Acrimed, 4 décembre 2017, 9 février 2018 et 3 mai 2021.
19. Acrimed, Elsa Johnstone et Vincent Sizaire, « Ce que les médias font à la justice », *Délibérée*, n° 9, La Découverte, mars 2020, p. 38.
20. Frédéric Lemaire, « Coronavirus et 49.3 : Édouard Philippe déroule sur TF1 » et Pauline Perrenot, « À quoi ressemble une matinée de mobilisation sociale dans les médias ? », Acrimed, 3 et 4 mars 2020.
21. Mathias Reymond, « Retour sur les entretiens présidentiels : qui invite qui ? », Acrimed, 2 mai 2018.
22. Pauline Perrenot et Vincent Bollenot, « Anne-Sophie Lapix et Gilles Bouleau, chargés de com' de l'Élysée », Acrimed, 20 octobre 2020.
23. « Un dimanche de campagne », France Inter, 13 février 2022.

24. Pauline Perrenot, « "Les Informés" (France Info) : le triomphe de la communication en huis clos », Acrimed, 11 septembre 2019.
25. Pauline Bock, « Sur Whatsapp, la macronie informe… et contrôle la presse », Arrêt sur images, 19 avril 2022.
26. Pauline Perrenot, « Filmer la misère du journalisme politique » et « BFM-TV et le journalisme politique : le néant au carré », Acrimed, 10 mai 2021 et 26 janvier 2022.
27. « Yann L'Hénoret, "Emmanuel Macron a trouvé mon documentaire très juste" », *20 minutes*, 12 juillet 2017.
28. « Yann L'Hénoret, "Il a suivi Emmanuel Macron pendant 8 mois", « Quotidien », TMC, 8 mai 2017.
29. Pauline Perrenot, « La grève du 5 décembre au 20h de France 2 : quatre jours de propagande », Acrimed, 5 décembre 2019.
30. Henri Maler et Mathias Reymond pour Acrimed, *Médias et mobilisations sociales*, Syllepse, 2007.
31. Acrimed, *Les Médias contre la rue. Vingt-cinq ans de démobilisation sociale*, Adespote, 2021.
32. Audrey Tonnelier, « Suppression de l'ISF, "flat tax" : le "ruissellement" promis par Emmanuel Macron n'a pas eu lieu, selon France Stratégie », *Le Monde*, 14 octobre 2021.
33. Aude Martin, « À quel point la suppression de l'ISF est-elle un échec ? », *Alternatives économiques*, 20 octobre 2021.
34. Benjamin Lagues, « Bilan de la réforme de l'ISF : l'éditocratie choisit la désinformation », Acrimed, 21 décembre 2021.

II. Un journalisme de dédiabolisation

1. Ugo Palheta, *La Possibilité du fascisme. France, la trajectoire du désastre*, La Découverte, 2018.
2. Patrick Champagne, *Faire l'opinion. Le nouveau jeu politique*, Minuit, 1990 ; et Alexandre Dézé, *10 leçons sur les sondages politiques*, De Boeck, 2022.
3. Jean-Michel Salvator, « Le retour des sondages dans notre journal avec Ipsos et France Info », *Le Parisien*, 10 mai 2021.
4. « Emmanuel Macron face à Marine Le Pen en 2022, chronique d'un duel redouté », *Le Monde*, 11 février 2021 ; « Macron-Le Pen, le duel annoncé de la campagne présidentielle de 2022 », France 2, 11 février 2021 ; « Le duel Macron-le Pen reste le plus probable », *Midi Libre*, 12 avril 2021.

5. Auxquels vient s'ajouter une enquête de la Fondation Jean-Jaurès sur l'« évaluation du risque Le Pen » (21 avril 2021) qui fait les gros titres : « Marine Le Pen peut-elle gagner en 2022 ? Oui, si une de ces trois conditions est remplie » (*L'Obs*, 21 avril 2021).
6. Pauline Perrenot, « Darmanin-Le Pen : une semaine de feuilleton médiatique en vase clos », Acrimed, 11 février 2021.
7. AFP, « Face-à-face attendu entre Darmanin et Le Pen jeudi sur France 2 », 8 février 2021.
8. Patrick Lehingue, « L'emprise des sondages sur le jeu électoral : vrais et faux débats », *Savoir/Agir*, 2007, p. 37-47.
9. Pierre Tévanian et Sylvie Tissot, *Dictionnaire de la lepénisation des esprits*, L'Esprit frappeur, 2002.
10. Pauline Bock, « M6 et l'islam radical : "on nous a présenté un sujet factice" » et « M6 et l'islam radical : opération com' pour Darmanin », Arrêt sur images, 1er et 3 février 2022.
11. Voir deux des volets de l'enquête de Nassira El Moaddem, « Bar PMU de Sevran : la contre-enquête du Bondy Blog » et « Hervé Brusini de France Télévisions : le reportage sur le bar PMU de Sevran de France 2 a été "un bug" », Le Bondy Blog, 13 mars 2017 et 8 février 2018
12. Patrick Champagne, *La Double Dépendance. Sur le journalisme*, Raisons d'Agir, 2016.
13. Pierre Jequier-Zalc, « Bilan du quinquennat : la grande surenchère sécuritaire d'Emmanuel Macron » et « États d'urgence, lois sécurité globale ou "séparatisme" : cinq années qui ont rogné nos libertés », Basta, 17 février 2022.
14. « Diffusion du discours de Zemmour : "Une erreur" pour Fabien Namias, le patron de LCI », *Le Parisien*, 30 septembre 2019.
15. Tristan Berteloot, « Voile islamique : comment l'extrême droite profite du débat sur l'immigration », *Libération*, 15 octobre 2019.
16. Pauline Perrenot, « Attentat islamophobe à Bayonne : sur BFM-TV le débat s'enflamme sur… le "communautarisme" musulman », Acrimed, 29 octobre 2019.
17. Loris Guémart, « Manif contre l'islamophobie : deux journalistes à la conférence de presse », Arrêt sur images, 12 novembre 2019.
18. Frédéric Lemaire, Michel Ducrot, Pauline Perrenot, « Manif contre l'islamophobie : les procès d'intention de Jean-Michel Aphatie », Acrimed, 22 novembre 2019.

19. Jacques Pezet, « Pourquoi le cri "Allahu akbar" a-t-il été scandé pendant la marche contre l'islamophobie ? », *Libération*, 10 novembre 2019.
20. Samuel Gontier, « Manif contre l'islamophobie : "dérapages en série" sur BFM-TV et LCI », *Télérama*, 12 novembre 2019.
21. Pauline Perrenot, « Blanchir Zemmour : mode d'emploi médiatique », Acrimed, 8 octobre 2021.
22. Raphaël Garrigos et Isabelle Roberts, *L'Empire. Comment Vincent Bolloré a mangé Canal+*, Seuil « Les Jours », 2016.
23. Serge Nedjar, directeur de CNews. Cité par Raphaël Garrigos et Isabelles Roberts, « Zemmour sur CNews : le grand emplacement », Les Jours, 10 octobre 2019.
24. Cité par Loris Guémart, « Entre poire et fromage, le CSA assume sa timidité face à CNews », Arrêt sur images, 20 décembre 2021.
25. Sébastien Fontenelle, *Les Empoisonneurs. Antisémitisme, islamophobie, xénophobie*, Lux, 2020.
26. Lire Patrick Michel et Pauline Perrenot, « Dans les talk-shows : le poids des éditorialistes de la droite extrême et d'extrême-droite » et Pauline Perrenot, « Gabrielle Cluzel (Boulevard Voltaire) : CNews et LCI installent la "fachosphère" sur leurs plateaux », Acrimed, 20 novembre 2018 et 24 avril 2019. Lire également Jean-Sébastien Mora, « Depuis le nord, Sud Radio émet vers l'extrême droite », *CQFD*, n° 189, juillet-août 2020.
27. Frédéric Lemaire et Pauline Perrenot, « Violences faites aux femmes : le festival des éditocrates réactionnaires », Acrimed, 15 janvier 2018.
28. Lire Pauline Perrenot, « Franz-Olivier Giesbert sur France Inter : la fête du journalisme » ; Denis Perais et Pauline Perrenot, « Michel Onfray, la philosophie de l'imposture » ; Julien Salingue, « Thréard, Rioufol, Zemmour : ces éditorialistes VRP du Front national » Acrimed, 18 juin 2021, 7 janvier 2022, 2 mars 2015 ; Patrick Michel et Pauline Perrenot, « Dans les talk-shows : le poids des éditorialistes de la droite extrême et d'extrême-droite », art. cité.
29. Pauline Perrenot, Mathias Reymond, « Les barbares à nos portes ! », *Le Monde diplomatique*, juillet 2022, p. 28.
30. Maxime Friot, « "Grandes Gueules" : Daniel Riolo, un nouvel éditorialiste dans le cirque médiatique », Acrimed, 18 avril 2019 et Jérôme Latta, « L'embarrassant héritage du talk-show à la Saccomano », Arrêt sur images, 8 octobre 2019.
31. Pauline Perrenot, « *Valeurs actuelles* : une légitimation médiatique de (très) longue date », Acrimed, 24 novembre 2020.

32. Abdellali Hajjat, « L'emprise de *Valeurs actuelles* », *Carnet de recherche Racismes*, 13 novembre 2020.
33. Pauline Perrenot, « Bourdin face à Danièle Obono : le temps des sommations », Acrimed, 8 septembre 2020.
34. Alexandre Dézé, « La construction médiatique de la "nouveauté FN" », *in* Sylvain Crépon, Alexandre Dézé et Nonna Mayer (dir), *Les Faux-Semblants du Front national. Sociologie d'un parti politique*, Presses de Sciences Po, 2015, p. 456-457.
35. Alexandre Dézé, « La construction sondagière du Rassemblement national », *Politika*, 3 janvier 2022.
36. Safia Dahani, « Incorporer la contrainte, transmettre la critique, occuper les médias. Sur la médiatisation de jeunes dirigeants du Front national », *Savoir/Agir*, 2018, n° 46, p. 83-88.
37. Frédéric Lemaire, « Les chaînes télé déroulent le tapis rouge devant Marine Le Pen », Acrimed, 19 mars 2019.
38. Aude Dassonville, « France Inter : une courte interview de Marine Le Pen diffusée sur les réseaux provoque la colère des journalistes », *Le Monde*, 25 janvier 2022.
39. Pauline Perrenot, « Le Pen ne fait plus peur : la faute à qui ? », Acrimed, 22 avril 2022.
40. Nicolas Hervé, « Médiatisation des candidat.e.s à l'élection présidentielle 2022 dans l'audiovisuel », Institut national de l'audiovisuel-Service de la recherche, 17 mars 2022.
41. Claire Sécail, « L'élection présidentielle 2022 vue par Cyril Hanouna. 2. La campagne (1er janvier – 22 avril 2022) », Les focus « Communication et Politique », Université Paris-Dauphine, CNRS, 9 novembre 2022.
42. Pauline Perrenot, « Zemmour : un artéfact médiatique à la une », Acrimed, 5 octobre 2021.
43. « Respect du principe d'équité des temps de parole et d'antenne pour la période du 1er janvier au 7 mars 2022 : interventions », Arcom, 31 mars 2022.
44. Ugo Palheta, « De quoi Zemmour est-il le symptôme morbide ? », *Contretemps*, 11 octobre 2021.
45. Pauline Perrenot, « Médias et extrêmes droites : mais que font les rédactions ? », Acrimed, 24 novembre 2021.
46. « Couverture de l'élection présidentielle : audience de la politique, politique de l'audience », Assises du journalisme de Tours, 12 mai 2022.
47. « La politique sur France Inter », France Inter, 25 février 2022.

III. Un journalisme de classe

1. Grégoire Normand, « "Macron est un néolibéral chimiquement pur" (Bruno Amable) », *La Tribune*, 15 octobre 2021. Lire Bruno Amable, *La Résistible ascension du néolibéralisme. Modernisation capitaliste et crise politique en France (1980-2020)*, La Découverte, 2021.
2. Ugo Palheta, *La Possibilité du fascisme…*, *op. cit.*, p. 226-228.
3. Lire Emma Bougerol, Ivan du Roy et Rachel Knaebel, « L'extrême droite indifférente au sort des travailleurs précaires et aux abus des multinationales », Basta, 7 avril 2022. Lire aussi les dossiers thématiques de VISA, par exemple le n° 6, « Mairies RN et école », février 2020.
4. Lire Attac et l'Observatoire de la justice fiscale, *Les Candidats des inégalités. À droite, les injustices fiscales et sociales au programme*, mars 2022 ; Les Économistes atterrés, « Programmes de l'extrême-droite : néolibéraux, nationalistes et tout sauf populaires », 18 mars 2022.
5. Éric Le Boucher, « Macron face à l'inculture économique des Français », *Les Échos*, 2 novembre 2017.
6. Mathias Roux, « Éric Le Boucher pense pour nous, en toute indépendance », Acrimed, 18 décembre 2007.
7. « Au nom du pluralisme, taisez-vous ! », Acrimed, 6 avril 2020.
8. « Suppression de la macroéconomie à *La Tribune* : Romaric Godin nous répond », Acrimed, 27 février 2017.
9. Samuel Gontier, « Mille gosiers pour une pensée », *in* Antony Burlaud, Allan Popelard, Grégory Rzepski (dir.), *Le Nouveau Monde. Tableau de la France néolibérale*, Amsterdam, 2021, p. 135-146.
10. Mathias Reymond, « Covid 19 : les économistes de Bruno Le Maire saturent l'espace médiatique », Acrimed, 3 juin 2020.
11. « Les Matins », France Culture, 19 mai 2020.
12. Pauline Perrenot, « Est-ce que France Inter se moque du monde ? », Acrimed, 13 avril 2020.
13. Adrien Sénécat, « "Uber Files" : des économistes payés par Uber pour cautionner l'argumentaire des VTC », *Le Monde*, 10 juillet 2022.
14. Twitter, 29 septembre 2014. Denis Perais et Pauline Perrenot, « Experts économiques sur Europe 1 : visionnaires jamais, faussaires toujours », Acrimed, 30 mars 2020.
15. Frédéric Lemaire et Pauline Perrenot, « Aux grandes réformes les grands experts : le cas de Pascal Perri », Acrimed, 29 mars 2018.

16. AFP, « L'ancien PDG d'Air Lib définitivement condamné », 30 juin 2010.
17. Rapport n° 906 de la « Commission d'enquête sur les conditions de gestion d'Air Lib de l'Assemblée nationale », 18 juin 2003, tome I, chapitre II. A.
18. Erwan Manac'h, « Des trains plus chers, des lignes fermées, des milliers d'emplois en moins : le sombre avenir du ferroviaire français », Basta, 5 juillet 2022.
19. Serge Halimi, Renaud Lambert, Frédéric Lordon, *Économistes à gages*, Les liens qui libèrent & Le Monde diplomatique, 2012.
20. Maxime Friot, « Leçons médiatiques de disqualification économique », Acrimed, 8 décembre 2021.
21. Pauline Perrenot, « "Cadeau fiscal" : un langage d'"ultragauche" selon Éric Brunet », Acrimed, 13 septembre 2018.
22. Pauline Perrenot, « "C l'hebdo" (France 5) : censure et concert de chiens de garde contre Monique Pinçon-Charlot », Acrimed, 6 mars 2019.
23. Jean Pérès et Sophia Aït Kaci, « Rapport Oxfam sur les inégalités : les mille (mais une) "autres lectures" des éditocrates », Acrimed, 28 février 2019.
24. « Faut-il payer la dette ? », *Manière de voir*, octobre-novembre 2020, n° 173.
25. Pauline Perrenot et Philippe Merlant, « "Dette Covid" : faites ce que vous voulez, mais remboursez ! », Acrimed, 21 mai 2021.
26. Pauline Perrenot, « Rencontres économiques d'Aix dans les médias : information ou dépliant publicitaire ? », Acrimed, 31 juillet 2018.
27. Basile Mathieu et Denis Souchon, « Les candidatures à la présidence de Radio France : casting tragique au CSA », Acrimed, 10 avril 2018.
28. « Radio France et le Cercle des économistes : des liaisons dangereuses », Acrimed, 2 juillet 2020.
29. Blaise Magnin, « "L'interview éco" de France Info : service public ou service patronal ? » et Pauline Perrenot, « "L'éco" de France Info : les patrons comme à la maison" », Acrimed, 22 et 24 janvier 2018.
30. Frédéric Lemaire, « "On n'arrête pas l'éco" : un défilé de patrons au micro de France Inter », Acrimed, 30 novembre 2018.
31. « Stupéfiant », France 2, 30 novembre 2016.
32. Vincent Bollenot, « Affaire Carlos Ghosn : le journalisme se fait la malle », Acrimed, 24 février 2020.

33. Voir «Selon que vous soyez Ghosn ou Martinez », Les Mutins de Pangée, 9 décembre 2020.
34. Kilian Sturm et Pauline Perrenot, «Agnès Verdier-Molinié, ou la "pédagogie" à coups de marteau : "sus à l'hôpital public" ! », Acrimed, 15 avril 2020.
35. Lire Grégory Rzepski, «Ces viviers où prolifèrent les "experts" médiatiques », *Le Monde diplomatique*, décembre 2019.
36. Pauline Perrenot, «L'Institut Montaigne fait la une : "Travaillez plus !" », Acrimed, 14 mai 2020.
37. Lire Sarah Brethes, «Affaire Laurent Bigorgne : une enquête judiciaire expédiée», Mediapart, 7 mars 2022.
38. Frédéric Lemaire et Jean Pérès, «"Monde d'après" : le déséquilibre flagrant du débat médiatique », Acrimed, 10 juin 2020.
39. Pauline Perrenot, «Droit de retrait à la SNCF : sur France 2, une information très fortement perturbée », Acrimed, 25 octobre 2019.
40. Denis Perais et Pauline Perrenot, «Europe 1 : les "hypocondriaques du droit de retrait" sommés d'aller bosser», Acrimed, 14 avril 2020.
41. Maxime Friot, «Les aides à la presse continuent d'aller aux plus riches », Acrimed, 8 septembre 2022.
42. Maxime Friot, «"Le sens de l'effort" (M6), ou comment "divertir" en humiliant de jeunes chômeurs », Acrimed, 7 mars 2019.
43. Pauline Perrenot et Sophie Eustache, «Médias et travail : le journalisme social en miettes (4/4)», Acrimed, 22 novembre 2022.
44. Mathias Reymond, «Êtes-vous pour ou contre la neige en hiver ?», Là-bas si j'y suis, 2 mars 2016 ; Pauline Perrenot, «Le Figaro et France Inter interpellent leur jeune public : roulez en Rolls-Royce ! » ; Sophie Eustache, «Bernard Tapie invité au 20H de TF1 : un journalisme de flagornerie » ; Pauline Perrenot, «Pour la Saint-Valentin, *Le Figaro* déclare sa flamme aux annonceurs » ; Vincent Bollenot, «"C'est mon argent", journalisme d'optimisation patrimoniale pour les riches» ; Blaise Magnin, «La consternante passion des médias pour les "palmarès" en tous genres » : Acrimed, 26 octobre 2018 ; 29 avril 2021 ; 19 février 2018 ; 5 décembre 2017 ; 6 janvier 2014.
45. Alain Geneste, Denis Perais, Elsa Tremel, Kahina Seghir, Olivier Moreau et Pauline Perrenot, «*"Sois belle ! Garde la ligne ! Travaille ! Éduque !"* Les injonctions assourdissantes des magazines féminins», Acrimed, 4 et 16 mai 2020.

46. Lucile Girard et Pauline Perrenot, « Matinales radio (2/2) : les angles morts de l'information médicale », Acrimed, 8 octobre 2020.
47. Frédéric Lemaire, « Comment parler des "invisibles" en leur absence, dans "Grand bien vous fasse" (France Inter) », Acrimed, 7 mai 2020.
48. Pauline Perrenot, « EPR de Flamanville : la condamnation de Bouygues passe sous les radars médiatiques », Acrimed, 29 janvier 2021.
49. Dan Israel, « Bouygues définitivement condamné pour le chantier de l'EPR Flamanville », Mediapart, 14 janvier 2021.
50. Matthieu Lépine et Pauline Perrenot, « "Silence, des ouvriers meurent" : autour du traitement médiatique des accidents du travail », Acrimed, 2 février 2021.
51. Jean-Baptiste Malet, « Exclusif. Les chiffres cachés du travail chez Amazon en France », *L'Humanité*, 21 janvier 2021.
52. Benjamin Ferron et Jean-Baptiste Comby, « La subordination au pouvoir économique. Dépolarisation et verticalisation du champ journalistique », *Savoir/Agir*, 2018/4, n° 46, p. 11-15.
53. Sandrine Lévêque, *Les Journalistes sociaux. Histoire et sociologie d'une spécialité journalistique*, Presses universitaires de Rennes, 2004.
54. Pauline Perrenot et Sophie Eustache, « Médias et travail : le journalisme social en miettes (2/4) », Acrimed, 15 novembre 2021.
55. Sandrine Lévêque, *Les Journalistes sociaux…*, *op. cit.*, p. 195.
56. « Alerte ! L'AFP démantèle son service d'infos sociales ! », Sud-AFP, 5 décembre 2020.
57. « "Comme un bruit qui court" : la fin d'une émission "trop militante" pour France Inter ? », *Télérama*, 7 décembre 2020.
58. « Parole de Bibs », VideoEnPoche.info.
59. Sophie Eustache, *Bâtonner. Comment l'argent détruit le journalisme*, Amsterdam, 2020.
60. « Grève à Radio France : entretien avec Lionel Thompson (SNJ-CGT) », Acrimed, 22 juillet 2019.
61. « France Bleu est malade, mais la direction temporise », SNJ, 4 décembre 2021 et Ambre Mérianne, « "Travail dissimulé", "crises de larmes, pensées suicidaires..." : le rapport choc sur France Bleu », Mediapart, 15 janvier 2022.
62. Adrien Franque et Jérôme Lefilliâtre, « À France Culture, un "système de violence et de soumission" venu d'en haut », *Libération*, 21 septembre 2022.

IV. Un journalisme de préfecture

1. Frédéric Lemaire et Pauline Perrenot, « Médias et violences policières : aux sources du "journalisme de préfecture" », Acrimed, 25 mars 2019.

2. Berthaut Jérôme, Darras Éric, Laurens Sylvain, « Pourquoi les faits divers stigmatisent-ils ? L'hypothèse de la discrimination indirecte », *Réseaux*, 2009, n° 157-158, p. 89-124.

3. Denis Perais et Pauline Perrenot, « Les sources de France Info : de la police à la préfecture en passant par le Parquet », Acrimed, 16 février 2021.

4. Jérôme Berthaut, *La Banlieue du « 20 heures ». Ethnographie de la production d'un lieu commun journalistique*, Agone, 2013, p. 60-61.

5. « Faites entrer l'accusé (France 2) : qui est Dominique Rizet, l'expert des faits divers ? », *Télé-Loisirs*, 28 février 2018.

6. Lire « Mort de Steve Maia Caniço : la justice annule la mise en examen de l'ancien préfet de Loire-Atlantique », *Le Monde*, 28 octobre 2022.

7. « Deux morts à Grenoble : Taha Bouhafs, journaliste et militant », Arrêt sur images, 8 mars 2019.

8. Frédéric Lemaire et Pauline Perrenot, « "Justice pour Adama" : journalisme de préfecture au 20h », Acrimed, 18 juin 2020.

9. Patrick Michel et Pauline Perrenot, « Violences policières : la préfecture vous informe ! », Acrimed, 25 juin 2018.

10. Frédéric Lemaire et Pauline Perrenot, « Humiliations policières contre les lycéens, Barbier et Giesbert complices », Acrimed, 7 décembre 2018.

11. Annie Collovald, « Des désordres sociaux à la violence urbaine », *Actes de la recherche en sciences sociales*, vol. 136-137, mars 2001, p. 104-113.

12. Laurent Mucchielli, *Violences et insécurité. Fantasmes et réalités dans le débat français*, La Découverte, 2001 ; Laurent Bonelli, *La France a peur. Une histoire sociale de l'« insécurité »*, La Découverte, 2008.

13. Jérôme Thorel, « Quand les médias filment la police : "immersions" et compromissions », Acrimed, 4 novembre 2014 et Julie Le Mest, « Les "cop shows", garantis sans bavure », Arrêt sur images, 28 septembre 2020.

14. Julien Brygo, Twitter, 2 avril 2020.

15. Frédéric Lemaire, « Désinformation sur la ZAD de Notre-Dame-des-Landes : les médias au garde-à-vous », Acrimed, 2 janvier 2018.

16. Anne-Sophie Faivre Le Cadre, « Le JDD publie des photos "secrètes" de NDDL... provenant en réalité des réseaux sociaux », *Le Monde*, 19 décembre 2017.

17. Frédéric Lemaire, Maxime Friot et Pauline Perrenot, « Hôpital Pitié-Salpêtrière : désinformation générale et mensonges médiatiques », Acrimed, 2 mai 2019.

18. Pauline Perrenot, « France Inter : l'impossible *mea culpa* sur la Pitié-Salpêtrière », Acrimed, 8 mai 2019.

19. Vanessa Codaccioni, *Répression. L'État face aux contestations politiques*, Textuel, 2019, p. 31.

20. Ivan du Roy et Ludovic Simbille, « 3300 arrestations, 1052 blessés, un coma, un décès : l'engrenage d'une répression toujours plus brutale », Basta, 10 décembre 2018.

21. Juliette Gramaglia et Tony Le Pennec, « Aux JT, les violences policières n'existent pas », Arrêt sur images, 14 janvier 2019.

22. « France : usage excessif de la force lors des manifestations des "Gilets jaunes" », Amnesty International, 17 décembre 2018.

23. Frédéric Lemaire, « Gilets jaunes : voile médiatique sur les violences policières », Acrimed, 28 décembre 2018.

24. « Violence, la surenchère », « Envoyé spécial », France 2, 13 décembre 2018.

25. « Violences policières contre les journalistes : la liberté d'informer menacée », Acrimed, 11 décembre 2018 et Simon Auffret, « Gilets jaunes : vingt-quatre photographes et journalistes veulent porter plainte pour violences policières », *Le Monde*, 14 décembre 2018.

26. Maxime Friot, « Violences policières "en marge" des manifestations : les mots pour (ne pas) le dire », Acrimed, 5 mai 2017.

27. Paul Rocher, *Gazer, mutiler, soumettre. Politique de l'arme non létale*, La Fabrique, 2020.

28. Acrimed, « Des mots médiatiques qui parlent de la justice », *Délibérée*, n° 9, La Découverte, mars 2020, p. 28.

29. Pauline Perrenot, « Enquête du *Monde* sur les violences policières : allô les confrères ? », Acrimed, 23 octobre 2019.

30. « Mort de Zineb Redouane : les preuves qui accusent la police » et « Affaire Zineb Redouane, le symbole de l'impunité policière », Disclose, 30 novembre 2020.

31. Éric Scavennec, « Affaire Geneviève Legay : *Nice Matin* aux ordres », Acrimed, 11 avril 2019.

32. Frédéric Lemaire et Lucile Dumont, « Gilets jaunes : BFM-TV et CNews préparent le "siège" de Paris », Acrimed, 19 décembre 2018.
33. Pauline Perrenot, « Acte XVIII : Surenchère sécuritaire et pluralisme en berne dans les grands médias », Acrimed, 27 mars 2019.
34. Agnès Stienne, « Où se cachent les pouvoirs ? Il était une fois dans l'Ouest », *Manière de voir*, avril-mai 2012, n° 122.
35. Pauline Perrenot, « Lieux de pouvoir : la carte du *Monde diplomatique* qui n'a pas plu à l'élite journalistique », Acrimed, 7 janvier 2019.
36. Nils Solari, « Violences policières : l'ONU dans le viseur des éditocrates », Acrimed, 3 avril 2019.
37. Samuel Gontier, « Le grand remplacement est en marche et l'absence de LBD est responsable du saccage des Champs-Élysées » et « Plaidoyers pour la liberté de mutiler (le retour en grâce du LBD) », *Télérama*, 18 et 19 mars 2019.
38. Samuel Gontier, « Onfray, Raoult et racisme en majestés » et « Praud, Morano et racisme en majestés », *Télérama*, 27 et 28 août 2020.
39. Pauline Perrenot, « Chaînes d'info : l'extrême droite en croisière », Acrimed, 6 octobre 2020.
40. « Le baromètre thématique des journaux télévisés », Inathèque, trimestre 3, 2020.
41. Loïc Wacquant, *Punir les pauvres. Le nouveau gouvernement de l'insécurité sociale*, Agone, 2004.
42. Laure Mentzel, « Un homme de fer au barreau », *Le Monde*, 16 mars 2012.
43. « Violences : *Le Figaro* s'invente une France apocalyptique », Arrêt sur images, 10 août 2020.
44. Service statistique ministériel de la sécurité intérieure, « Insécurité et délinquance en 2020 : bilan statistique », avril 2021.
45. Jean Pérès et Pauline Perrenot, « Après Conflans, toujours moins de pluralisme » ; Jean Tortrat et Pauline Perrenot, « Après Conflans, toujours moins de pluralisme sur BFM-TV », Acrimed, 9 et 18 décembre 2020.
46. Samuel Gontier, « Après le meurtre de Samuel Paty, le concours Lépine des idées d'extrême droite », *Télérama*, 20 octobre 2020.
47. Kilian Sturm et Pauline Perrenot, « "Général, nous voilà !" : les éditocrates avec Pierre de Villiers », Acrimed, 17 novembre 2020.
48. « Pour faire face au terrorisme, les Français plébiscitent l'armée et appellent à des mesures d'exception », Odoxa, 27 mars 2019.

49. Lire Pauline Perrenot, « "Tribune des généraux" : LCI et la construction sondagière de "l'opinion publique" », Acrimed, 14 mai 2021.
50. Benjamin Lagues, Étienne Capron et Julien Salingue, « État d'urgence : confortable entre-soi policier dans "C dans l'air" », Acrimed, 30 juin 2016.
51. Lire Raphaël Kempf, *Violences judiciaires. La justice et la répression de l'action politique*, La Découverte, 2022.
52. Maxime Friot, « "Ultra-jaunes" arrêtés à Bordeaux : intoxication médiatique aux sources policières », Acrimed, 1er avril 2021.
53. Cédric Mathiot, « Combien la police tue-t-elle de personnes chaque année ? », *Libération*, 15 octobre 2021.
54. Pauline Perrenot, « "La police tue" : tempête policière dans un verre médiatique », Acrimed, 22 octobre 2021.
55. Pauline Perrenot, « Loi "sécurité globale" : vers une information estampillée "préfecture" », Acrimed, 21 novembre 2020.
56. Henri Maler et Pauline Perrenot, « Loi "sécurité globale" : BFM-TV et LCI désinforment par omissions », Acrimed, 26 novembre 2020.
57. Arnaud Gallière et Pauline Perrenot, « Loi "sécurité globale" : les angles morts de l'information sur France Inter et France 2 » et « Loi "sécurité globale" : désinformation, mode d'emploi sur France Inter et France 2 », Acrimed, 15 et 20 janvier 2020.

V. Les médias face au « péril rouge »

1. Lire Philippe Merlant, « Maux médiatiques : "Extrêmes" », Acrimed, 30 mai 2022.
2. Acrimed, *Les Médias contre la rue. Vingt-cinq ans de démobilisation sociale*, *op. cit.*, p. 9-10.
3. Pauline Perrenot, « Mobilisation des enseignants : Blanquer méprise, les JT font silence » et « Grève nationale de la santé : inexistante sur BFM-TV », Acrimed, 27 janvier et 15 octobre 2020.
4. Pauline Perrenot, « "Bonjour je suis journaliste" et je cherche des témoignages contre la grève », Acrimed, 28 janvier 2020.
5. Lire Frédéric Lemaire, « Salaires des profs : le grand n'importe quoi médiatique » et « "Vous avez la parole" sur France 2 : les cheminots sur le gril », Acrimed, 13 septembre et 6 décembre 2019 ; Nils Solari, « "Allocations contre travail" : LCI déraille encore… », Acrimed, 15 septembre 2022.
6. Denis Perais et Pauline Perrenot, « Retraites : Europe 1 en tenue de combat », Acrimed, 17 janvier 2020.

7. Acrimed Vidéos, « "L'heure des pros" (CNews), guet-apens pour syndicaliste », YouTube, 28 février 2018.

8. Frédéric Lemaire et Pauline Perrenot, « Réforme de la SNCF (2) : débats télévisés ou guet-apens pour syndicalistes ? », Acrimed, 28 février 2018 ; Pauline Perrenot, « Réforme de la SNCF (3) : quand les "Grandes Gueules" s'en mêlent », Acrimed, 2 mars 2018.

9. Pauline Perrenot, « #BalanceTonPorc : la libération de la parole sous caution médiatique », Acrimed, 20 décembre 2017.

10. Cités par Samuel Gontier, « Yves Calvi et Pascal Praud en lutte contre la "zadisation" des esprits », *Télérama*, 20 avril 2018.

11. Cité par Samuel Gontier, « BFM TV dénonce le président des riches et Cyril Hanouna défend la piraterie féministe », *Télérama*, 4 mai 2018.

12. Pauline Perrenot, « Panique médiatique face aux Gilets jaunes », Acrimed, 6 décembre 2018.

13. Lire Maxime Friot, « Greta Thunberg : les chiens de garde sont lâchés », Acrimed, 6 novembre 2019.

14. Maxime Friot et Pauline Perrenot, « "Attaque" à la gouache de la Samaritaine : des journalistes contre Attac », Acrimed, 6 juillet 2021.

15. « Éric Delbecque : "Le temps de la complaisance est terminé" », *Le Point*, 13 mars 2019.

16. Maxime Friot, « L'activisme écologiste, épouvantail médiatique du moment », Acrimed, 11 novembre 2022.

17. Lire Grégory Salle et Maxime Friot, « Rareté, récence et réticence : sur la médiatisation de la "délinquance environnementale" », Acrimed, 7 juin 2022.

18. Gaspard d'Allens, « Face à Macron, les citoyens de la Convention pour le climat se rebiffent », Reporterre, 2 novembre 2020.

19. Observatoire des multinationales, « Lobby contre citoyens. Qui veut la peau de la Convention climat ? », février 2021.

20. Samuel Gontier, « Yves Calvi déclare la guerre aux Khmers verts de la Convention pour le climat », *Télérama*, 25 juin 2020.

21. Jade Lindgaard, « Comment le pouvoir a démoli la loi Climat », Mediapart, 31 mars 2022.

22. Lire Brigitte Sebbah, Pascal Marchand, Natacha Souillard, Lucie Loubère, Nikos Smyrnaios et Julie Renard, « Les Gilets jaunes : le pari gagné de l'existence médiatique ? », Rapport de recherche de LERASS, université de Toulouse, 15 novembre 2019.

23. Lire Samuel Hayat, « L'islamo-gauchisme : comment (ne) naît (pas) une idéologie », *L'Obs*, 27 octobre 2020.
24. Colin Brunel, « "Avec nous, ou avec les terroristes" : les éditorialistes-faucons sont de retour », Acrimed, 20 novembre 2015.
25. Jacques Julliard, « Contre le parti collabo », *Marianne*, 1er septembre 2016.
26. Alexandre Devecchio, « Pascal Bruckner : "C'est une déclaration de guerre qui doit être traitée en conséquence" », *Le Figaro*, 16 octobre 2020.
27. Robin Andraca, « Attentat de Conflans : qu'a dit le syndicat SUD éducation, critiqué par Patrick Cohen et Gérald Darmanin ? », *Libération*, 21 octobre 2020.
28. Frédéric Lemaire, Maxime Friot et Pauline Perrenot, « "Islamo-gauchistes" : une chasse aux sorcières médiatique », Acrimed, 30 octobre 2020.
29. Lucie Delaporte, Pauline Graulle et Ellen Salvi, « Le Printemps républicain, une "petite boutique" qui veut peser sur le jeu politique », Mediapart, 1er décembre 2019.
30. « "Islamo-gauchisme" : "Nous, universitaires et chercheurs, demandons avec force la démission de Frédérique Vidal" », *Le Monde*, 20 février 2021 ; Conférence des présidents d'universités, « "Islamo-gauchisme" : stopper la confusion et les polémiques stériles », FranceUniversites.fr, 16 février 2021 et Centre national de la recherche scientifique, « L'"islamo-gauchisme" n'est pas une réalité scientifique », CNRS.fr, 17 février 2021.
31. Nicolas Roux et Pauline Perrenot, « L'université menacée par "l'islamo-gauchisme" ? Une cabale médiatique bien rodée », Acrimed, 2 mars 2021.
32. Lire Philippe Merlant, « Maux médiatiques : "Wokisme" », Acrimed, 24 mars 2022 ; et Sébastien Fontenelle, *On ne peut pas tout dire. Petit éloge de la « censure »*, Michel Lafon, 2022.
33. Pauline Perrenot, « Anatomie d'une campagne médiatique contre la gauche (2/3) », Acrimed, 24 mai 2022.
34. Mathias Reymond, « Un exercice de dépolitisation : Nicolas Demorand contre Adrien Quatennens », Acrimed, 19 avril 2021.
35. Sophie Eustache, « Sandrine Rousseau, la candidate qui n'a pas plu aux médias », Acrimed, 4 octobre 2021.
36. Arnaud Galliere, « La présidentielle dans le 20h de France 2 : le format contre l'information », Acrimed, 30 mars 2022.

37. Lucile Girard et Sacha Bercier, « Quand les médias avouent traficoter le capital politique des élus », Acrimed, 16 novembre 2021.
38. Lire Blaise Magnin et Henri Maler, « "Grands" journalistes contre "petits" candidats » ; Julien Salingue, « Jean-Michel Aphatie, la démocratie et les "candidats inutiles" », Acrimed, 30 mars 2017, 3 février 2012 ; et Pauline Perrenot, « Présidentielle 2022 : Soirée mondaine entre éditocrates sur France 2 », Acrimed, 8 avril 2022.
39. Acrimed, « Médias en campagne », *Médiacritiques*, mai-juin 2022, n° 42.
40. Pauline Perrenot, « Anatomie d'une campagne médiatique contre la gauche (1/3) », Acrimed, 12 mai 2022.
41. Maxime Friot et Pauline Perrenot, « BFM-TV : catéchisme libéral contre le programme de la Nupes », Acrimed, 14 juin 2022.
42. Pauline Perrenot et Sophie Eustache, « Anatomie d'une campagne médiatique contre la gauche (3/3) », Acrimed, 10 juin 2022.
43. Amaury de Rochegonde, « La Nupes, invisibilisée dans les médias », RFI, 21 mai 2022.
44. Pauline Perrenot et Mathias Reymond, « Les barbares à nos portes ! », art. cité.

Conclusion. La gauche face aux médias

1. Romaric Godin, *La Guerre sociale en France*, La Découverte, 2019, p. 12.
2. Pierre Bourdieu, *Interventions, 1961-2001. Science sociale et action politique*, Agone, 2022.
3. Frédéric Lemaire, « Que gagnent les journalistes ? Entre précarisation et salaires faramineux », Acrimed, 26 novembre 2019.
4. Pauline Perrenot, « Macron contre le journalisme », Acrimed, 14 novembre 2019.
5. Jean-Baptiste Comby et Benjamin Ferron, « La subordination au pouvoir économique… », art. cité, p. 12.
6. Élodie Gabillard, « Immersion dans le Centre de formation des journalistes », Acrimed, 1er décembre 2021.
7. Philippe Poutou, Julien Salingue et Béatrice Walylo, *Un « petit » candidat face aux « grands » médias*, Libertalia, 2023.
8. Frédéric Lemaire et Yohann Douet, « Gramsci, critique des médias ? », Acrimed, 21 décembre 2020.

9. Henri Maler, « Pluralisme : de quoi parle-t-on ? », Acrimed, 1er mars 2015.

10. Lire Dominique Pinsolle, *À bas la presse bourgeoise ! Deux siècles de critique anticapitaliste des médias. De 1836 à nos jours*, Agone, 2022.

11. Arcom, « Avis de l'Arcom à l'Autorité de la concurrence sur le projet de prise de contrôle du groupe Métropole Télévision par le groupe Bouygues », avril 2022, p. 25.

12. Sophie Eustache, « De l'information au piège à clics », *Le Monde diplomatique*, août 2017.

13. Benjamin Lagues, « La presse écrite, supplétif d'Amazon et du commerce en ligne », Acrimed, 11 janvier 2022 et Loris Guémart, « Vos médias préférés font passer des pubs pour des articles », Arrêt sur images, 29 mai 2021.

14. Lire Pauline Perrenot, « Contre la suppression de la redevance ! Pour la refondation de l'audiovisuel public ! », Acrimed, 28 juin 2022.

Index général

Table des matières

Achevé d'imprimer en février 2023
sur les presses de la Nouvelle Imprimerie Laballery
pour le compte des éditions Agone
18, boulevard de Paris, 13003 Marseille

Cet ouvrage a été préparé grâce à des logiciels libres
assemblés dans la suite informatique SMAG 0.6
et mis en page sous XeLaTeX.

Diffusion-distribution en Belgique, en France et en Suisse
Les Belles Lettres – BLDD
25, rue du Général-Leclerc, F-94270 Le Kremlin-Bicêtre
Tél. 01 45 15 19 70 — Fax 01 45 15 19 80

Diffusion-distribution au Québec
Dimédia
539, bd Lebeau, Ville Saint-Laurent
(Québec) Canada H4N 1S2
Tél. (514) 336-3941 — Fax (514) 331-3916

Dépôt légal 1e trimestre 2023
Bibliothèque nationale de France
Numéro d'impression : 212186
Imprimé en France